高等教育质量评价体系探究

胡兴志◎著

燕山大学出版社

2020・秦皇岛

图书在版编目（CIP）数据

高等教育质量评价体系探究 / 胡兴志著.—秦皇岛：燕山大学出版社，2020.10
ISBN 978-7-5761-0072-3

Ⅰ. ①高… Ⅱ. ①胡… Ⅲ. ①高等教育—教育质量—质量评价—研究—中国 Ⅳ. ①G649.21

中国版本图书馆 CIP 数据核字（2020）第 211751 号

高等教育质量评价体系探究
胡兴志 著

出 版 人： 陈 玉
责任编辑： 唐 雷
封面设计： 刘韦希
出版发行： 燕山大学出版社 YANSHAN UNIVERSITY PRESS
地 址： 河北省秦皇岛市河北大街西段 438 号
邮政编码： 066004
电 话： 0335-8387555
印 刷： 涿州市般润文化传播有限公司
经 销： 全国新华书店

开 本： 710mm×1000mm 1/16 **印 张：** 18 **字 数：** 275 千字
版 次： 2020 年 10 月第 1 版 **印 次：** 2020 年 10 月第 1 次印刷
书 号： ISBN 978-7-5761-0072-3
定 价： 72.00 元

前　言

我国以往在高等教育精英阶段所形成的教学质量评价模式，对于现在已经进入大众化阶段而言，存在着许多问题：教育质量评价的保障机制不健全；指标体系不够完善；教育评价主体单一；教育质量评价的专业化程度不高、原创性不足等等。这样的评价机制，难以适应我国高等教育发展的现实需要。因此，建立一个科学、有效、多元化的质量评价体系，对于促进我国高等教育质量的提高，促使我国高等教育的健康和可持续发展都起着重大的推动作用。本书主要包括以下内容：

（1）相关概念的界定及理论阐述。介绍了相关的教育质量、教育评价、高等教育质量评价以及国内的高等教育质量观。介绍了我国教育评价理论的发展历程以及国内外教育评价理论的研究综述。

（2）国内外高等教育质量评价理论的研究与特点。阐述了国外高等教育质量评价理论研究及启示，分析了我国高等教育质量评价的现状及存在的问题，最后进行了高等教育质量评价的比较分析。

（3）我国高等教育质量评价体系的设计。在对国内外高等教育质量评价进行比较分析之后，借鉴国外的成功经验，从政府评价、社会评价、高校自我评价三个角度设计了适合于我国的高等教育质量评价体系。

（4）完善我国高等教育质量评价体系的政策建议。在重新设计了高等教育质量评价体系之后，从立法建设、中介评价组织的建立以及政府角色的转换三个方面提出了促使我国高等教育质量评价体系进行良好实施的政策建议。

在撰写本书过程中，笔者参阅学习了很多文献资料，在此深表感谢。

目　录

第 1 章　高等教育质量评价体系探究背景与意义

1.1 我国高校教学质量评价

教育部 2020 年 5 月 20 日发布了《2019 年全国教育事业发展统计公报》，对 2019 年全国教育事业发展各项数据做了全面的统计。高等教育方面，全国各类高等教育在学总规模达到 3 833 万人，高等教育毛入学率达到 48.1%。全国共有普通高等学校 2 663 所（含独立学院 265 所）。其中，本科院校 1 245 所，高职（专科）院校 1 418 所。全国共有成人高等学校 277 所，研究生培养机构 815 个。普通高等学校校均规模 10 605 人。

美国学者马丁 · 特罗（Martin Trow）的《高等教育发展的三个阶段理论》认为："高等教育可以容纳不足 15% 的适龄学龄人口为精英教育阶段，而可以容纳 15% ～ 50% 的学校为大众化阶段。超过 50% 的学龄人口处于普及化阶段。"相关数据表明，2019 年高等教育毛入学率达到 48.1%，可见我国已进入高等教育大众化阶段。

高等教育的在校人数激增，导致一系列严重问题，例如教育资源短缺。资金不足以及高等教育机构的就学条件恶化，导致高等教育教学质量下降。从高等教育的师生比例来看，1997 年，全国普通高等学校的本科生数量为 3 174 362 人，专任教师为 404 471 人，师生比为 1 ∶ 7.84。教育部发布的《2019 年全国教育事业发展统计公报》显示，2019 年，普通高等学校教职工 256.67 万人，普通高校师生比为 1 ∶ 17.95。其中，本科院校师生比为 1 ∶ 17.39，而高职院校师生比已达 1 ∶ 19.24。

继2019年高职院校扩招100万人被写进政府工作报告后，国务院总理李克强在作2020年的政府工作报告时表示，2020年、2021年两年职业技能培训3 500万人次以上，高职院校扩招200万人，要使更多劳动者长技能、好就业。初中在校生2 144.66万人，专任教师129.52万人，师生比升至1 ∶ 16.55。2019年扩招后，全国高职院校共缺5.5万名教师，如考虑每年自然减员约1万人，则有6.5万人的缺口。

如此高的师生比例直接导致大学教学质量下降。另外，从学生自身的角度出发，由于高校规模的扩大，招生分数线下降，大学生的素质得不到保证，给学校的教学工作造成了很大困难，这已经成为高等教育质量下降的一个重要因素。

教育部在《国家中长期教育改革和发展计划纲要（2010—2020年）》中明确指出："高等教育承担着培养高层次专业人才，发展科学技术文化的主要任务，高等教育是发展的核心任务，是建设强大的高等教育国家的基本要求。"高等教育质量评价是提高教育质量、促进高等教育协调发展的重要途径。但是，在我国高等教育的精英阶段形成的评价方法，对于当前的大众化阶段还存在很多问题：教育质量评价的保障机制不健全，指标体系不健全，教育评价的主体多元化不够，教育质量的评价专业化程度不高，创意不足等。这种评价机制难以满足我国高等教育发展的实际需要。因此，建立科学、有效、多元化的质量评价体系对促进我国高等教育质量的提高，促进我国高等教育的健康与可持续发展具有重要作用。

1.2 中外合作办学高校教学质量评价

改革开放后中外合作教育的产生和发展，是经济全球化背景下中国独特的办学模式。"不出国留学"这5个字不能恰当地描述中外合作教育的特点。充分引入和内化高质量的国外教育资源是中外合作教育的初衷。目的是逐步发展自己的专业管理模式和教学专业知识，不断提高国民教育教学质量和人才培养水平。

经过30多年的发展，中外合作办学的规模稳定增长，除公立高等教育和私立高等教育外，成为我国高等教育的第三重要组成部分。根据2018年的统计，我国中外合作办学学校总数为2 365所，其中90%以上是本科以上学历的合作学校，约为1 112个。2010年，国家出台《国家中长期教育改革和发展规划纲要（2010—2020年）》，根据规划，高等教育中外合作办学在数量上已经具有了相当的规模，以后需要将重心转移到质量建设上，强调要“提质增效、服务大局、增强能力”。质量保障在高等教育中外合作办学的实施过程中开始占据主要位置。

1.2.1 探讨目的

确保和提高高等教育中外合作办学的教学质量是保证教学质量，确保合作办学适应新形势新阶段，长远发展高质量发展的目标。根据当前国家对中外合作教育的政策和要求，对大学教育的质量保证进行了探讨。总结和分析了教学质量保证的现状和问题，并借鉴了英国和澳大利亚高等教育教学质量保证的特点，提出了优化中国高等教育中外合作教育质量保证的建议。

1.2.2 探讨意义

理论意义：在新时代的背景下，中外合作办学学校面临着新的发展。在办学方面开展高层合作已成为新的方向。在对外开放教育的初期，中外合作办学学校的目标是扩大发展目标的数量。教学学校的合作质量因各种因素而差异很大，有必要不断改善和加强中外学校之间的合作。应根据中国高等教育中外合作办学的特点，以确保教学质量为目标。高校中外合作办学质量的保证必须实现内部和外部相结合，相辅相成，相互融合，以确保中外合作办学质量的有效持续发展。在我国开办学校，并达到培养国际人才的目标。

实际意义：在过去的办学实践中，高校在教学质量保证工作方面具有一定的经验。成功地探索了一套内部和外部相结合的教学质量保证体系，并取得了一定的成果。自《规划纲要》出台以来，中外合作教育进入了提高质量和效率的新阶段。一些学院在教学质量保证方面显示出一些困难，原始的质量保证体系已无法满足新时代的新要求，教学质量保证工作中存在瓶颈。本探讨结合国外先进经验，总结并分析了其教学质量保证的现状和存在的问题，为中外合作办学院校的教学质量保证提供了优化建议。

1.3 高校课堂教学质量评价体系

经过几年来我国高等教育大规模扩招，中国现已建立了世界上最大的高等教育体系，满足了高等教育大众化的要求，并已成为高等教育的主要国家。但是，随着世界经济全球化的加速，我国高等教育的发展必须迅速赶上世界先进水平，我国不仅要成为高等教育的大国，而且要成为世界上高等教育的强国。为此，在扩大办学规模的同时，各高校深刻认识到质量是学校的生命线，并千方百计提高教育教学质量。从高校人员培训的角度来看，课堂教学是整个教学工作的核心，其质量在很大程度上反映和决定着大学教育的质量。课堂教学包括多种因素，例如教学条件、课程难度、教师教学和学习效果。它们相互作用形成教学角色网络。其中，教师课堂教学是最重要的环节，它决定了人才培养的水平，影响着师生的生活质量。

有效的课堂教学质量评估可以使学校的职能部门更准确地掌握教师团队和教学工作的状况。根据培养高素质人才的要求，可以进行有计划的师资队伍建设和教学改革。该制度的完善，使聘任工作更加科学，充分发挥了各教师的人格特点，并任命了相应的职务，便于发现人才，激活用人机制，有利于任命热爱教学工作、学术水平高、教学水平高、教学效果好的优秀青年教师为骨干。同时及时安排相应的教学职位，发挥作用，消除唯资历论；只有采用科学的评估系统，才能做到对极少数不负责任或教学水平低下的教师解聘或推迟晋升，从而促进任命制在教学中的作用。因此，对高校课堂教学质量的评价对促进教师改善教学质量、提高大学教育质量具有重要意义。

目前，国内大多数高校还没有建立符合大学实际的科学合理的课堂教学质量评价体系。许多高校并没有形成自己的课堂教学评价体系，而是盲目地模仿其他学校，课堂教学评估的结果只是形式上的，并没有起到真正的促进作用。因此，对课堂教学质量评价体系进行深入系统的探讨很有必要。

1.4 举例分析高等教育中外合作办学教学质量保障体系

要探讨中外合作办学的教学质量体系，首先必须对当前中外合作办学的国际发展背景和国内发展背景进行总体总结，然后介绍中外合作办学的影响和意义。结合实例，通过对国内外专家学者有关中外合作教育探讨的相关文献和理论观点进行总结和归纳，可以对中外合作教育的发展和完善及其教学质量有一个初步的认识和总体把握。

1.4.1 国际背景

随着全球化概念的不断深入，各国之间的联系和交流越来越密切，高等教育的国际化越来越受到人们的重视。高等教育的国际化可以鼓励各国的高等教育打破地区障碍，扩大国际视野，丰富教学内容，扩大教育市场，实现兼容和包容的教育理念。高等教育的国际化符合当今世界的发展趋势。各国之间的文化和教育交流日益频繁，国际合作也在逐步发展。关于高等教育国际化的重要性，不同的学者有不同的看法。通常，建立和发展多个国际教育组织（例如：教科文组织、国际教育协会等）的目的是促进不同国家之间的教育。科学文化合作与交流，致力于发展全球教育，促进社会进步。人才的联合培养以及跨国大学的建立，已逐渐成为当今世界高等教育的主要发展趋势。我国的高等教育必须顺应时代的发展趋势，加强跨国教育合作，提高教学水平。美国教育委员会在2000年对高等教育的国际化进行了分析，总结了高等教育国际化的现状和相关标准。其中，教学水平包括：高等教育国际化过程中本地学生外语学习的现状；出国留学和访问学者的教育要求；高等教育机构对国际交流生的质量要求；高校对国际交流中课程体系建设的要求。在社会筹资和组织层面包括：政府和其他财政支持渠道；高校交流活动，交流组织形式；高等教育机构对国际交流人才与劳动力市场之间关系的评估。这对我国高等教育的国际交流提出了新的要求。结合国际经验和我国高等教育的现状，高等教育的国际化必须抓住至少两个重要方向：一是教育理念的国际化。将人才培养融入世界发展趋势。今天是信息技术时代，人才培养的概念应从面向应用的人才培养模式转变为创新的人才培养模式，国际交流要培养学生的自主性、创新性和开放性。培养学生全面发展的综合素质符合当前建设创新社会、培养创新型人才的总体思路，是我国高等教育培养人才的重要目的。二是教师、学生和课程系统的国际化。在国际交流的过程中，不仅必须改革现有的课程体系，以吸收外国教育和教学的优秀经验，而且要培养教育的骨干力量。从教师层面进行教学，以更加包容、开放和先进的方式促进大学的发展。国际交流是双向交流。这不仅要求学生和学者“走出去”，而且还要求优秀的外国学生和教师“走进来”。为高等教育建立一个完整、科学、包容和开放的国际交流环境是我国乃至世界的高等教育发展的主要趋势。

办学方面的国际合作对全球经济产生了深远影响。世界各国以各种方式加强了交流，以提高各自的国际竞争力。最基本的交流方式包括：科研合作，跨国学校运营和扩大国际学生规模。总的来说，在各个国家开展国际高等教育交流的目的是：第一，开展办学国际合作是促进经济增长的一种方式。跨境教育可以为教育输出国带来可观的经济利益。从教育的性质来看，它是具有某些私人属性的准公共产品。跨境教育为受过教育的人提供更好的教育服务。受教育者按照费用分担的原则承担相应的教育费用是合情合理的。以此为出发点，跨国教育的经济利益是不言而喻的。以澳大利亚为例，教育服务业是其第三大服务产品，每年为澳大利亚带来数十亿澳元的收入。第二，在办学方面的国际合作增进了各国之间的深入了解。从文化输出和投入的角度来看，各国为国际学生提供了高额的奖学金，目的是吸引人才。通过交流过程，文化被转化为知识、经验和理论，然后被其他国家所利用。在这种流动的过程中，不仅可以吸收其他国家的优秀文化，而且可以将自己的文化推广到外界。第三，国际合作与交流可以提高自身的办学能力。通过国际交流，访问学者可以借鉴国外更多的教育理念、教学方法和先进的理论，这将在其教育体系的全面升级中发挥重要作用。我国的高等教育正在走向国际化。西湖大学就是一个典型的例子。它以世界一流大学为标杆，借鉴了世界一流大学的教育理念，并具有准确的定位和创新模式。这为我国高等教育的国际化提供了很好的参考。未来，我国高等教育的发展必须是人才的聚集、模式的创新，要科学探讨环境的改善以及目标定位的准确性。第四，通过国际交流和移民政策吸引优秀人才。在国际交流的过程中，鉴于文化认可、环境认可和经济环境认可，越来越多的人才选择移民来发展自己的事业。当前的人才流动已经突破了国家和地区的限制，呈现出多元化发展和集中聚集的趋势。在战略层面上发展民族高等教育的国际交流具有重要意义。

1.4.2 国内背景

改革开放四十多年来，我国高等教育取得了长足进步，教育质量不断提高，高等教育综合实力不断提高。但是，鉴于我国高等教育的现实，教育资源分配仍然不均衡，教育经费短缺，教育质量参差不齐。随着社会的发展，高等教育的国际化已成为高等教育的未来发展趋势。这就要求在现有条件下，借鉴国内外在办学合作方面的优秀经验，提高认识，完善有关制度保障，提高对外开放度。

为了进一步提高中外合作办学质量，教育部发布了《关于进一步加强高等学校中外合作办学质量的工作意见》。2013 年 12 月，对中外合作办学质量进行了质量保证，从八个方面全面部署了中外合作办学质量保证。2016 年 4 月，国务院办公厅发布《关于做好对外开放教育的若干意见》，强调要完善准入制度，改革审批制度，落实评估和认证，加强退出机制，加强信息披露和建立成功的经验分享机制等措施，全面提高了办学合作的质量。2018 年 6 月，教育部办公厅印发了《关于终止部分中外合作办学项目的通知》，依法终止了 234 家中外合作办学项目。当前，我国正处于深化改革的重要阶段，在经济发展中寻求突破，探索当前经济、文化和政治的多重优势是发展的重点。教育是国家发展的基石。如何吸收世界各地广泛的教育和教学经验，吸引世界一流的人才，学习世界一流的教育理念，整合世界先进的办学经验是我国高等教育亟待解决的问题。在中外办学合作问题上，如何避免办学违规，如何提高办学质量，如何加强监督评估，如何使学校信息公平透明，这些都是当前需要解决的问题。

1.4.3 探讨目的和意义

作为高等教育的重要补充模式，中外合作办学学校近年来发展迅速。随着对办学合作要求的不断提高，大学不仅必须学习办学的实际过程，而且还必须学习现有的办学国际合作模式，以提高办学合作水平。从外部环境因素和内部管理因素分析高校合作教育存在的问题，从教学管理方法、质量保证机制，教师、学生管理等方面，借鉴国外的优秀发展经验，提出了省内高校合作发展的战略。

中外合作办学对人才培养具有重要意义。它不仅可以提高学生的国际视野，培养综合型人才，还可以促进文化在国际交流中的传播，提高国家的文化竞争力。在中外合作办学规模逐步扩大的背景下，加大人才培养模式的改革，促进质量保证体系的建设，已成为中外合作办学面临的重要任务。通过此项探讨，构建了满足学校水平、学科和专业结构以及区域经济发展需求的人才培养模型和质量保证体系，为中外合作办学的整体教学和评估提供依据，从而提高教学的针对性和有效性，并不断提高项目人员的培训质量。借鉴国外先进的办学理念和教学方法，在中外合作办学人才培养模式和质量保证体系建设中探索出新思路、新方法、新措施等，推广到国内其他教学实践中去。改善国内教学和国际教学的对接。通过项目成果报告和专业会议交流的形式，使探讨成果在同级院校之间共享，为教学改革和培训提供参考。通过项目探讨，加深项目教职团队对合作学校人员培训的法律和质量控制的认识，并继续改革和完善课程教学，这将在示范和促进教学中发挥基础作用。

1.4.4 国内探讨现状

1. 中外合作办学政策探讨

政策探讨是中外合作教育探讨的基础。从政策角度看，对我国合作教育现状的更深入了解可以更好地发现问题。因此，我国学者从不同的角度和维度对我国的中外合作办学政策进行了全面、深入的分析。在新时期，中外合作教育的发展呈现出新特征和新趋势。中外合作教育不仅处于重要的战略机遇期，而且处于不断攀升的改革之中。对《关于做好新时期对外开放的若干意见》进行系统分析后，指出要加强顶层设计，加强制度，加强过程监督，加强制度建设。关于合作办学的政策探讨，学者们有丰富的相关探讨成果。他们从各个角度阐述并分析了中国大学现行合作学校办学政策存在的问题、原因和对策。大多数相关探讨表明，政策是确保合作教育健康发展的基础，通过完善政策法规，结合我国的宏观调控措施，可以更好地促进我国合作教育的发展。

2. 中外合作办学模式探讨

针对中外合作办学模式，我国一些学者对学校的内容进行了探讨。中外合作教育的内容包括人才培养模式、学生教学与管理、国际合作、综合管理、良性发展五个方面。其中，人才培养模式以统一的教学和分类为基础进行相关指导，学生的教学和管理模式基于积极的指导和对人格的尊重，国际合作以全面交流和关键合作为基础，全面的管理模式需要科学的总体布局和总体规划。还分析了我国高校的国际人才培养模式，比较了现有模式的优缺点，并从国际办学模式、国际教学模式和国际管理模式几个方面提出了建议。在学科建设和创新教育方面，从中外合作教育问题入手，从课程目标、体系和实施的角度设计了中外合作教育的主要课程。对于中外合作办学，学者们普遍关注中外合作办学的教育和教学管理、国际交流与合作的保障体系、课程的创新设计，以及人才交流模式。这也是目前在中外合作办学中需要重新考虑的问题。目前，国家对合作项目的持续管理相对薄弱。国内大学的办学水平与一些国外学校还不匹配，国外的优秀资源也无法移植。

3. 中外合作办学质量保证探讨

人才培养质量是中外合作教育成功与否的核心评价指标。结合中国中外合作办学的经验，通过建立内部质量控制机构，建立内部质量管理和改善机制，实施外部学校督导制度，参与整合、平衡和强制执行的内部质量保证体系框架，促进中外合作办学学校的健康、可持续发展。建立一个跨文化的质量保证和评估体系来培养高校中外合作办学人才，有利于促进学校理念的升华、培训计划的优化、改进教学工作、提高教学质量，从而提高人才培养的质量。在实证探讨和深入分析的基础上，构建一个专门针对中外合作办学学生的跨文化适应的理论框架。框架结合了出国留学的动机和目标、国内阶段的准备、社会支持、跨文化适应的态度和策略，列出了作为影响项目学生跨文化适应的重要因素的各种人口因素，并对适应结果进行了划分，可以分为三个方面：心理、学术以及其他社会和文化适应。要保证中外合作办学的质量，还需要第三方机构的参与。第三方机构是在中外合作办学中构建新型公共治理模式的重要力量，关系着全面深化教育领域的综合改革，具有重要的现实意义。通过实施第三方教育认证，相关高校具有更加规范的办学行为，提高了办学质量，保证了外方闭环质量控制和保护学生兴趣。

4. 中外合作办学评价

对中外合作办学项目的评价可以最大限度地保护学生的利益，是当前中外合作办学的重点。我国中外学校评价体系的建设应借鉴世界三大评价体系，即教育生态位、合作生态链和生态环境。大多数学者对中外合作办学的评价探讨都坚持以人为本。通过对学生和教师的调查，建立了相应的评价指标体系和模型。通过对中外合作办学的评价，可以及时、有效地反馈中外合作办学的实际情况。因此，学者们普遍认为，在符合中国政策要求和中外合作学校发展前景的前提下，适时改善和调整中外合作办学可以进一步提高中外合作办学的评价，促进中国中外合作教育的发展。

1.4.5 国外探讨现状

在高等教育跨国合作发展趋势的层面上，合作教育评估中使用第三方评估系统可以有效地保证合作教育的发展。就目的而言，外国学者的探讨与国内学者的总体方向相似。从主要方向看，外国学者的探讨偏向于定量或定性分析，而国内探讨则偏向于政策指导。这是因为我国的高等教育发展与世界一流国家的教育发展之间还存在一定差距，特别是缺乏合作办学的经验，政策和安全体系还不完善。从整体探讨的角度来看，关于我国合作办学的探讨应借鉴国外的发展思路，并结合我国的实际，提出科学可行的政策和机制作为理论指导，借鉴国外的探讨方法和思路。

1.5 高等教育质量检测数据挖掘探究

我国高等教育已经基本完成了以规模发展为核心的延伸发展任务，将以提高质量为核心任务进入内涵发展阶段。提高高等教育质量，建设强大的高等教育强国，已成为我国高等教育改革与发展的核心任务和时代主题。

在这种情况下，教育部强调需要围绕“十三五”期间提高教育质量这一战略主题进行一系列改革，特别强调充分发挥大数据的作用，加强对高等学校的分类指导。帮助高校合理定位，适应当地经济社会发展，发展特色和水平，鼓励有条件的普通高校转变为应用型。

自2012年教育部评估中心在全国开展“本科教学基本状态数据年度收集”以来，截至2015年年底，全国31个省、市、自治区有1 058所大学（约占全国本科学历的87%）数据报告完成。它基于收集数据库，为部委、省/市和学校的五个级别的用户实现并提供数据查询、统计分析、监视和预警、质量报告以及学校评估。它为政府和教育部门提供宏观管理和决策参考，在促进高等学校的综合管理、促进社会监督和开展高等学校教学评估中发挥了重要作用。

从系统的顶层设计、面向服务和应用程序支持的角度出发，迫切需要进行深入研究和不断改进。质量意识的深化、国际水平的加强以及“国家高等教育质量监控数据平台”的用户体验优化，为中国高等教育质量保证体系的建设提供了有力支撑。

数据平台在构建过程中要坚持“共同构建，共享数据，面向应用”的设计理念。从顶层设计开始，调整原始数据索引系统，完善专业数据，并扩展国际评估数据，以完全满足以学生为中心的质量监控要求。在现有的三级和五级应用程序的基础上，增加对专业认证和国际评估的支持，争取建立更大、更完整、技术更先进的高等教育质量监控数据平台，以促进当前“双一流”建设，促进专业学科布局优化，指导高校合理转型。

1.5.1 研究意义

《教育部关于普通高等学校本科教学评估的意见》明确指出：“国家建立了大学本科教学基本状况的国家数据库，并在政府监控高等教育质量、社会监督方面充分利用了国家数据。”关于人才培养在本科教育和本科教学评估中的重要作用，《关于全面提高高等教育质量的若干意见》对普通高校的进一步要求是：“在基础上完善本科教学基本状态数据库。”

随着互联网技术的飞速发展，大数据所蕴含的巨大的社会价值、经济价值和科研价值引起了社会各界的广泛关注。如果大数据能够得到有效利用，将影响社会经济的发展。科学研究水平的提高具有巨大的推动力，与此同时，大数据技术也在孕育着前所未有的机遇。教学基础数据的正常监控是教学评价的主要内容和基本形式。根据教学和互联网大数据技术的内在规律，数据反映了高等教育的基本状况，而数据分析则辅助了学校的发展。基本教学状况数据是促进大学内涵发展、确保教学质量不断提高的重要措施。这也是国家评估系统中高等教育质量正常监控系统的重要组成部分。

对高校基本情况数据进行分析研究，根据数据分析结果，提高高等教育教学质量评价指标，通过研究探索形成教学质量监测的新方法分析影响教学质量的主要因素，构建教学质量监控数据模型可以提供一种综合、准确、专业的方法，以不断提高高等教育教学质量监控与评估的科学水平，并为高校的质量提供自我评估。大学应与各级教育当局一起，制定改善和提高教育质量的政策。

1.5.2 国外现状

早在 1975 年，美国就建立了专门的教学质量管理机构——美国高等教育认证委员会（COPA）。1993 年，美国高等教育认证委员会改名为国家高等教育认证政策委员会（NBP）。NBP 的高等教育教学质量评估主要包括三个方面：教学、科研和公共服务。美国对高等教育质量的监控主要以认证为核心。它通过各种类型的评估活动，例如非政府组织的各种认证以及各种机构发布的排名，来保证高等教育的质量。学校或专业自愿参加并自愿进行自我质量评估。

在美国教育全球化的背景下，为了让来自世界各地的学生都能够在全球范围内选择理想的大学，美国《美国新闻与世界报道》发布了 U.S.News 世界大学排名。U.S.News 排名着重于学校的学术声誉和文学评估。根据学校的全球学术声誉、论文总数和授予的博士学位数量，并根据每个指标的权重，计算出世界上最好的大学的排名，为世界各地的学生选择理想的大学提供参考。

加拿大大学都是公立学校，学校之间的教学质量差异不大，因此在教学质量监控中没有学校的监控与评估，只有专业的监控与评估。专业的监控和评估主要通过专业鉴定来完成，这需要四个步骤：学校申请、学校自我评估、专家团队的实地考察和成立专业鉴定委员会。每个专业的监控和评估都需要更长的时间。

在英国，对高等教育质量的监控水平是世界公认的。大学高等教育委员会的集体咨询组织进行的质量审查和代表性社会评估由四个等级的社会评估组成，这是《泰晤士报》发布的英国大学排名的典型代表。

泰晤士高等教育世界大学排名主要使用教学、研究和国际化以及行业收入作为评估标准，对世界上排名靠前的980所大学进行排名。

英国还拥有QS世界大学排名（Quacquerclli Symonds World University Rankings），这也相对著名。QS排名由教育组织发布，并通过问卷调查进行。QS排名包括世界大学的综合排名、世界大学学科分类的排名、世界顶尖青年大学的排名、世界上最好的学习城市的排名等。2008年，提出了由欧盟高等教育和科研绩效评估委员会（CHERPA）负责的欧盟多元通用排名。该项目委员会成立于2009年6月，目前涵盖1 210所学院和大学。它的主要特征是用数据和事实说话，用排名代替得分进行排名，没有权重和综合得分，是多维的、多样化的、鼓励特征发展的、面向用户的大学和专业方面的排名。

1.5.3 国内状况

我国的高等教育取得了举世瞩目的发展和成就。但是，由于快速发展和资源短缺，社会各界对教育质量提出了质疑。政府、教育当局和各级大学都特别重视教育质量，进行了各种满意度调查，进行了许多理论和实证研究，并进行了各种评估活动。

1. 大学排名

在国内大学排名中，上海交通大学世界大学学术排名（ARWU）最具代表性。排名主要是通过客观数据来衡量大学的研究实力，定量分析中国大学在世界大学体系中的地位，寻找中国大学与世界知名大学在科学研究上的差距，并客观地反映大学的学术表现、研究成果、每年发表的文章。仅详细列出了排名前100的大学的具体信息，而排名低的大学仅提供区间排名信息。

本科教学水平评估始于2003年，确立了“以评促建、以评促改、以评促管、评建结合、重在建设”的二十字方针。普通本科教学水平的评价指标包括：七个一级指标，一个特色项目，十九个二级指标，如学校指导思想、师资队伍、教学条件与利用、专业建设与教学改革、教学管理等。

本科教学资格评估的对象主要是未参加上一轮教学水平评估的各种新建地方本科院校，包括国家正式批准的民办普通本科院校。新建的本科院校，无论是学校的数量还是学生的人数，都占到我国本科生数量的 1/3 以上，这是我国教育体系的重要组成部分，对提高我国高等教育的整体素质具有基础性作用。

本科教学审查和评估是基于世界高等教育重视质量的新情况。根据评估工作的经验，总结了经验和做法。同时，积极吸收国外先进的评价思想，提出中国特色的新的评价思想新模型、新标准、新方法。实施“用自己的尺子测量自己”的评估高校方法论，旨在强调尊重办学自主权，体现学校在人才培养质量中的主导地位，促进人才培养的多样性。审计与评估的核心是注重本科人才的培养，探讨人才培养的方向、培训目标与实际培训效果之间的差距，并评估学校本科人才培养的质量。

2. 学科评估

学科评估是根据学位委员会发布的“学位授予与人才培养目录”中的学科分类，对具有研究生培养和学位授予资格的一级学科的整体学科水平进行评估。国务院和教育部第一轮评估始于 2002 年。科目评估是由具有研究生培训和学位授予资格的大学和研究机构自愿进行的。评价方法结合了客观数据分析和主观判断。客观数据的来源是已发布的数据。主观评价主要是邀请各学科领域的专家、政府部门和商务人士结合客观分析和主观判断，形成最终的评价结果。

3. 工程教育专业证书

自 2005 年以来，我国已开始建立工程教育质量认证体系，其目标是与国际社会实现质量的相互认可。经过十年的不懈努力，在 2016 年 6 月于吉隆坡举行的国际工程联盟会议上，中国工程教育知识加入了《华盛顿协定》，并成为国际工程学士学位互认协定组织的多边认可正式成员。工程教育专业认证的重点是人才培养的质量，主要着眼于学生的成长。认证的概念是以学生为中心的，强调以输出为导向（OBE）和不断提高人才培训质量。通过认证，促进工程专业人才培养质量不断提高，向社会证明了合格的人才培养质量符合标准要求，促进了职业教育教学改革，由以教师为中心、以知识为中心向以学生为中心、以能力为中心、以人为本转变。工程教育专业认证的认证标准由通用标准和专业补充标准两部分组成。其中，通用标准有七个一级指标，分别是学生、培训目标、毕业要求、持续改进、课程体系、师资和支持条件，对工科学生的培养提出了明确要求。专业补充标准是对不同工程专业对应专业领域的特殊要求和补充。

经过第一轮的水平评估、第二轮的合格评估和第三轮的审查与评估，我国的高等教育质量评估已开始尝试使用信息技术，尤其是大型的数据和技术概念。基于“互联网 +”建立了反映我国教学基本状况的数据库，并已连续 10 年积累。数据库中有很多学校的数据，但分析的应用效果不佳。目前，已充分利用“互联网 +”和大数据技术来升级系统。升级后，它将成为用于监控高等教育质量的全球最大、功能最全、技术最全面的国家数据平台。收集的数据将覆盖我国所有学院和大学。平台数据包括基本学校信息、基本学校条件、学科和教师。7 个类别的 572 个数据项指标包括信息、人才培训、学生信息以及教学管理和质量监控。根据数据和事实对高校的教学状况进行正常的监测和分析，真实地反映高等教育的质量，建立高校内部质量保证机制，服务于政府建立教育质量监测体系，并为公众提供有关高等教育的客观信息。

1.5.4 主要内容

高等教育质量监控的设计与应用是数据平台上的主要内容。根据当前高等教育质量监控的需求，阐明了高等教育质量监控和数据挖掘的概念。解释了高等教育质量监控数据的预处理方法，并通过验证、规范比较、历史比较等方式消除了异常数据，并对某些二维数据进行了变换，以利于后续的统计分析和挖掘。根据相关理论研究和实际工作需要，确定教学质量监控的指标和内容，分析影响教育质量的关键指标和因素，构建高等教育质量监控平台的质量监控模型，试图构筑一个更高水平的教育质量监控指标，通过监控指标反映教学质量；实现对高等教育质量的正常监控，并在平台系统上进行设计和实现，为大学提高教学质量提供依据，为科学决策提供参考。

1.6 地方高校教师教学质量评价体系探究

1999 年，根据“积极稳妥发展高等教育”和“积极开展多种形式发展高等教育”的发展思路，我国的高等教育开始从精英教育向大众教育转变。同年，全国高等教育的本科学生人数增加了 24.31%，这是对我国高等教育政策的重大调整。随着招生规模的逐年扩大，各高校都面临资源短缺、人均教育资源减少和学生整体素质降低的问题。这些问题使高等教育教学质量不高的长期问题更加突出。

21 世纪之后，中国开始面临经济全球化的背景。教育的国际化使中国的高等教育进入了完全开放的环境。每所高校都将面临来自世界各地的审查，迫使学校练好内功，提高教育质量。

作为提高高等教育质量的重要手段之一，高校教师教学质量的评价早在 1985 年就开始成为课程评价的主要内容。自 1990 年以来，我国高校教师的质量评价体系已经成为高等教育质量评价体系中的重要内容。为了改善教学条件，提高教学质量，原国家教委开始对各类本科院校的教学工作进行评估。20 世纪 90 年代末，逐步建立起高等学校教学质量评价体系，国家对高等院校教学进行了又一轮的评价工作，对高等学校的发展进行了全面考察。经过不断探索和完善，我国高校教师教学质量评价体系已基本建立。

2007 年后，由于大学管理权的下放，各大学采用的评估方法开始具有自己的特色，大学教师教学质量评估体系的探究也趋于深入。基于评估“以人为本”的概念，开始权衡评估主题中不同主题的比例，在评估内容和指标中加入更具针对性和专业性的方面，并且针对不同学科和课程而有所不同。评估指标、评估实施和结果更加注重效率。当前，国家和大学都在建立教师教学质量评价体系上作出了很大的努力。

1.6.1 探究意义

在高等教育系统中，教学质量评估是必不可少的。它不仅涉及教学活动的宏观调控、教育管理的科学化，而且更重要的是，它是保证和提高教学质量、培养更多高素质人才的重要手段。尽管国内外有一些相关的理论成果和实践经验可供借鉴，但地方大学教师教学质量评价体系的探究仍处于起步阶段。

从理论上讲，本研究有助于丰富当前关于教师教学质量评价体系的探究内容。近年来，大多数关于教师教学质量评价的探究都是从宏观的角度出发，以一个国家、一个地区或某种类型的学校为对象，探究整个教师教学质量评价体系，包括评价对象的选择、方法选择、评估指标制定以及结果反馈和分析。一些人选择了探究评估系统的某个方面。例如，探究评估主体，分析了我国评估系统中评估主体的现状和存在的问题。因此，本研究以样本学校为基础，从微观的角度出发，结合实证探究方法分析其教师教学质量评价体系，并对各个学科在评价体系中的权重、评价标准的合理性进行深入思考，评估程序和教师的需求间的矛盾等问题有助于丰富有关教师教学质量评价体系的探究。

从实践角度出发，本研究有助于进一步完善地方高校教师的教学质量评价体系。尽管我国许多地方高校都建立了符合其特点的教师质量评价体系，但对教师质量评价体系内在的矛盾和问题还没有得到更详细、深入的解释和解决。另外，地方高校教师教学质量评价的特殊性没有得到很好的体现。本研究决定以一所具体的大学为样本，根据其地方高校的特点，深入了解教师教学质量评价方法的具体实施过程，尝试对教学质量进行分析和反思。

1.6.2 地方大学

地方高校是由行政管理体制形成的观念。在我国，根据大学的行政管理方法，大学通常分为部委院校和地方大学。地方高等学校有两个主要特点：一是高等学校的管理权属于地方，经费主要来自地方政府，其发展主要依靠地方财政的支持。二是这些高校认为可以为地方经济建设培养高素质的专业人才，服务区域经济发展。由于资金来源单一，为避免地方高校因经费不足而受困的不利局面，一些省政府大力支持省高校发展自身特色，积极争取中央、政府各部委的相关资金和资源，以增强当地高等教育的实力。中国已经形成了三种主要模式：国家重点“211 工程”大学，“省部联合共建”大学和地方大学。

1.7 研究生教育质量保障体系研究

研究生教育是继大学本科教育之后的高级教育，是教育体系的最高水平。研究生教育不仅保持了大学的教学、科研和服务社会的功能，而且在国际交流与合作方面发挥着越来越强大的作用。它肩负着为国家现代化建设高素质、高水平创新人才的重要任务，是在经济全球化趋势下增强国际竞争力的重要支撑力量。研究生教育可以为国家的发展提供广泛的智力支持和坚实的人才基础，是促进生产力快速发展的重要力量。尤其是在“第二次世界大战”之后，人们普遍认为，研究生教育的质量在一定程度上代表了一个国家的教育质量，反映了一个国家知识资源的发展和储备程度，并标志着一个国家的科学、技术和经济竞争的能力。

经济全球化已成为当今世界不可逆转的发展趋势和不可抗拒的客观事实。经济全球化和科学技术的迅速发展是当今生活中最重要的现实。随着社会信息水平的不断提高和经济全球化，各国公司和政府已经意识到，必须有效地保障个人公民的成功以及国家和地区的繁荣。在未来的员工队伍中培养具有全球意识的专业人员尤为重要。在我国，这种高素质人才是国家创新体系建设的重要支撑力量，他们在把握世界知识经济的制高点方面也发挥着不可估量的作用。

研究生教育的质量保证具有深刻的国际和国内背景。可以说，质量是研究生教育的生命，是研究生教育可持续发展的根本保证。如何提高研究生教育质量，建立规范、科学的质量保证体系已成为我国研究生教育界乃至整个社会关注的问题。

与大学生和本科生的教育不同，研究生教育是为社会和国家培养高级复合、应用和研究型人才。它强调的是研究与实践以及教育研究与实践。研究生的实践和研究型学习以及教师的实践和研究型教学是必须遵循的基本原则。研究生教育质量不仅是学校创新能力和科研水平的标志，而且是人才培养质量的标志。当今，在积极发展研究生教育的大趋势下，保证研究生教育质量是大学对国家、社会和学生的责任。作为高等教育的最高水平，研究生教育的质量和规模以及随之而来的知识和技术创新成就，已成为一国高等教育发展以及技术、经济、社会、文化水平和发展前景的重要指标。

随着社会的飞速发展，国际化已成为研究生教育发展的重要特征和明显趋势，研究生教育国际化的趋势正在形成。如何应对研究生教育发展的国际化是我国研究生教育工作者必须考虑的重要问题之一。近年来，原有的教育质量观念已无法适应新的形势，研究生教育质量保证体系也必须随之改变。在新形势下，为了适应研究生教育改革的需要和社会经济改革的需要，要建立和完善研究生教育的质量保证体系，换句话说，要改善和提高研究生教育的质量保证体系。如何在研究生教育大规模发展的情况下提高研究生教育质量？保持高质量的研究生教育，培养当今世界所需的高水平创新型人才已成为高等教育工作的重点。

提高研究生培养质量和促进研究生教育的可持续发展是世界各国共同关注的课题。我国的教育毕业规模在 20 世纪 90 年代迅速发展，其绝对增长率超过了各种投入的增长率。在这种快速发展的背景下，研究生教育的招生、培养和管理过程中也出现了质量问题，这将对研究生教育的质量产生不利的影响。同时，国家发展迫切需要高水平的科技创新人才，我国目前的研究生培养缺乏创新，这使得我国的研究生教育质量受到特别关注。

研究生培养的质量是研究生教育的命脉。在研究生教育超常规大规模发展、培训模式日益多样化的情况下，如果质量得不到控制和保证，将严重影响我国研究生教育的可持续发展。因此，随着我国研究生教育规模的逐年扩大，“如何保证研究生培养质量”已成为研究生教育者关注的课题，受到了国家教育主管部门的高度重视。为此，深入研究我国研究生教育质量评价与保障体系，建立科学合理的研究生教育质量保证体系，对于促进研究生教育质量提高具有十分重要的现实意义。

此外，随着中国加入 WTO，教育和经济参与了开放和激烈竞争的旋涡。研究生教育处于快速发展时期。自 20 世纪 80 年代末以来，质量保证运动已在国际高等教育中广泛出现。在这个时代，研究生教育的质量逐渐成为社会关注的焦点。西方许多发达国家已经根据自己的特点逐步建立了自己的研究生教育质量保证体系，为研究生教育的质量提供了保证。与发达国家的研究生教育相比，我国的研究生教育仍存在较大差距，在整个高等教育体系中仍然是相对薄弱的部分。因此，为了保证研究生教育的健康发展，提高研究生教育质量，必须从中国的基本国情和研究生教育发展的现实出发，总结发达国家研究生教育的经验教训，加强研究，保证我国研究生教育的管理和质量。建立科学合理的研究生教育质量保证体系，是我国研究生教育走向国际、紧跟教育国际化浪潮、实现自身发展的唯一途径和有效途径。这对于实现具有中国特色的现代国际研究生教育具有重要意义。同时，对于促进国内大学成为世界一流大学具有重要的现实意义。

1.8“双一流”建设视野下中国高等教育质量评价探究

进入 21 世纪以来，人类发展也进入了知识经济时代。高等教育的发展不仅可以促进国民经济的发展，而且可以为全人类提供良好的机会。《2030 年教育行动纲领》表明，促进高等教育的发展，是当今时代世界经济社会发展的现实选择，是人类社会可持续发展的必然趋势。高等教育评估是高等教育发展的内部动力。2018 年 7 月 12 日至 14 日，清华大学全球学校与学生发展评估研究中心与清华大学教育研究院联合主办的“面向新时代的高等教育评价”国际会议在清华大学举行。会议邀请了国内外高等教育评估领域的专家共同探讨高等教育评估的未来。本次会议的召开，表明高等教育评估已经引起了世界的关注，新时期的高等教育质量评估是全球高等教育发展的合理归因。

1.8.1 建设高等教育强国的战略要求

2015 年 10 月，国务院发布了《世界一流大学和一流学科发展协调总体规划》（简称《规划》）。其目的是提高我国高等教育的综合水平，增强我国高等教育的国际竞争力。它将为实现“两个一百年”目标和实现中华民族伟大复兴的中国梦提供有力的支持。“双一流”建设是创新发展我国高等教育的重要举措，也是我国从一个高等教育大国转变为一个高等教育强国的重要途径。在《世界一流大学和一流学科（暂行）实施办法》中，一流大学和具有一流学科的大学的选择、支持和管理与大学和学科的评估紧密相关。评价体系在“双一流”建设中起着重要作用。新的历史时期提出的“双一流”建设对高等教育评价提出了更高的要求。“双一流”建设必须形成中国特色的评价体系。响应国家的呼唤，迎接新时代，面对当今的高要求，研究和完善高等教育质量评估是我国成为高等教育强国的重要战略辅助手段。

1.8.2 提高高等教育质量的必然选择

高等教育承担着培养高层次人才、发展科学技术、促进社会主义现代化的主要任务。目前，在我国高等教育领域，大量的高校招生规模不断扩大，高等教育质量评价也越来越受到人们的重视，因此，高等教育质量评价是一个重要的课题，是高等教育质量研究中不可或缺的部分，这决定了高等教育质量评价迫切需要改进。这不仅是提高高等教育质量的必然选择，也是促进高等教育顺利协调发展的重要途径。

1.8.3 理论意义

高等教育质量评价研究不可或缺的一部分，对它的研究是全球化时代高等教育发展的合理归因。尽管我国的高等教育评估经过了多年的研究和实践，并在一定程度上取得了成果，但仍有许多问题值得继续讨论和研究。特别是，要建立与当代中国教育发展趋势相适应的相对完善的高等教育质量评价体系还有很长的路要走。通过研究，可以在一定程度上拓宽评估的研究领域和视野，并可以丰富研究成果。高等教育质量评估研究体系的完善和发展，在21世纪的新时代特别是对“双一流”发展的双重回应，可以为我国高等教育质量评估开辟新的视点。

1.8.4 实用价值

任何理论的生命力都在于它来自实践，高于实践，并且最终可以指导实践，从而促进实践活动的健康发展。就本研究而言，通过反思中国高等教育质量评价中存在的问题及其原因，结合当前“双一流”建设的趋势，探索并找到重建质量评价的途径，有利于克服现有的中国高等教育质量评估实践中的诸多偏差，促进现有高等教育质量评估方法的改革和创新，提高中国高等教育质量评估的科学合理性，以及进一步提高高等教育质量评估的水平和可行性。另外，在为各大学及相关教育部门制定相关政策时，也可以提供一定的理论依据和参考意见。

1.8.5 国外高等教育质量评估研究

尽管美国的高等教育管理水平更高，学校社会评价的实践相对统一，但学校仍需要定期审查是否有资格获得认证。美国的高等教育机构评估分为六个主要领域，每个领域都建立了当地的大中学校联合会来评估该地区的学校。评估内容通常包括高校教师、课程、教学质量、设备、管理等方面。加拿大通过评估学校来管理高等教育。评估主要取决于教学计划以及学校设定的目标和任务的完成情况。本科级别由高等教育机构组织和监督，技术学院有一个咨询委员会。高职院校还邀请用人单位参与教学计划的制订，以反馈学生在不同岗位上的意见。师生是评价的主体。不同类型的学校有不同的目标和不同的衡量标准。因为教师的问题取决于教师的毕业学校和他的研究能力；学生在高中毕业考试中的成绩也会在一定程度上影响他们的水平；不同的学科是不同的，因此要找出不同学科的相似之处，例如教师的一些基本资料，教师的艰辛研究结果，教师作品的出版以及他的学生是否优秀。设备评估使中间人可以评估学校的设备，并向学校推荐如何处理政府投资以及如何更合理地投资。在教育方法和教学方法上，政府要求学校教师使用多媒体技术进行教学。政府根据第三方评估机构的报告决定是否继续向学校提供财务支持，并将评估结果在线发布给在校学生和家长。新闻媒体还积极组织大学排名，政府不会干预这些问题，而是让父母和学生选择参考已发表的结果。

美国大专院校使用认证，这是确保与加强社会监督的民间同行评审方法。通过学校、社会和政府之间的协调，确保高校的运作质量达到每个人都满意的基本水平。它可以分为两个级别：单位认证和专业认证。单位认证，即大型区域认证或学校级别认证，是强制性的；但是，专业认证是自愿的。无论是单位认证还是专业认证，其主要功能包括：（1）学校或专业是否达到既定标准；（2）帮助考生确定学校或专业的质量；（3）帮助学生上学，确定是否认可以及如何认可另一所学校的学分；（4）帮助公众和个人作出正确的投资决策；（5）帮助学校有效抵御内外部有害压力；（6）结合学校和专业的质量评估，制订教师和学生的长期发展计划；7. 制定具体的专业标准，以确保获得物有所值的证书；8. 为学生获得政府贷款提供依据。

国外对高等教育质量评价的研究更多的是在实践中，与现实更加紧密地结合在一起，社会对第三方评价更加重视，可以更好地处理特殊情况。没有一个标准是盲目的，有些方法值得我们国家学习。

1.8.6 国内高等教育质量评价研究

关于高等教育的质量，目前存在一些争议。直接原因是高等教育缺乏可靠的质量评估，更深层次的原因是中国从来没有建立真正意义上的高等教育质量评估体系。在我国建立高等教育目标体系和建立多层次、多学科的高等教育质量评估体系是当务之急，是不可避免的。

对于当前高等教育质量评估实践存在困惑，主要原因是：对高等教育质量没有根本清晰的定义，无法准确地描述和衡量教育过程的结果。另外，教育的对象是有意识的人及其过程的影响因素。除了传统的生产过程能力（包括人、机器、材料、法律、环境和度量等因素）之外，服务目标“人”的主观能动性在很大程度上决定了过程的有效性。因此，不可能通过简单的教学资源、教学过程和结果的定量指标来评估教学质量。

什么样的标准用于评价高等教育质量的核心问题引起了越来越多学者的关注。不同的研究人员从不同的角度对质量评估标准进行了理论讨论。分析了我国现有的高等教育质量评价指标体系，找出不足之处，并提出了建设性的建议：（1）力求设计更好的不仅可以满足时代需求，还可以满足当今人才需求的评估指标体系；（2）重视评价指标体系的信度和效度；（3）评价指标体系的内容应更加重视发展；（4）评价指标体系应更加多元化。有人对高等教育的质量标准进行了细化，认为可以准确反映高等教育质量的指标体系可以分为七类：第一是办学的指导思想；第二是教师的力量；第三是教学条件和利用；第四是教学的建设与改革；第五是教学管理；第六是学生素质；第七是教育产业服务。并且给出了教育评价中各项指标的权重因子。

学生素质是大学素质的基本体现，而大学生是素质的主体。学生的学习经历是在很大程度上了解学生素质的重要标准。没有学生以前的学习经验，就可以衡量和评估大学的质量，从而在学校的基础设施设备和其他保证条件中发挥作用，这是不可能的，而且不可能理解微观活动和作用机理。因此，影响教育质量的核心要素是无法触及的。高等教育质量的衡量和评估必须以学生的学习经验为基础，评估范式也应转移到学生体验的评估中。

只有采取多管齐下的教育质量评估体系，才能适应现代大学健康成长的步伐和可持续发展的需求，否则将被时代抛弃。

目前高等教育质量评估的评估方法和评估指标没有更多的改进和创新。尤其是，缺乏一种能够满足国家“双一流”战略要求和当今社会需求的评估体系。因此，我国高等教育质量评估迫切需要在理论和实践上进行相应的改革。

由于我国的高等教育评估基本上是从国外移植而来，是从国外借鉴而来的，因此在理论研究上，主要是推广和引入国外的评估理论和评估方法，中国特色的高等教育评估体系尚未形成，更不用说建立先进的高等教育质量评估系统了。高等教育质量评价缺乏对我国国情教育的独特适应性，特别是对政策、理论、实践和改进方法等问题的研究。此外，大多数从事高等教育质量评估研究的人员都是该行业实际工作中的管理人员。他们大多数从管理的角度出发，重视实践经验的总结和对实际问题的研究，具有很强的实用性和现实针对性，但大多数没有从评估本身进行深入研究。在这方面，高等教育质量评估仍有很大的改进空间。此外，“双一流”时代背景在评价方法和指标、评价程序和质量反馈方面对当代高等教育质量的评价提出了更高的要求。“双一流”的建设目标真正提高了我国高等教育的质量，现有的评估体系需要紧急改进和调整。本书是在分析我国高等教育质量评价现状的基础上，借鉴世界四大排名指标体系和我国三大排名指标体系，结合“双一流”的要求，重新设计了新的指标体系，找到了应对“双一流”发展所面临的困难的方法，并在此基础上提出了相应的对策与建议，希望能提高我国高等教育评估的质量，从而很好地适应“双一流”发展。

第 2 章 相关概念的定义和理论解释

2.1 概念的定义

2.1.1 教育质量

从广义上讲，教育质量是教育标准，即学习标准，其中包括“为了生存，充分发展自己的能力，有尊严地生活和工作并充分参与发展的人们，以提高他们的生活质量，作出明智的决定以及继续学习所需的基本学习方法和基本学习能力”，还包括教育计划的所有特征，例如“班级规模，教师的资质等与本标准有关的所有方面”。教育质量一般包括两大方面：一是教育对象发展水平或状态的质量，二是教育工作水平或状态的质量。根据对已有文献的考查，可以发现人们对教育质量的定义大都强调了两点：一是教育工作，二是学生质量。即教育质量主要是指学校的教育工作和培养的学生的质量。高等教育质量是高等教育机构在遵循教育自身规律与科学发展逻辑的基础上，在既定的社会条件下培养的学生、创造的知识以及提供的服务符合学校教育目标、满足现在和未来的社会发展需要和学生个性发展需要的充分程度。

2.1.2 教育评价

美国教育评价标准联合委员会对教育评价进行了全面定义：“教育评价是对教育目标及其优势、劣势和价值判断的系统研究，为教育决策提供依据的过程。”在中国，教育评价通常被定义为：在系统地、科学地和全面地搜集、整理、处理和分析教育信息的基础上，对教育的价值作出判断的过程，目的在于促进教育改革，提高教育质量。教育评价是对教育活动满足社会与个体需要的程度作出判断的活动，是对教育活动现实的或潜在的价值作出判断，以期达到教育价值增值的过程。强调教育评价本质上是一种价值判断活动，这个价值判断标准不仅强调教育活动对社会需求的满足，也强调对个人需求的满足。另外，教育评价不仅要判断教育活动的实际价值，而且要着眼于未来，注意可能的价值或潜在价值。教育评价的最终目标是实现增值教育。

2.1.3 高等教育质量评价及其功能

1. 高等教育质量评价的定义

高等教育质量评价是以“满足社会与个体需要”这一目的和根本性质为标准，系统地收集和分析相关资料，对高等教育满足社会与个体需要的程度进行判断，并提出改进建议，以改善和促进高等教育质量的不断提高。高等教育质量评价的主要任务是要充分体现高等教育适应社会与个体需要的程度，最终目的是达到高等教育的价值增值，实现高等教育的可持续发展。高等教育质量是一个多维的概念，涵盖高等教育的全部职能和活动，涉及办学宗旨、培养目标、教学计划、研究与学术成就、学生、办学条件、学术环境等。教育质量的优劣主要靠学生的成就和教师的工作状况，或者靠高校的办学目标的达到程度来体现。

目前，高等教育的质量越来越受到社会的关注。第一，高等教育招生规模扩大使舆论更加关注质量。第二，由于高等教育自主性的扩大，必须履行好其社会责任和义务。第三，高等教育的高投入，特别是建立教育投资共享机制，使政府、老百姓和消费者更加关注投入的回报。第四，经济发展的全球化促进跨境服务贸易和人才流动，同级别的专业资格和同级别的学术资格需要具有国际公认的一致标准；第五，政府必须以统一的标准评价高等教育的质量，以确定其投资重点和分类管理。

2. 教育质量评价的功能

通常，高等教育质量评价具有以下主要功能：

（1）识别和选择功能。识别和选择功能是高等教育质量评价的最基本功能。评价是指通过对相关教育质量数据的分析，确定评价对象的教育质量是否合格或达到一定水平。选择功能是指根据高等教育质量识别水平，筛选满足一定标准要求的评价对象，淘汰不符合标准要求的评价对象。

（2）指导和激励作用。高等教育质量评价是根据一定的标准来判断教育活动的价值。通过开展高等教育质量评价活动，可以比较和确定各所大学的教育质量，进行评价测试，其优缺点以及客观数据和信息的形成，势必给高等学校带来强大的压力和动力，从而激发和增强他们的竞争意识。为了获得更好的评价结果，评价对象将致力于符合评价标准要求的活动，而评价指标和评价标准将成为工作的目标和方向。内部和外部整合的压力和力量所产生的这种活力必将形成一种竞争局面，在这种竞争局面中，大学正争相促进高等教育质量的不断提高。因此，高等教育质量评价活动既可以指导高等教育的发展方向，又可以起到激励作用，促使他们看到自己的成就和不足，发现问题和原因，激发评价对象的热情。

（3）诊断和功能改进。高等教育质量评价是对教育活动的质量结果进行分析，找出问题的症结，并提出改进和补救措施的建议。例如，及时获取同行评价中提供的教学水平信息和校际或专业水平比较信息，尤其是各种评价信息的综合，不仅对提高大学教育质量具有重要的诊断作用，而且还可以及时掌握有关教育系统的各种反馈信息，进行信息的综合、比较和分析，确定彼此的优缺点、特征和潜力，然后采取针对性的措施。因此，对教育质量的评价对持续改进具有指导意义。在评价活动中，发现评价对象具有优势，需要继续巩固和发扬光大，同时也要发现需要改进哪些缺陷。教育质量评价的诊断功能有待进一步纠正和改进。诊断结论不是教育质量评价的最终目的，而是改进的起点。

2.1.4 国内高等教育质量观

当前我国高等教育质量研究的热潮直接源于近年来高等教育的迅速发展。在中国高等教育大众化的过程中，越来越多的人意识到，使用单一的精英教育质量观来评价当前的大众化高等教育质量是不合适的，因此中国学者相继提出了具有代表性的高等教育质量观。

1. 发展质量

发展的质量观是从高等教育的宏观和整体质量来看的。它是指一个国家或社会应如何看待高等教育的发展。因此，严格来说，这是人们对高等教育质量的思考方式。发展的质量观包含三个含义：一是以高等教育的发展为核心从而服务于高等教育的质量观；二是从发展的角度看高等教育的质量，通过发展来解决发展高等教育的问题；三是质量标准本身在不断变化和发展，质量观念应在不同时期以不同的发展主题变化和发展。

2. 多元化的质量理念

高等教育的飞速发展必将带来高等教育结构的差异化。高等教育结构的差异是可以根据自己的方向准确定位和发展不同层次和类型的大学。在我国高等教育大众化的过程中，传统的和单一的高等教育结构也正在发展为多元化的高等教育结构。多元化的质量观念意味着不同类型的大学应具有不同的质量标准，并非所有的大学都应按照一种标准发展。如今，无论社会需要和自身实力如何，许多大学都盲目地发展为本科和研究型大学。多元化的质量观念使人们对高等教育质量的认识从单一变为多元，这使我们对高等教育质量有了新认识、新视角。

3. 服务质量理念

高等教育服务是一种准公共服务，具有个人利益和社会利益的双重属性。这一特征决定了高等教育的服务科目既包括社会和经济部门，也包括个人和家庭。同时，这些不同的学科对教育的需求也不同，它们的评价标准和教育质量标准也不同，但是它们都基于对教育服务质量的期望和经验的比较来评价高等教育的质量。高等教育可服务性质量的概念与适应性质量的概念基本相同，它们都是作为衡量高等教育质量的标准，但适应性质量概念则强调要满足高等教育的需求。服务质量理念除了满足社会需求外，还强调满足家庭和学生的需求。

4. 整体质量观

整体质量观认为，高等教育质量应该是人才培养的整体素质，是大学各项职能的综合素质。对于前者，它强调学生的综合素质，而对于后者，则着重于宏观检查高等教育的所有功能和活动。

2.2 教育评价理论的发展过程及文献综述

2.2.1 我国教育评价理论的发展

1985 年 5 月 27 日，国家颁布了《中共中央关于教育体制改革的决定》，该《决定》指出“国家及其教育管理部门要加强对高等教育的宏观指导和管理。教育管理部门还要组织教育界、知识界和用人部门定期对高等学校的办学水平进行评价，对成绩卓著的学校给予荣誉和物质上的重点支持，办得不好的学校要整顿以至停办”。这标志着我国教育评价的研究与实践进入了一个新的发展时期。1990 年 10 月，国家发改委又正式颁布实施了《普通高等学校教育评价暂行规定》，对评价机构以及评价程序等相关政策都作了规定，这标志着我国教育评价理论与实践工作开始走向了规范化，并为教育评价的进一步发展提供了重要的制度保证。国务院于 1993 年 2 月印发的《中国教育改革和发展纲要》中，明确提出了要“建立各级各类教育的质量标准和评价指标体系。各地教育部门要把检查评价学校教育质量作为一项经常性的任务。要加强督导队伍，完善督导制度，加强对中小学学校工作和教育质量的检查和指导。对职业技术教育和高等教育，要采取领导、专家和用人部门相结合的办法，通过多种形式进行质量评价和检查。各类学校都要重视了解用人单位对毕业生质量的评价”。这一纲领性的要求规定对我国教育评价研究与实践的发展起到了重要作用。

与此同时，全国范围内建立了许多教育评价和研究机构。1990 年 10 月，成立了全国普通教育评价专业委员会；1994 年 1 月，成立了全国高等教育评价研究会。1994 年 7 月，在北京理工大学建立了高等学校与科研院所学位与研究生教育评价所。

从 20 世纪 80 年代中期到 90 年代末，我国教育评价的发展特点主要表现为：第一，有制度保障；第二，建立了专门的教育评价机构；第三，教育评价理论研究取得很大进展，创办了专业的教育评价杂志。

1999 年 6 月颁布的《中共中央国务院关于深化教育改革全面推进素质教育的决定》中，要求“建立符合素质教育要求的对学校、教师和学生的评价机制”。为了推进基础教育课程改革的顺利进行，教育部于2001年6月颁布了《基础教育课程改革纲要》，要求“建立促进学生全面发展的评价体系”“建立促进教师不断提高的评价体系”“建立促进课程不断发展的评价体系”。随着教育改革的推进，人们逐渐认识到，要使课程改革取得实效，就必须改革考试制度。

可以发现这一时期我国教育评价的主要特点：

（1）从学生评价到学术初评，评价指标越来越丰富。考试成绩是唯一指标的评价方式已发展到今天的多元全面评价方式。

（2）对评价功能的认识越来越深。从最初强调评价的评价和选择功能到改进评价和服务功能。

（3）评价变得越来越民主。最初的评价仅是学生对教师的评价、学校对教师的评价以及上级政府对学校的评价，强调了单向评价，现在更加重视评价对象在评价中的地位和作用。

2.2.2 几种常见的教育评价理论

1. 利益相关者理论

利益相关者理论首先出现在企业管理领域。弗里曼是其理论研究的核心人物之一，提出了利益相关者的定义。他认为，公司不仅应该对股东负责，而且还应该对其他利益相关者负责。在大多数情况下，公司必须为参与社会责任活动付出代价。尽管此类投资可能会牺牲公司的经营业绩，但从长远来看，此类投资可以改善公司的社会形象和生存能力，吸引大量优秀人才并减少政府控制等可以增加企业的利润，而增加的利润足以抵消企业一开始所付出的额外费用。从这个意义上讲，企业在利他的同时是有利可图的。

曾任哈佛大学文理学院院长的罗索夫斯基认为，大学的利益相关者包括大学教师、学生、行政领导、校友、政府和公众。因此，罗索夫斯基建议，对学生进行适当、略微监督的评价是从广义上识别和奖励优秀教学并提高所有教师的责任感和权利感的最佳方法。因为没有人愿意将自己的不当行为暴露给群众。应该评价学生生活的各个方面：教学、专业、课程、住宿等。这可以提高教师对学生的责任感，这是高校所有管理人员都应考虑的问题。

2. 客户满意度理论

自 1970 年以来，关于客户满意度的研究一直是企业管理的研究热点。Cardozo（1965）首先将客户满意度的概念引入了市场研究领域。从那时起，客户满意度就成为学术界的研究热点。客户满意度是产品认知性能和购买者期望的函数。如果效果低于预期，客户将不满意；如果效果符合预期，则客户将满意；客户的期望是基于客户过去的购买经验和朋友对产品的评价。如果卖方的期望过高，则客户可能会感到失望。但如果公司将期望值设定得太低，则无法吸引足够的购买。如果学生认为服务质量好，则满意度高，否则，满意度低。

2.2.3 教育质量评价理论研究综述

我国的高等教育已经从精英教育向大众教育过渡，高等教育质量评价体系也必须改革。高等教育大众化的重要特征是多元化，这体现在很多方面，本质上是教育质量评价的多样性。大众化高等教育质量评价必须建立多元化的观念。必须坚持对高等教育质量的一般要求和特殊要求相结合，以形成各种教育质量评价标准。必须实现评价主体和评价机构的分离，促进评价主体的多元化，促进评价机构的专业化，建立社会参与的多元化开放质量评价模型。

以什么样的标准来评价高等教育质量的核心问题引起了越来越多学者的关注。他们从不同的角度在理论上讨论了质量标准。在新形势下，传统的精英教育单一质量评价标准已无法适应新情况。我们必须解放思想，更新观念，建立多元化的高等教育质量评价机制。并特别指出应建立多个评价主体、多个评价对象和多个评价标准。通过分析我国高等教育质量评价指标体系的不足，提出了一些建设性的建议：（1）设计一种更能适应时代和人才需求的评价指标体系；（2）重视评价指标体系的信度和效度；（3）评价指标体系的内容应更加重视发展；（4）评价指标体系应更加多元化，中介机构在评价教育质量中起着非常重要的作用。以政府和社会为主体的外部质量评价体系存在许多矛盾和冲突。中间评价组织的特点是独立、公正、公平和权威。协调这一矛盾可以发挥重要的评价作用。基于我国尚未建立高等教育中介评价机构的事实和原有评价体系的特点，提出了建立中介评价机构的理论构想。准确反映高等教育质量的指标体系可以分为七个主要项目：第一，办学指导思想；第二，师资力量；第三，教学条件和利用；第四，教学的建设与改革；第五，教学管理；第六，学生质量；第七，教育产业服务。适当给出了教育评价中各项指标的权重系数。具体分配为：学校定位 10 分，教职员工 20 分，教学条件和利用 15 分，教学建设和改革 10 分，教学管理 10 分，学生素质 20 分，教育行业服务 15 分，共 100 分。这也是对当前高等教育质量学术标准的更详细的微观解释。

当前关于高等教育质量的争论，很难达成共识。有人认为：直接的原因是缺乏具有公信力的高等教育质量评价，深层的原因则在于我国根本就没有建立起高等教育质量评价体系。因此，提出构建我国高等教育目标系统，建立多主体、多层次的高等教育质量评价工作体系。

只有多重并发的教育质量评价体系才能满足现代大学健康、可持续发展的需求。同时，有人主张借鉴二八定律来完善未来的高等教育评价体系，并相应地建立体系各部分之间的协调关系。首先，质量要求必须公开，包括优秀（20%）和合格（80%），国际化（20%）和本地化（80%），个性（20%）和共性（80%），创新（20%）和毅力（80%）等多重关系。其次，主辅关系需要二八开，包括主体（80%）和客体（20%），内部人（80%）和外行（20%），内因（80%）和外部原因（20%），自治（80%）与其他主管（20%），内部监控（80%）和外部约束（20%）等多重关系。此外，评判内容也需要二八开，包括定量（80%）和定性（20%），指标（80%）和非指标（20%），客观事实（80%）和主观价值判断（20%），评价前（80%）和评价后（20%），干预评价（80%）和非干预评价（20%）等多重关系。

从我国现有的研究来看，缺乏对高等教育质量评价的系统、全面的研究。例如，仅对高校的自我评价进行了一些研究，对高等教育的社会评价进行了一些研究，而对整个高等教育质量的评价尚未进行。尽管一些学者提议建立一个由政府、大学和社会三个主体组成的评价体系，但他们并未对该体系的深层问题进行深入思考，并且缺乏关于该体系具体运作的研究和系统中每个主题的评价。

2.3 概念定义和理论依据

2.3.1 核心概念的定义

1. 高等教育中外合作教育的教学质量保证

在20世纪80年代，质量保证的概念进入了高等教育领域。合作教育教学的质量保证是指对教学质量监控和诊断以及改善和改进的一系列服务支持，以保证和提高合作教育教学的质量。

通常，通过制定政策、机构、标准、评估计划和程序以及有效实施来保证教学质量。参加者应该是大学中的每位教师、助教、管理员和学生。按照实施教学质量保证的主体，中外合作办学的教学质量保证分为外部保证和内部保证。合作办学的教学质量保证需要在内部和外部进行整合，以确保中外合作办学的教学质量不断提高。

2. 外部教学质量保证

实施外部教学质量保证的主体是政府、第三方机构和高校以外的其他机构，通过一系列措施和活动来监测和评估教学质量，以确保教学质量的健康发展，这些活动包括国际专业证书、涉外法规指导和有关部门赞助的专业质量评估。

3. 内部教学质量保证

内部教学质量保证的实施主体是大学本身。高校根据自身特点，建立了对学校内部教育活动进行监督和监控，管理和评价教育活动的制度，以确保对大学的合作教育质量进行监督。

2.3.2 理论基础

1. 全面质量管理理论

全面质量管理理论最初起源于20世纪60年代的美国。它主要是指：以消费者满意度为核心，持续质量改进为核心，此外，倡导质量管理应使全体员工和整个过程都参与进来，这是管理和全面质量管理的三种思想。

将全面质量管理理论引入高等教育质量保证领域，一方面可以打破负责质量保证的高级管理人员的传统局限性，倡导所有学生、教师和管理人员的参与，并且还可以充分发挥社会机构、家长和企业共同实施教学质量保证的作用。对于中外合作办学的学校，教学保障体系所涉及的因素要比普通高等教育复杂得多，包括双方的政府和社会，双方的大学以及机构内的学生、教师和管理人员。理论构建的教学质量保证体系可以充分发挥各方面和因素的力量，真正有效地保证合作教育教学质量的不断提高。同时，要以消费者满意度为核心，以持续质量改进为核心，鼓励高校在制定内部教学质量标准时充分考虑国家和市场的需求，确定科学的人才发展目标。

2. 闭环管理理论

闭环管理理论是一种管理方法。它最初用于经济学，将供销的整个过程视为一个闭环系统，以便系统的内部管理形成一个连续的闭环。面对变化，及时反馈和改进，使问题最终得到解决。从决策到控制、反馈，再到决策，形成一个不断循环改进的系统。

闭环管理理论对高等教育中外合作办学教学质量保证的意义在于，闭环管理理论可以指导高校中外合作办学建立闭环系统，形成一个持续的反馈改进机制，以允许持续改进和提高教学质量。

3. 新公共管理理论

新公共管理理论（New Public Management）诞生于20世纪80年代。区别于传统公共管理理论的主要特征是：政府不再按等级进行单向指挥，而是充分发挥互动交流的作用，在有指导的管理下进行宏观调控。原来的效率优先级已经改变，它已成为关注服务质量和满意度的焦点，并充分争取组织成员的认同感和归属感以达到管理的目的。

政府的统一监督是我国高等教育合作中教学质量保证的主要形式。它缺乏独立的管理和灵活的创新与发展。结合机构或项目的特点，新公共管理理论为中外合作教育的质量保证提供了有益的参考。一方面，政府应将其职能从原来的直接干预转变为幕后监督，并鼓励高等教育机构充分发挥其积极性，参与质量保证，而不是仅仅依靠和应对国家的各项评估和审查。特别是对于中外合作办学的学校，由于学科的复杂性，鼓励多个学科参加质量保证工作就显得尤为重要。另一方面，政府除了鼓励高校积极参与教学质量保证外，还应充分利用社会力量，鼓励第三方机构充分参与高等教育合作质量保证，全面树立第三方机构的权威和信誉，促进中国的中外合作办学学校建立合理、公平的质量保证体系。

2.3.3 高等教育质量

《教育辞典》对教育质量进行了解释："教育质量是对教育水平的评估和效果的有效性"，最终体现在培训对象的质量上，"计量标准是目的"。关于教育程度和各类学校的培训目标，前者规定了学员的总体素质要求，也是教育的基本素质要求，后者规定了学员的具体素质要求，并衡量了合格人员的素质指标。第一次世界高等教育大会的宣言指出："高等教育的质量是一个多层次的概念，应包括高等教育的所有功能和活动。"高等教育的三大主要功能是教学、科研和社会服务。高等教育的质量是高等教育满足该学科需求的程度。这是一种价值判断和评估。高等教育的质量应在教学和人员培训以及科学研究中得到体现。教学质量是高等教育质量的核心素质。

2.3.4 高校教师教学质量评价

在定义高校教学质量评价之前，首先需要弄清什么是教师教学质量评价。教师教学质量的评估主要基于教育目标和教学目标，运用所有可行的评估技术对教师的整个教学过程和预期效果进行价值判断，以提高教师的教学能力和教学水平。

对教师教学质量的评估是指学校根据一定的评估理论，按照规定的程序和方法，借助现代技术，广泛收集个别教师的教学信息。通过事实判断其工作过程和结果是否达到教学目标的价值，并通过评价过程的反馈和沟通，起到调节、指导、激励、改进和管理教师评价教学的作用。教师教学质量评价是对教师教学活动价值评价的过程，教学质量评价的目的是提高教师的课堂教学质量。

高校教师的教学与基础教育阶段的教学明显不同。

首先，大学教师的教学具有学术特色。原因之一是高校的教学活动需要建立在高校教师在其专业领域具有深厚前沿专业知识的基础上；第二个原因是大学教学不是建立在简单的经验操作上，而是建立在科学学术活动的复杂性上；第三个原因是大学教学不再面向未成年人，而是拥有成熟独立的思维和在精神上有追求的成年人。

其次，高校教师的教学具有专业性。高校教师必须具有扎实的专业基础知识、广泛的相关学科知识、学科专业前沿知识、教学法和教育心理知识，并且必须具有一定的学术素养；高校教师需要结合自身的专业和社会需要，为学生选择最合适的教学内容和教学方法，探究制定自己的教学大纲，合理安排时间表、教学方法和技能。

高校教师的教学活动比基础教育阶段的教学活动更为复杂和灵活。高校教师教学质量的评价不再以学生的学习成绩为唯一标准，而应考虑“教师的教学”，要督促“学生的学习”。因此，对高校教师教学质量的评估是指每个评估主体按照一定的标准和方法对高校教师的教学活动和探究过程进行客观的衡量和价值表现的过程，目的是为教师提供反馈意见。在教学上，促进教师的教学反思和教学探究，提高教师的教学专业发展能力，提高学生的学习效率。

2.3.5 教师教学质量评价体系和运行机制

《辞海》中“系统”的解释是：“几个相关的事物被联系起来并受约束而形成一个整体。”课堂教学质量评价探究的重要方面，包括评价方法、指标体系、组织以及操作、反馈和法规。教学质量评价体系是一个整体，包括评价的目的、评价的主题、评价的内容、评价的方法以及评价的组织和运行。

教学质量评价体系包括评价目的、评价主体、评价内容和指标、评价方法等部分，各部分之间相互联系，相互制约，相互联系在一起。

至于运行机制，《辞海》将“机制”解释为“机器的结构和工作原理”。《现代汉语词典》将“机制”定义为：“通常是指组织或工作系统各部分之间的相互作用的过程和方法，例如市场机制和竞争机制。”因此，“机制”一词的应用范围已从机器扩展到社会科学领域，并用于探究系统各个部分和元素之间的相互关系、相互限制以及相互作用的形式。结合机制的概念，运行机制是指互连的限制性关系和功能以及系统或系统中各个要素的作用。

从系统理论的角度看，结构越合理，每个部分的功能就可以实现最大化，从而增加整体功能；否则，整体功能将被削弱。以此类推，大学教师教学质量评估体系中各个要素的组合越合理，相互作用越协调，整体评估功能就越大，提高教师教学能力和素质的作用就越大。

2.4 相关研究

2.4.1 国内相关研究

20 世纪 80 年代后期，一些学者将“质量保证”的概念引入我国作为目标管理的方法之一，高等教育质量保证的思想和方法开始进入我国的高等教育领域。通过国际交流活动，自 20 世纪 90 年代初以来，教育质量保证的思想和方法在我国得到了进一步普及。尽管我国的研究生教育体系仅建立了几十年，有关教育理论和工作成果的研究还不够深入，但是，随着国家和社会的发展，我国研究生教育也进入了快速发展阶段，研究生教育质量评价和保障研究也取得了一定成果。

2.4.2 国外相关研究

高等教育的质量保证运动始于 20 世纪 80 年代中期的欧美发达国家。20 世纪 90 年代后，它发展成为世界范围的改革浪潮。到 2001 年，全球 120 多个国家和地区已经建立了高等教育质量担保机构。在这种情况下，许多国家建立了高等教育质量保证体系，有些国家甚至将其视为高等教育改革的重要组成部分。美国著名的社会学家和教育家伯顿·克拉克（Burton Clark）认为，影响高等教育质量的因素有三点：学术力量、国家力量和市场影响力。高等教育系统是由这三个力量组成的，构成所谓“三角形协调模式”。

作为世界上最早开展高等教育质量保证运动的国家之一，英国有意识地将商业领域的全面质量管理理论应用于研究生教育的质量保证。英国政府以“质量保证”为目标，并通过评估机制来评估大学的有效性，并规定所有研究生培训单位都有义务向公众报告研究生教育的质量。

英国学者哈维和奈特将高等教育的质量分为五类：第一类是适用的质量观，这意味着质量可以满足管理人员或学生的需求；第二类是传统质量观，质量被认为是一流和卓越；第三类是绩效质量观，着眼于教育的利益以及教育投入与产出的比例；第四类是完善的质量观，认为质量达到预定水平；第五类是发展质量观，强调每个培训单位培养的人才必须具有适应时代发展和变化的能力。

1997 年，爱德华·霍尔威（Edward Holdaway）在“研究生教育的质量问题”中指出：我们不应使用单一的标准，而应从多个方面衡量高等教育的质量。他还指出，投入评估、过程评估和产出评估的三个部分构成了研究生教育的质量。研究生教育的利益相关者，例如学术人员、学生、管理人员和政府，应成为评估研究生教育质量的主体。

日本大学理事会在 1990 年发表了一份名为《提高日本研究生教育质量的措施研究》的报告。报告强调，日本在大规模发展研究生教育的同时，还应不断提高研究生的素质和水平，培养高学历、创新能力强、能参与国际竞争的新时代科研人员。在 1992 年明确指出，日本的研究生教育应该面向世界，并与世界一流水平接轨，并使研究生院成为一流的科学研究和人才培训基地。大学理事会在 1997 年的报告《21 世纪的日本大学和未来的改革策略》中还进一步强调需要将高等教育的重点从本科教育转移到研究生教育。

在对国内外研究生教育质量保证体系的解释和研究中，虽然取得了显著成果，但尚未研究根本原因，对我国研究生教育质量保证体系自身存在的问题仍缺乏系统的考察。更重要的是，人们对如何进一步完善我国研究生教育质量保证体系的关注还不够，而主要研究研究生教育质量评价本身的问题。

2.4.3 概念

20 世纪 30 年代和 20 世纪 50 年代开始明确引入“教育评估”的概念。泰勒提出了教育评估的原则，该原则以教育目标为中心。教育评估是基于泰勒原理而产生和发展的。因此，泰勒在西方国家被称为“教育评估之父”。1981 年，美国教育评估标准联合委员会建立了“教育评估”的综合定义：“教育评估是对教育目标，其优势劣势和价值的系统调查，并且是提供基础的过程用于教育决策。”教育评估是一种评估教育活动满足社会和个人需求的程度的活动。

对教育评估概念的简单解释，再结合高等教育质量的基本内涵，就可以定义出高等教育质量评估：高等教育质量评估是基于对高等教育的科学、系统、全面的收集、整理、分析而建立的教育质量信息。在评估其价值或满意度的过程中，应根据所有利益相关者的需求提出改进措施，以促进高等教育质量的不断提高。

2.4.4 功能

1.“导向”激励功能

高等教育质量评估是根据一定的标准来判断教育活动的价值，它在实际教育过程中具有指导作用，指导高等教育活动的各个方面，并促进大学保持竞争力；找出自己的缺点并积极改进，激励自己继续改进以满足要求。这种引导激励功能可以保证内源性在高等教育的各个方面都很活跃，对提高高等教育质量具有重要作用。

2. 识别选择功能

识别和选择功能是高等教育质量评估中最基本的生存和消除功能。通过对各方信息的汇总分析，确定评估对象是否达到一定水平，并在下一级筛选出符合要求的对象，并剔除不符合要求的对象。但是，应该赋予新时期的高等教育评估更加详细的功能，对被淘汰和被选对象进行新一轮的新标准评估和选择，并进行更详细的评估。这样，优胜劣汰的分步生存就变得更加严格，从而可以切实提高高等教育质量。

3. 诊断功能

评估中最重要的事情是发现并解决问题。在全面分析各方评价数据的过程中，高等教育质量评价一方面可以及时发现自身的症结，然后进行针对性和方向性的改进。另一方面，通过横向比较，彼此在教育体系上的优势、不足、特点等一目了然，有利于为完善整个宏观体系提出更全面、完善的建议。诊断不是终点，而是改进的起点，旨在提高高等教育的质量。

高等教育质量评估的功能反映了评估过程的周期性。实施了定位、确定、选择、诊断、改进和激励措施后，更有利于逐步提高教育质量和周期。

2.4.5 全面质量管理和教育全面质量管理

全面质量管理（TQM）是现代科学企业管理的重要内容。这就意味着在社会的全面推进下，企业的所有部门、组织和人员必须掌握产品质量的核心理念。整合专业技术、管理技术和数理统计技术，建立科学、严格、高效的制度，确保生产质量，控制生产过程中的质量影响因素。为了以最佳性能、最实惠和最经济的方式满足用户的需求，并为他们所需的产品提供所有活动，美国著名专家费根·鲍姆在20世纪60年代初提出了这一概念。后来，它逐渐在西欧国家和日本推广和发展。

全面质量管理的核心思想有两点：第一是“顾客满意”的新概念，这是一种倡导“以顾客为中心”的文化。公司将客户置于其运营中心，使客户能够指导他们的决策。客户最关心的是卓越的产品质量。这种思维将引导公司专注于提高产品质量，并始终保持其在市场上的竞争地位。第二是质量不断提高。正如施乐首席执行官大卫·基恩（David Kearn）所说：“追求品质的竞赛没有止境。”在提高产品质量时，公司将注重文化定位，以便公司一贯这样做，为客户提供高质量的产品和服务，并实现可持续发展。基本工作流程是PDCA管理周期，即计划执行检查过程（计划、执行、检查、操作）。这是由美国统计学家W. E. Deming发明的，因此也称为Deming循环。

在大多数工业系统中，其新的管理程序可以实际应用于教育，可以在全国范围内完成（例如用于监视整个教育系统的运行）。全面质量管理应扩大在教育领域，“客户”是学生和家长，“产品质量”是人才培养的质量。学校实际上变成了一个网络——消费者和供应商的网络，并且学校和学生之间存在一种新型的关系——服务与被服务的关系。为了不断提高每个学生的能力、知识、理解力和个人发展，学校必须坚持追求教育质量的目标，并将不断提高教育质量的愿望放在第一位。强调教育产生了“增值”的连续性。在教育质量管理中，按照既定计划工作，然后检查结果。将成功的计划纳入标准，并为下一个周期留出不成功的解决方案，以提高学校的生产力。

第 3 章 高等教育质量评价体系建立与应用探究

3.1 国外高等教育质量评价的理论探究及启示

我国的高等教育评价主要是由政府或教育行政部门组织的专家进行的，结合各所大学的自我评价来确定大学的质量。在大家的共同努力下，我国的高等教育评价体系变得越来越完善，并在实践中发挥了非常重要的作用。但是，与国外评价体系相比，它还不够成熟和完善，还没有形成从信息收集、处理到指标体系和专家组成的完整体系。因此，认真讨论国外高等教育评价体系的经验对建立和完善我国高等教育质量评价体系具有重要意义。

3.1.1 美国基于社会评价的评价体系特征分析

美国是地方政府和州政府早于中央联邦政府的国家。这一特征决定了美国的教育模式是由地方政府主导，州政府和联邦政府协助。这种适应性和柔性管理为美国高等教育评价的自由、健康发展奠定了基础。高等教育评价系统是美国高等教育系统的重要组成部分。

作为基于市场的模型的典范，美国以认证体系为核心的高等教育质量评价模型由来已久，并且正变得越来越成熟和完善，它的国际影响力也在增长。美国的教育评价实践已有 150 多年的历史。其高等教育评价系统经历了三个发展阶段。第一阶段是基于大学自我监控的早期评价模型。第二阶段是社会中介评价组织参与完善的投入评价模式。第三阶段是过程绩效评价模型，其中多方是主要参与者。长期以来，美国的教育一直由州而不是联邦政府负责。

各个州的高等教育管理机构与州政府的整合程度不同。私立大学在高等教育机构中也占很大比例，因此其高等教育管理的分散化和多元化特征是非常典型的。该模型的基础和核心是以外部评价形式存在的机构和专业评价体系，不同类型的评价活动是相互独立和相互依存的，总体上起着不同的作用，共同保证高等学校教育的质量。

3.1.2 基于法国政府评价的评价体系特征分析

法国质量评价系统的模型通常是“外部控制”模型。尽管法国大学内部也设有评价委员会，但外部评价仍扮演着重要角色。法国高等教育质量的评价有两个主要步骤用于学校内部评价。首先是学校领导和组织的内部评价。内部评价基于评价准则，并且所有人员都必须参加。其次，国家评价委员会根据专家检查组织和协调外部评价。这里的专家必须是大学教授、高等教育管理人员或高级技术主管以及重要的经济专业人员。评价负责人首先来到学校进行评价，并首次与学校负责人会面，向管理、行政人员和教师以及学生代表等相关人员介绍和解释评价过程。借助国家评价委员会的评价准则，评价机构可以开始内部评价。大学内部评价委员会的主要工作是与国家评价委员会合作。在质量保证方面，法国政府强调严格控制高等教育投入。高等学校必须严格执行国家政策规定。法国高等教育质量评价模型的主要目的是监测高等教育质量、政府资助水平和资金使用等，以促进高等教育更好地满足法国经济和社会发展的需求，并担负政府和社会责任。

3.1.3 英国高等教育质量评价体系的特征分析

英国高等教育的质量保证体系具有明显的多元评价特征，主要体现在评价指标的多样性和评价主体的多样性上。英国大学实行自我评价和外部评价的有机结合。学术专家是内部质量控制的主体。英国大学的教学质量控制体系主要从三个方面进行：一个是新课程的批准，另一个是当前课程的评价，第三是对整个教学计划的定期评价。在对英国大学的外部评价中，QAA 是一个独立实体，其核心业务是评价英国高等教育的质量和标准。QAA 质量保证的主要任务是保证学生、学生家长和社会相关人士的高等教育质量，并与其他高等教育机构合作保持和提高高等教育质量。英国的高等教育经费主要分为教学经费和研究经费，并有明确的分类。教学经费主要考虑学生人数、学科和情况。类似的活动将获得类似的资金，而研究资金主要考虑研究的质量，并根据绩效分配。英国对高等教育质量的评价与资助方法紧密结合在一起。如果高等教育机构要获得政府资助，则必须努力增强学校自身的实力，依靠评价中介机构确保独立性。

3.1.4 荷兰的高等教育质量评价体系特点分析

荷兰政府在高校评价中担任着宏观指导作用。高校负责内部评价，外部评价则由 NVAO 及 QANU 负责。NVAO 是一个全国性的认证机构，它负责制定有关认证高校现有课程和认可新设课程的标准，高等教育外部访问与评价机构在 NVAO 的政策框架下制定各自的评价准则，接受院校的邀请开展评价活动。荷兰大学协会主要负责大学的教学质量评价和科研质量评价，并对教育评价目的、原则、过程及评价机构等作了严格、明确的规定。荷兰大学协会在评价过程中的同行评审，其评价主体特别值得一提，其评审人员包括荷兰国内和国外的本学科专家、一名教学管理代表、一名教育专家，大学的学科评价还包括一名学生代表。评价小组成员在接受任命和培训之后，即完全独立于大学协会而独立开展工作。隶属于政府的高等教育督导组代表政府负责对 NVAO 和 QANU 这两个机构所实施的校外评价及高校后续评价的合法性进行监督、复查，并通报教育文化和科学部，即通常所说的“多元评价”。荷兰大学协会从专业层面对学校进行评价。按其设计，他们为达到三个目的：即质量的提高、对整个社会负责和对高校的自主管理。该体系的目的在于对大学质量保证的内部过程进行补充。在全国每六年一轮回对每个学科的专业进行评价。大学自己出钱参加评价，荷兰大学协会负责对系统进行组织并设定评价目的，其评价的结果是为高等学校的质量评价过程建立一个大体框架，但除了指定学科外，它没有为检查团体设立应遵循的标准。但是在评价和作决定之间有着明确的界限，前者是学科委员会的责任，后者则是由大学和政府部门负责，视察团则担任中介顾问机构和政策制定者的角色。荷兰模式最大的特点在于：有效地实现了高等教育质量保证的内外结合，在政府管理与院校自治之间达成了一定程度的平衡。从荷兰新的高等教育质量保证模式的框架中不难看出，主导模式运行的已不是某一种力量，而是国家权力、市场与院校自治这三种力量在起作用。

分析国外高等教育大众化进程中主要的质量评价制度，对于我国构建有中国特色的高等教育质量评价体系具有积极的借鉴意义。

3.2 国内高等教育质量评价体系现状分析

在我国明确提出建立高等学校质量评价制度始于 1995 年，此年的 3 月，在第八届全国人民代表大会第三次会议上通过了《中华人民共和国教育法》，在其中以法律形式明确肯定了要在我国建立教育评价制度，并且肯定了教育质量评价在我国各级各类教育中的地位；1999 年 1 月 1 日开始实施的于 1998 年 8 月通过的《中华人民共和国高等教育法》，其中明确规定了高校的质量责任及其办学水平、教育质量必须接受教育行政部门的监督和由其组织的质量评价的义务。该部法律的颁布实施，标志着我国高等教育评价有了法制保障，为高等教育评价提供了坚实的法律依据，它也从法律上规定了高等教育评价的组织领导是政府领导下的教育行政部门；2001 年 8 月，教育部印发的《关于加强高等学校本科教学工作提高教学质量的若干意见》指出，政府和社会监督与高校自我约束相结合的教育质量监测和保证体系，是提高本科教育质量的基本保障，“要建立用人单位、教师、学生共同参与的教学质量内部评价机制”；2004 年 2 月，教育部在《2003—2007 年教育振兴行动计划》中明确提出要“健全高等学校教学质量保障体系，建立高等学校教学质量评价和咨询机构，实行以五年为一周期的全国高等学校教育质量评价制度”；2004 年 8 月，教育部办公厅印发了《普通高等学校本科教学工作水平评价方案（试行）》，该方案适用于各类普通高等学校，要求贯彻“以评促改，以评促建，以评促管，评建结合，重在建设”的原则；2005 年 1 月，教育部印发的《关于进一步加强高等学校本科教学工作的若干意见》指出：“要切实加强高等学校教学工作评价，完善教学质量保障体系”“要进一步完善教学工作评价指标体系”；2007 年 9 月，国务院学位委员会、教育部、人事部联合发布《关于开展全国博士质量调查工作的通知》，要求对所有具有博士学位授予权的高等学校和科研院所开展博士质量调查工作，以期全面评价我国博士研究生教育的发展状况，建立博士质量保障制度和体系；2008年4月，教育部印发了《高等职业院校人才培养工作评价方案》，规定所有独立设置的高等职业院校自本评价方案发布起，每学年度都必须按要求填报高等职业院校人才培养工作状态数据采集信息。

另外，我国已成立了10余所专业性的高教评价机构，如中国高等教育评价探究会、江苏省教育评价院、辽宁省教育评价事务所等，它们主要接受政府部门的委托，承担着评价、督导、咨询和科学研究的任务。在高校的大学排名方面，网大公司从1999年开始每年向社会推出中国大学排行榜，广东管理科学研究院从1993年开始根据研究与发展成果也多次推出过中国大学排行榜。

这些评价在促进高校端正办学指导思想，推进教学建设和改革，促进学校建立内部质量监控体系，提高教育质量等方面起到了重要作用。

3.3 国内高等教育质量评价的问题分析

3.3.1 评价主体方面

各国高等教育质量评价主体中虽然也有政府的参与，但这种政府的控制和干预并不是直接的，而是间接地进行参与，如美国的教育质量评价以高等学校的自我评价为基础，以社会评价为主体，政府积极参与和认可，州政府对教育质量的评价并非政府行政命令式的评价，而是与社会鉴定组织以及高校密切合作的，使其在发挥政府作用的同时，一方面可以提高社会鉴定的权威性，另一方面也能充分发挥各大学的积极主动性。

从国外的经验来看，教育质量评价体系的运行不是某一种力量，而是国家权力、市场与院校自治这三种力量在起作用。首先，各国的高等教育质量保证都非常重视学校的自评。在各国高等教育质量保证模式中，院校内部质量保证是外部质量保证的前置条件。其次，政府主要通过制定有关质量保证的法律政策以及对认证组织的监督来实现其价值需求。从宏观的高等教育政策看，高等教育质量保证活动的兴起，是政府改革高等教育体制，努力提高高等教育质量，促使高等教育更好地适应经济、社会发展需要，满足公众不断增长的教育需要等一系列政策的直接结果。在英国，社会对高等教育质量的关注与日俱增；在美国，各专业组织也有其独特的地位，一直受到公众的信赖。从以上的分析可以看出，高等教育质量保证主体大多经过了从一元控制到多元管理的变革，政府、高校与社会相互分工、相互协调，共同参与高等教育质量保证。

我国高等教育质量保证模式的明显特点就是政府控制。由于我国长期以来实行高度集权的计划经济体制，在这种体制下，政府在各项社会事务中占有绝对的权威优势，在高等教育质量保证方面自然也就形成了政府机构主导评价的局面。政府作为单一的质量保证主体，是与计划经济体制相适应的评价体系，这种体系与现在的社会主义市场经济体制是不相适应的，会导致严重的“政府失灵”。首先，质量评价的真正目的难以发挥。在我国现行的评价体系中，政府是强有力的评价主体，高校和社会的作用难以发挥，特别是高校处于被动的地位，其主体作用更是难以发挥，对评价方式只能消极接受，这就难以发挥质量评价的真正作用。其次，导致评价的效率低下。由于政府各种条件的限制，要收集到全国上千所学校的全面、准确的教育质量信息，会引起信息收集的不完全性和不准确性，导致评价结果的不准确，影响到质量评价的效率。

3.3.2 有关高等教育质量评价体系立法方面

世界许多国家已通过立法建立高等教育质量评价体系，并将评价活动置于法律基础上。例如，法国 1984 年颁布的《高等教育法》的主要内容之一就是宣布成立评价委员会，这是对司法机构管辖范围内的高等教育机构进行的全面综合评价活动；1992 年美国《高等教育法修正案》提出了与高等教育质量评价有关的改革，以使其评价体系具有完整的指导方针、标准、方法与实施规则和指标体系，已形成了完整的具有美国特色的高等教育质量评价系统。尽管我国的《教育法》明确提出了实施教育评价制度的建议，但在教育评价法律制度的建设中，除《普通高等教育评价管理规定》这一计划经济体制下的行政规定外，其余都是分散在其他法规中的评价条款。现有法律法规关于评价的主题、评价的目的、评价机构等的规定，远远不适合社会主义市场经济条件下的大学。因此，根据当今的状况迫切需要通过立法来定义和规范政府、大学和社会在高等教育质量保证方面的职责和权限。

3.4 高等教育质量评价体系设计

3.4.1 高等教育质量评价体系设计原则

1. 评价系统设计的激励原则

高等教育质量评价将各学校的教育工作进行横向比较和鉴定，并进行评价测试。通过评价，获得有关学校教育质量及其优缺点的信息，并进行客观的比较和确定，肯定会产生强大的压力和动力，这将激发并增强他们的竞争意识。进行教育质量评价，等同于将竞争机制引入教育领域，通过评价实施奖惩制度。科学的评价体系和方法将为教育竞赛创造一个公平合理的良好环境。在质量评价过程中，高校必须始终坚持以发展为导向的重要原则。根据评价对象的过去和现实表现，应该对学校的各个方面进行全面分析。教学结果作出价值判断有必要通过对评价对象的评价和诊断，找出评价对象中存在的问题和困难，以便评价对象可以进一步明确未来的发展目标，并鼓励评价对象通过发展缩小与其他大学的差距。换句话说，通过质量评价，不仅可以判断大学的教育质量，而且更重要的是，它可以帮助学校诊断问题，从而使大学更清楚地认识到自己与优秀学校之间的差距，并找到改进方向。

2. 评价系统设计的清晰原则

高等教育质量评价体系的清晰性原则意味着评价的目的、内容和要求应明确。只有建立了明确的评价目的、评价内容和具体的评价要求，评价程序才能顺利进行，并达到评价目的。因此，评价内容应着力于促进高校、师生的独立发展，明确定义实现这一目标的主要因素，并将其作为评价的核心内容。例如，我们应该高度重视校园文化的建设、人才素质的提高以及学校专业和社会需求之间的联系。特别是，必须彻底地定义评价内容中每个元素的具体含义，否则会产生许多不必要的差异，影响评价的实际效果。另外，评价体系的清晰性原则是对评价者和目标提出具体要求。例如：评价者必须具有高度负责、追求真理和务实的精神，要公正、诚实、无私、不接受礼物等。评价者的要求包括学校的教师、学生和员工应该高度重视并上下努力。他们必须从细节入手，把握整体，并利用评价的机会实现学校的良好、快速发展。同时，在进行评价活动之前，评价者和评价对象必须了解并掌握评价的目的、内容和要求，以使评价对象具有明确的工作方向和目标，以便评价者可以理解为什么要评价、评价的内容是什么以及如何评价。否则，评价者和评价对象将不知所措，在评价的实际工作中将蒙受损失，其评价结果当然不能令人满意。

3. 评价系统设计的可行性原则

高等教育质量评价体系的可行性原则是指高等教育质量评价的对象具有可比性、指标体系可衡量、评价工作简单的原则，以确保评价工作的顺利进行。可行性要求评价工作应该使用尽可能少的指标、项目和更简单的方法，以反映被评价对象的基本属性和功能。开展高等教育质量评价的所有工作必须建立在可行的基础上。只有这样，接受评价的单位才能将评价与改进工作结合起来，而不必将评价工作作为负担。另外，进行评价工作需要一定的人力、物力和财力。如果评价不能解决实际问题，不仅浪费国家的财富，而且会给被评价的对象带来很大的负担，导致评价的对象不满和厌恶。因此，评价系统的设计，尤其是具体指标的设计，必须针对高校普遍存在的实际问题，尤其是学校的定位和特点以及学生的实际能力。通过进一步完善评价指标体系，提高评价体系的可行性，突出评价对象的个性和特点，对促进高校的准确定位、提高实际能力和创新精神具有十分有益和有效的作用。

3.4.2 高等教育质量评价体系设计方案

从各国高等教育质量评价体系构成的实践中可以看出，以政府和教育部门为主要评价主体的单一政府行政高等教育质量评价体系严重滞后。科学的高等教育质量评价体系应该是由内部的高校自我评价和外部的政府评价、社会评价三个评价机构组成的。政府、社会和大学的角色和职能不同，在高等教育质量评价体系中的责任和职责也不同，代表了不同的价值取向和利益关系。它们相互制衡，相互合作，共同保证和提高高等教育质量。

1. 政府评价

政府评价是指国家教育行政部门根据国家教育目标对高等学校的教育教学进行的评价活动。例如，对普通高校本科教学水平的评价，对普通独立学院教育质量的评价和对研究生教育质量的评价都归属于政府部门。我国的高等教育评价组织主要有国家教育委员会和中央各部委、省（自治区、直辖市）普通高等教育评价领导小组，普通高等教育评价委员会，普通高等教育专业（学科）教育评价委员会，课程教育评价委员会等，普通高等学校由专家组成评价小组是评价高等教育机构的一种评价方法。

在我国目前的质量评价模型中，政府在外部评价中处于优势地位。质量标准的建立、评价专家组的组成、评价程序和方法的选择以及评价结论的形成和使用都是政府的责任。大学和社会基本上没有发言权，而大学不能独立决定是否接受外部评价。因此，迫切需要转变政府在我国高等教育质量评价体系中的强势地位。

政府评价具有以下特点：首先，政府评价是政府部门牵头组织的评价活动，具有较高的权威性。其次，政府评价的指标体系、评价内容、评价方法等都是完全由国家教育行政部门根据国家对高等教育的要求制定的，由一批专家组织而成，具有较强的科学性。最后，政府评价主要是由国家自上而下组织和实施的，这是具有强制性和广泛性的。

高等教育评价的主要目的是通过层次评价进一步加强国家宏观管理和指导，并通过评价高等教育的资源和条件来控制高等教育质量，从而引起各级教育主管部门的重视，促使其支持高等学校的教学工作，增加教育投入；促进高校明确办学指导思想，改善办学条件，加强师资队伍建设，提高管理水平；通过评价手段发挥指导作用，将政府对高等教育质量的要求传达给高等学校，从而使学校教学质量更好地满足政府的要求。总的来说，评价是政府实现宏观管理和间接控制高等教育质量的有效手段。

借鉴国外教育质量评价实践，政府评价主要适用于宏观层次的评价，例如基于高等教育整体水平的认证和资格评价。正是由于这一特点，政府评价指标体系的设计应更多地反映高等教育的共同问题，强调国家和社会对高等教育资格的基本要求，例如学校条件、学校资源等。指标上，政府评价应强调更多量化的评价方法。

政府对高等教育质量的评价程序共三个阶段：首先是合格学校的自我评价，然后由专家组进行现场检查，最后是学校整顿。其中，在整个评价过程中，评级学校的自我评价是最重要的。重要的也是最长的阶段。被评定的学校要做好自我评价，才能准确地找到学校教学工作的成就、优势和特点，找出学校教学工作中的薄弱环节，并有针对性地整改，以充分发挥学校的作用。专家组的现场检查是根据学校的自我评价数据进行进一步的验证、补充和审查，并根据相关国家法律规定的标准作出价值判断并找出学校的薄弱环节，为学校提高教育教学质量提供建设性建议。评价的第三阶段是整改，这意味着评价完成后，被评价学校将根据专家组的相关观察和建设性建议，对学校的教学工作进行有针对性的更正，以改善学校的人才培养质量。

2. 社会评价

社会评价是指由各行各业的非官方群众组织和非政府组织（例如专业协会、学术团体、企业就业部门等）发起和实施的高等教育评价。例如，由专业协会和学术组织进行的大学排名、学科排名、科学研究成果和研究生质量评价都属于社会组织评价的范畴。近年来，我国的社会评价发展到一定程度，民间中介组织也很多。但是，这些中介组织对政府或教育部门有很强的依赖性，评价过程和结果难以反映客观公正的原则。因此，我国应重视民办评价机构的作用，使我国的高等教育能够积极适应社会需要，从而不断完善我国高等教育的质量评价体系。

社会评价的特点主要体现在以下几个方面：一是社会评价的外部性。评价的发起者和执行者是社会学术团体或企业就业部门。二是社会评价滞后。由于教育改革是一个循序渐进的过程，因此社会评价只能在对毕业生进行评价之后才能提供建设性的意见，因此是滞后的。三是社会评价的集体性。社会评价的作用不是针对单个学生，而是适用于毕业生群体，对一定时期内的毕业生群体进行评价。这些评价意见无疑是高等教育质量评价不可或缺的方面。

社会评价在高等教育质量评价中的作用主要体现在以下两个方面：

（1）大学教育质量的最直接反映是大学毕业生的质量，必须根据特定的标准来确定大学毕业生的质量。高校扩招后如何保证教育质量受到广泛关注。社会评价具有改善和提高教育质量的作用。为了在激烈的竞争中立于不败之地，大学必须使他们培养的毕业生得到社会的认可。

（2）高校毕业生的社会评价是高等学校与社会之间的桥梁。通过社会评价，可以实现高等学校与社会之间广泛的信息交流，以获得有价值的反馈信息。通过客观地判断毕业生的素质，社会可以从知识结构、能力和素质、思想道德、社会适应性等方面发现毕业生的不足之处，有助于学校找出教学和管理过程中的问题，为持续改进教学工作作出贡献。

（3）通过社会评价信息的反馈，可以鼓励学校根据社会用人单位的实际需求来培养人才，使高等学校可以及时了解社会对人才需求的变化，从而促使学校准确定位，不断调整学科专业结构和招生规模，协调结构、规模、质量和效益之间的良好关系。

高校毕业生综合素质的社会评价指标应包括两个方面：基本素质和专业素质。基本素质可分为知识结构、适应能力、人际关系处理能力、道德水平、心理素质、文明修养、语言表达能力等。专业素质应包括应用此专业知识的能力、使用计算机的能力、外语技能以及与他人合作的能力。指标应从优秀、较好、一般、差、极差五个层次进行判断，以了解毕业生的综合素质。随着经济和社会的发展，社会对高等教育人才的培养提出了越来越多样化的要求，要求也越来越快地得到更新。高校只有与社会充分沟通，才能培养出与社会接轨的人才。高校的需求可以实现高校的教育功能和服务社会的功能。

社会评价的主要方法有：

（1）访问论坛法。教育管理部门或高等学校有关领导组成调查小组，并通过论坛、访谈等形式与用人单位负责人、同事和毕业生进行面对面的交流，进行调查，研究并征求他们的意见。这种方法的优点是可以直接获得更多客观、真实的第一手信息。缺点是调查范围不够广，获得的信息相对分散，耗时且劳动强度大，成本高。

（2）问卷调查方法。社会评价的问卷调查方法由两部分组成：第一，评价机构制定能够反映高校人才培养水平的指标体系，并通过信函邮寄给社会用人单位，征求社会各界的意见。第二是直接向学校的应届毕业生发放问卷。

应届毕业生应根据调查表的内容和相关要求填写调查表，并从中获取相关信息。评价者处理通过以上两种方法获得的信息，并得出评价结论。这种方法的优点是调查范围比较广，参与调查的人很多，获得的信息量也很大。缺点是很多毕业生在填写调查表时没有给予足够的重视。

（3）高等学校排名的社会评价。中国大学的排名各不相同，这些民间组织和机构的评价没有法律依据，进行的评价活动缺乏一定的标准，甚至出现了以商业利益为目的的行为，造成一些违规行为。这些现象和事实表明，我国的高等教育社会评价体系有待进一步完善和规范。大学排名的实质是基于大学的科学研究成就的标准、师资力量、学校对社会生活的影响以及学校的管理的一种评价方法。一方面，政府作为高等教育的发起者，应该对高等教育进行评价，以确认其投资的效果。另一方面，学生在入学选择时需要对大学的实力和实际效果有一个全面的了解，以便他们可以选择想要的大学。随着我国社会主义市场经济体制的建立，高等教育不仅需要国家财政的支持，而且还需要通过其他途径从社会法人和自然法人那里获得更多的补贴。当他们提供这些补贴时，他们自然需要评价大学的运作。

3. 大学自我评价

高校自我评价是指根据大学设定的教育教学目标对大学各项教育教学工作进行评价。例如，对学校教学管理水平、大学（系）教学工作水平、教师教学质量、学生基本技能、研究生素质等的评价。自我评价是学校所有人员在其环境中进行的评价过程。动机是自发的，自然也是自主和自愿的。其目的是促进学校的进一步发展和完善。自我评价强调学校所有成员的参与。采用内部激励机制进行评价，以达到提高质量的目的。教育质量主要体现在学生素质上。尽管影响学生素质的因素错综复杂，但学校作业的质量始终发挥着重要作用，在学生素质方面起主导作用。学生的素质是学校工作各个方面素质的综合反映和集中表现。从这个意义上说，学生的素质在很大程度上取决于大学的工作质量。此外，高校的自我评价没有压力和负担，也没有接受外部检查的压力和张力。它可以现实地反映学校存在的问题，有利于正常顺利地开展评价工作，也方便学校在评价的后期解决存在的问题。因此，高校的自我评价在整个评价体系中占有非常重要的地位。

高等教育的内部自我评价强调，质量保证的目的是提高质量和组织创新。自我评价是一个以改进为导向的评价过程。在此过程中，强调学校的所有成员都参与其中，并在高级管理人员的领导下，通过各种有效的评价机制，对学校的投入、过程和结果进行评价，以提高质量和绩效，形成学校自我调节的文化。高校要充分认识到，在市场竞争条件下，高校可以积极建立自我保证机制，既可以保护高校自主权，又可以作为向外界证明自己素质的有效手段。自我评价是授予学位的单位内的自组织评价。这是自我调节和自我完善教育活动的重要手段。从我国现行高等教育质量评价体系的现状来看，我国大学的真实自我评价体系尚未完全建立。目前大学进行的自我评价只能作为政府评价的一部分，是政府评价初期收集的信息，其过程具有一定的强制性。

在我国评价高等教育质量的实践中，首先，在大学内部，应建立学校一级的质量保证小组，组长最好由一个副校长担任。组长的任命反映了学校对这项工作的重视程度。为了确保自我质量评价的客观性和科学性，还必须从校外聘请同行专家参加学校内部评价，将内部自我评价与外部同行评价相结合。

在进行内部评价之前，被评价的大学应该作一个简短的介绍，以描述和评价工作的质量和教学质量，解释该校如何实现提高质量的目标，并包括迄今为止的优缺点和成就、进度和预期的下一个进度。在访问学校之前，评价团队将获得该校的简介和其他相关材料。评价团队将对学校进行为期 1 天到 3 天的访问，并提交一份管理报告，其中包括对学校优势和劣势的评价、目标评价以及目标实现程度的评价。学校的教学质量保证委员会将监督学校提出的工作建议的执行情况。检查后，专家组的每个成员应就质量问题与学校保持联系。一年后，每位专家都必须先与部门负责人和其他成员交谈，然后再向有关委员会提交有关学校进展的评论。

高校教育质量的自我评价应着眼于教学质量的评价。教学是大学实现其教育目标的基本方式。全面完成教学任务，就是要确保学生根据教学计划和各学科的课程大纲掌握本专业基础知识，建立合理的知识结构，培养独立探索知识、分析问题和独立解决问题的能力。这些都是全面反映该校本科教学状况的评价指标体系。高校教学质量自我评价指标体系应具体包括课堂教学质量评价、学生毕业论文质量评价、学生科研能力评价等。

（1）课堂教学质量评价。教室是学生接受教育的主要渠道。课堂教学质量直接影响学校培训目标的实现。通过反馈评价结果对课堂教学质量进行有效评价，可以使教师发现自己的不足之处，并不断改进课堂教学方法，以提高工作质量，因此，有效评价课堂教学质量是提高课堂教学质量的重要方面。课堂教学质量的评价需要从学生和同行的角度进行评价。学生主要根据教学态度和教学效果评价课堂教学的质量。领导者或同行主要根据教学方法和教学要求来进行评价。

（2）学生毕业论文的质量评价。毕业论文是学校完成教学计划、实现人才培养目标的重要教学环节。这是一个培养学生实践能力、创新能力和综合能力的教育和教学过程。这是学生获得毕业资格和学位授予资格的重要依据。评价学生毕业论文的质量是对学生素质和能力培养效果的综合检验。毕业论文的质量可以在很大程度上反映学校的教育质量和学生在校学习的质量。

3.5 完善高等教育质量评价体系的政策建议

3.5.1 加大高等教育质量评价的制度建设

完善的法律法规体系是高等教育评价正常进行的重要前提，是建立高等教育评价体制的支撑条件和重要措施。教育质量评价对于一个国家教育事业的发展是极为重要的，一个国家教育质量评价系统的完善程度，直接关系到这个国家教育事业的发展水平。我国政府高度重视教育评价工作，近年来，我国部分省市相继成立了专门进行评价研究和实践的机构，如上海的教育评估院和教育评价事务所，江苏省的教育评价学院，等等。这种评价专业化的发展有助于我国教育质量评价事业的进一步发展。但是，就目前情况来看，这方面的保障措施仍显不足，高等教育质量评价应由政府主导，各个部门进行具体运作，各部门应分别由政府立法来设立和授权，对不同层次的高等教育，其质量评价和审核的评价主体、程序和标准也应有所不同，对不同层次的高等教育实行分类管理和指导，以保证我国高等教育质量评价取得良好效果。

对于高等学校的质量评价，应在《普通高等学校教育评价暂行规定》的基础上，尽快制定针对高等教育评价的专门法律法规，对高等教育评价在高等教育体制中的地位、评价的目的、评价系统的内容和功能、评价由谁按照什么样的程序和方法组织实施、如何运用评价结果、评价者和被评价者拥有什么样的权利及需承担什么样的义务、评价费用由谁承担等一系列问题都需作出明确的法律规定，从而使我国高等教育质量评价实践能够在明确的法律框架内依法规范进行。

3.5.2 加强社会中介评价组织的建立

建立有效的中介组织并充分发挥其作用，是实现管理科学化、民主化的重要途径。社会中介机构可以沟通大学与社会之间的联系，可以在很大程度上阻止高校违背社会意愿、脱离实际的办学模式。从高等教育发展的趋势来看，社会中介性评价组织由于其独立性和中介性的立场，将会在高等教育质量保证中发挥越来越重要的作用。

根据我国的实际情况，在中介机构建立的初创阶段，我国高等教育质量评价中介机构的建立应采用“在政府的推动下自上而下来建立”的模式，即采取“依靠政府，依托专家”的启动策略。一方面，评价中介机构依靠政府，可以获得专项资金的资助以及高校的委托评价项目；另一方面，高等教育质量评价是专业性、科学性和技术性都很强的一门学科，要想取得良好的评价效果，就必须有相关方面的专家来进行评价，因此，评价中介机构还必须以社会各界的专家的专业水平为依托。评价中介机构由于不具备教育行政管理部门的政府属性，也不具备高等学校的教育属性，因此也就没有在评价过程中的利益矛盾，评价中介机构的这种独立性也正是其生存和发展的基础，也是其进行高等教育质量评价的一大重要特色，因此，评价中介机构必须做到对政府“依靠”而不“依赖”。

3.5.3 加快政府角色由“划桨者”向“掌舵者”的转变

在目前的高等教育质量评价机制中，政府及教育主管部门总是想方设法制定出各种规则来管理学校，为高校服务的意识淡薄，认为政府对高校的管理就是控制、审批、监管和处罚，在管理方式上习惯于发号施令，政府与高校之间已长期形成了一种管与被管、控制与被控制、命令与服从的不恰当的关系。政府在高等教育质量评价中的这种“管制型”职能，无法调动被评院校参与评价的积极性，容易造成高校的迎合、消极应付，其直接结果是导致教育质量评价无法得到客观、真实的质量信息，无法得到信度、效度较高的评价结论。

我国的高等教育质量评价体系的良好发展，一方面要继续发扬已有的适合我国国情的宝贵经验，另一方面也要借鉴国外先进的实践成果，敢于创新，大胆探索，早日建立具有中国特色的高等教育的质量监控体系及评价制度，以更好地促进我国高等教育的发展。

第 4 章　高等教育中外合作办学教学质量评价与保证

4.1 高等教育中外合作办学质量保证体系探讨概况

4.1.1 国内相关探讨

中外合作办学学校在我国成立不久就成为学术界探讨的新对象。目前的探讨内容主要包括中外合作办学的历史与发展、法律法规、教学质量等。主要是对高等教育中外合作教育的文献进行整理。

1. 历史发展阶段

（1）高等教育中外合作教育的历史探讨

目前，多数学者认为中外合作教育是改革开放的产物，中外合作教育起源于 20 世纪 80 年代。有观点认为，由于国际教育资源的过剩，他们想教育出口，而我国恰逢国内教育资源不足，教育质量不能满足国内经济发展的需要，导致了与外国合作教育的兴起。也有观点认为，中外合作办学始于近代，不是改革开放中的新事物，也不是新术语。

（2）在高等教育中划分中外合作教育阶段

中外合作办学的发展，离不开国家的宏观政策导向。因此，根据国家对中外合作办学的态度和出台政策的变化，党的十九大对中外合作办学有了新的定位。提质增效是中外合作办学的中心。一切中外合作办学活动，都必须围绕提质增效这个中心，自觉服务于党和国家工作大局。而不断增强中外合作办学服务中心工作能力，是提质增效、服务大局的重要保障。

根据新时期颁布的新政策将中外合作办学划分为五个阶段，分别是：从

20世纪80年代初开始是起步探索阶段，1995年颁布《中外合作办学暂行规定》开始进入快速扩张阶段，2003年《中外合作办学条例》颁布后进入调整发展阶段，2010年《国家中长期教育改革和发展规划纲要（2010—2020）》颁布实施后进入质量提升阶段，2016年《关于做好新时期教育对外开放工作的若干意见》颁布后中外合作办学进入提质增效、服务大局、增强能力阶段。

2. 政策探讨

当前中外合作教育的政策以“教育投入”为主，“教育产出”所涉及的劳动很少。当前中外合作办学环境在我国还不够好，因此不可能吸引更多优秀人才，需要积极改进。同时，教学质量保证体系有待完善。在这方面，我们可以借鉴国外的先进经验。目前看，合作办学的有关政策没有真正发挥作用，不能合理地保护有关利益相关者的合法权益。造成这种现象的主要原因是缺乏监管。如果要切实实现高校中外合作办学政策，必须建立合理的中外合作办学质量认证体系，加强信息公开，转变政府职能。

3. 质量与质量保证探讨

判断中外合作教育质量的好坏取决于能否为国家培养高素质的国际人才，是否能够满足社会和人才市场的需求。

高等教育中外合作教育的教学质量保证，是指为了实现人才培养的目标，满足全国社会各方面、政府、社会第三方组织、院校的不同利益相关者的需求。高校自身及其学科建设要采取一系列活动和措施，确保教学质量。

（1）高等教育中外合作办学质量探讨

中外合作教育必须满足新时代质量提升的要求。当前，提高质量是中外合作办学的主要目标，提高质量的主要手段应该是必须坚持正确的方向，必须坚持主权，人才培养模型必须科学，评价体系必须是健全的。同时，必须优化专业结构，提高办学水平，完善法律法规体系和质量保证周期。

中外合作办学中还存在一些问题。这些问题包括外部质量保证效果不够，学校主体缺乏自我完善的积极性和动力，质量保证机构不健全。针对这些存在的问题，需要从质量管理、监督评估等各个方面加以改进，最终归结为如何进行教学质量保证。与国外认证相比，国内的一些评估和认证仍处于初级阶段，主要是检查办学合作是否规范化，未来的发展方向应向更加关注如何继续发展转变。

影响高等教育办学合作教学质量的因素是师生、生源、课程、教学条件、教学环境和教学管理等六个要素。有多种方法可以确保教学质量。如制订科学的教学计划和培训计划，对教学质量进行过程监控，并建立教学质量保证体系等方法。

（2）高等教育中外合作办学质量保证体系探讨

高等教育的质量保证基于一系列预先规定的质量标准和工作流程，并经过认真实施和不断改进，以达到或超越预期目标。保证高等教育教学质量的手段是建立相应的教学质量保证体系，制定一套科学的评价指标体系，通过对合作社的评价来发现和诊断当前合作教育的教学质量状况和存在的问题。最后，评估报告将向公众发布。中外合作教育下的高等教育教学质量保证体系通常分为外部保证和内部保证。

主要的保障形式是审计、评估等，由政府和第三方机构实施，主要作用是规范指导高等教育中外合作教育，并通过评估和审查，向社会公开数据，达到信息公开的目的。内部保障主要是指对高等院校自身教学质量的评估和监督。

关于内部质量保证体系，内部教学质量保证包括五个要素，即学生资源、人力资源、课程目标、课程资源和管理。

很多因素都会影响中外合作办学的内部质量保证，包括中外合作办学合作机构的不同，中外教育质量的标准和目标的不同以及课程资源、学生资源、合作模式等。

4.1.2 国外相关探讨

中外合作教育是我国跨国教育的体现，国际上称为跨国教育探讨。在国际上，类似于跨国高等教育（TNHE）的概念包括“无边界高等教育（BHE）”和“离岸高等教育（OHE）”。

（1）跨国教育基础理论探讨

国外文献中的跨境教育探讨包括对跨境教育现状的分析，对跨境教育中出现的问题和趋势的分析。

（2）质量与质量保证体系探讨

在国外对高等教育质量保证的探讨中，人们认为高等学校的质量保证主要是向政府和社会提供有关高等学校的质量数据，以证明高等学校的教学过程和质量、人才培养。一些文献对国外有关质量保证的社会机构进行了探讨。早在2002年，联合国教科文组织就与国际大学协会联合发表了一系列论文，探讨内容主要涉及质量保证、认证评价等内容。2005年，教科文组织与经济合作与发展组织联合发布了《跨境高等教育质量保证指南》，提出了一项关于跨境高等教育质量保证的行动计划，保护学生和其他相关方面免受劣质教育的影响。

国际认可的“整体计划”是欧洲国家相关组织发布的高等教育质量保证政策。基本思想是组建欧洲高等教育共同体，在欧洲国家建立可比的高等教育框架，并提高高等教育质量。它的保证措施之一是在欧洲大学之间相互认可，增加良性竞争，这可以广泛地比较教育质量，并促进整个欧洲高等教育质量的提高。

在国际和区域组织的共同推动下，60多个国家对国家质量保证体系进行了改革和创新。最具代表性的是澳大利亚、英国、美国和其他国家的质量保证监控政策和系统。这些由国家和组织进行的探索质量保证体系的规定值得参考。

英国是具有大学审核功能的高等教育质量保证体系。英国高等教育质量保证机构（QAA）是英国外部质量保证的实施者。该机构独立于政府，不直接接受英国政府的管辖。英国的质量保证体系由英国政府、大学本身、高等教育质量保证机构、国家审计署和社会评估等质量保证组织组成。教学质量的保证包括四个环节，即对教学质量的控制、评价、评审和社会评价。美国在建立认证体系的基础上，需要对高等教育教学进行认证和综合排名，以确保高等教育的质量。高等教育认证委员会（CHEA）也是一个非官方的认证组织。它的作用是对认证组织进行重新认证，所有认证组织都需要通过它的认证资格审查。

4.1.3 文献综述

《规划纲要》实施后，国家相继出台了一系列规范高等教育中外合作办学的政策措施。当前，高等教育中外合作教育以质量建设为主要目标和核心任务。有探讨指出，与其他普通高等教育相比，中外合作办学体系更加复杂多样，因为中外合作办学体系包含了中外的要素，因此在质量保证工作中，应该明确政府、学者和社会中介组织各自的作用，明确各自的职能，分工负责、协调和促进联合力量。

中外合作教育是一个不断发展的概念。中外探讨视角都非常重视合作教育中教学质量的重要性，这对于保证教学质量非常重要。高等教育的外部保障功能在于指导、规范和监督，而高等教育的内部教学质量保障则是从微观的角度根据各学科的特点来控制教学质量。必须认识到，教学质量的外部关注点是宏观指导，教学质量的内部关注点是微观破解教学质量问题。两者都是必不可少的。为了保证高校中外合作教学的教学质量，必须进行内外部教学的结合。质量保证可以使保证结果更加科学有效，并可以不断提高合作教育的教学质量，确保合作教育的长期高质量发展。

4.1.4 探讨方法

1. 文献探讨方法

旨在查阅国内外大量关于中外合作办学质量保证的文献，以客观全面地理解合作办学质量保证的理论体系。

2. 历史探讨方法

按时间顺序分析和总结合作教育政策的演变。

3. 问卷调查方法

使用问卷调查案例中现有的教学质量保证体系进行调查和统计分析，以支持本探讨的论点。

4. 案例分析法

以项目为例，通过对教学质量体系建设的探讨和分析，从宏观和微观两个角度对优化教学质量保证体系提出了建议。

这项探讨结合了高等教育中关于中外合作教育的最新政策，并根据政策指导方针得出结论，提高教学质量是我国合作教育的主要任务。以此为探讨对象，结合案例分析在英国、澳大利亚建立教学质量保证体系的经验，在充分学习理论知识和现有探讨成果的基础上，尝试在实践中实施闭环管理理论进行教学质量保证体系的构建。同时，为了更深入地了解案例教学质量保证体系的有效性，对案例进行了问卷设计和深度访谈设计。

4.2 我国中外合作办学的教学质量保证

教学质量保证分为教学质量保证的外部保证和内部保证。外部保证是政府教育行政部门和社会第三方组织对高校合作教育实施的监督和保证，内部保证的主体主要是大学。外部保证和内部保证分别从宏观和微观两个角度保证教学质量，两者相辅相成，缺一不可。

4.2.1 外部教学质量保证

为了满足教学质量保证的宏观目的，我们有高等教育中外合作教育的外部保证。一方面，政府通过外部教学质量保证的各个环节，了解国民高等教育中外合作教育的教学质量，从而进一步进行宏观调控和政策调整。另一方面，向公众发布数据和年度报告，以便社会上的所有利益相关者，例如父母、就业单位和市场，能够了解各种中外合作教学的状况和质量、开办的学校，鼓励健康的竞争。

1. 政策保证

在改革开放的40多年中，中外合作教育在高等教育中的地位迅速提高，现在已成为“中国教育的组成部分”。作为汉语教育的新事物，中外合作教育也经历了从开始到规模扩大到以提高质量为重点的过程。

中外合作教育始于20世纪80年代，发展迅速。合作教育项目和机构的数量急剧增加但存在质量参差不齐的问题。《规划纲要》实施后，根据政策要求，有必要提高教学质量，促进良好机构和项目的示范。这是一个明显的迹象，表明在新时代，高等教育中的中外合作教育必须集中于提高自身学校的质量和改善其内涵。从这一时期开始，质量建设已引起高等教育中外合作教育发展的关注，并已成为中外合作教育的主要重点。

2013年，《教育部关于进一步加强高等教育中外合作教育质量保证的意见》对中外合作教育提出了新的要求。

2016 年，《关于做好新时期对外开放若干意见》和《关于推进“一带一路”教育行动的共同建设》的通知，都提出了明确的要求，保障向外界开放的教育质量和水平。

2017 年，中国共产党第十九次全国代表大会的报告中提到，“中国坚持对外开放的基本国策，坚持为建设打开大门”，“推动全面开放新格局的形成，开放带来进步，封闭必将落后”。

从那时起，中外合作教育的质量建设已成为一项重要的核心任务。教育部部长陈宝生在 2017 年全国教育工作会议工作报告中指出，中外合作办学不仅要提高自身素质，而且要充分发挥合作办学的辐射作用，促进合作改革。

2. 监管保证

从国家对中外合作办学教学质量的监督来看，自《教育计划纲要》实施以来，相应的国家评估机制、第三方认证机制和大学自身都已逐步建立其质量保证体系。

（1）中外合作教育质量评价机制。2009 年，教育部开始尝试对高等教育中的中外合作教育进行试点评估。2013 年，教育部正式开始了对中外合作高等教育资格的评估，要求本科以上学历的人员参与评估。目前，对中外合作办学的高等教育评价已经形成了一个制度，要求中外合作办学机构和项目定期参加，以实现对办学过程管理和质量的国家控制。通过评估，及时发现学校办学过程中各种机构和项目的质量问题，并在一定期限内进行整改。对于学校质量实际上处于低下的项目和机构，它们将直接被叫停。通过评估，国家可以及时了解高校中外合作办学质量状况，以此确保中外合作办学教学质量的稳定发展和健康提高。

（2）教育部中外合作办学监督信息平台。教育部监督工作信息平台是一个发布中外合作办学服务信息、录取指导等相关信息的平台。除了发布监管信息之外，还具有中外合作办学学校的实时动态监督功能。建立监管信息平台后，有效地实现了信息公开和社会监督的功能。

3. 评估与认证

（1）高校合作办学示范评价。除了教育部对高等教育中外合作教育的强制性资格评估外，一些较发达地区的教育行政部门还积极鼓励对高等教育中外合作教育进行示范性评估，以便在高等教育中建立良好的示范。中外合作教育领域，一种评估是非强制性和自愿参与。例如，上海市教委从2000年开始对上海市办学合作进行示范评价，在中外高等教育合作发展中发挥了良好的示范作用和带头作用。

（2）办学高等教育合作质量认证。近年来，第三方机构也正在积极探索高等教育的质量认证。例如，中国国际交流教育协会正在对办学的高等教育合作质量进行试点认证。上海市教育评估协会也已经启动了办学高等教育合作的质量认证。

4.2.2 内部教学质量保证

高等教育中外合作教育教学质量的内在保证，是基于大学从自身角度保证自身教学质量的微观目的。高校通过系统的制定、过程管理、资源配置等方式来保证自身的教学质量，并通过评估和反馈来理解和分析教学过程中存在的问题，并及时调整内部政策和教学活动，以确保教学质量持续稳步上升，为实现大学人才培养目标作出贡献。

新时期中外合作教育的指导思想是“提高质量和效率，服务大局，增强能力”。因此，中外合作教育已经从重量转向了重质。中外主要的高等教育合作教育机构已将教学质量保证作为发展重点。引进国外高质量的教育资源和国际人才的培养是中外合作教育的主要目标。人才培训必须有足够的质量保证。人才培养目标的实现主要受教学质量的影响，这就决定了高等学校教学质量的保证在中外合作办学各环节的地位和重要性。

从宏观上讲，国家已在政策法规、监管审核和评估审核等各个方面采取了措施，并初步形成了我国高等教育外部安全的雏形。但是，外部保障只能是国家对合作教育的宏观监督和调控，远远不能解决合作教育的质量保证问题。为了解决由每个学校科目的不同特征引起的个人质量问题，必须从内部充分重视教学质量。高等教育内部教学质量保证的目的是保证和提高大学合作教育的教学质量，这有利于激发大学合作教育的内在动力和扩展热情。这是整个中外合作办学机构质量保证体系的主要和关键因素。

由于中外合作办学学校的参与，影响教学质量的因素变得更加复杂。多个担保科目和多个担保因素决定了它们的教学质量不能仅仅使用中国大学的一套担保措施，也不能被复制。国外大学的质量保证措施应从多角度和动态的角度考虑合作教育教学质量的内部保证。最有效的方法是根据不同合作教育机构或项目的特点以及人才培养的需要，积极建立和完善内部质量保证措施，并与外部质量保证有机结合，以全面保证中外合作的教育质量并进行监控。

根据全面质量管理理论，根据影响教学质量和培训过程的关键因素，将中外合作办学质量保证体系的保障环节分为五个部分。即教学质量目标管理和教学资源管理、教学过程管理、教学质量评估、教学质量反馈。

教学质量目标和管理职责是内部质量保证的基础。客观合理的目标和科学的管理可以更好地指导教学操作，确保人才培养的质量。教学资源包括教师、经费、教学设施、课程资源等资源，是保证教学实施的关键因素和必要条件。教学过程是一系列的教学活动，包括培训计划制订、招生和人才培训。

教学质量评估通常通过定期的在线问卷调查、访谈和讲座来实施对教学过程的监控和诊断，并及时提出改进建议。

教学质量反馈是对上述评估系统的延续和补充，进一步完善和实施了由教学评估、行程实施计划形成的改进意见和措施，并对实施结果进行了评估。

4.2.3 中外合作办学学校内部质量保证的特点

多重整合。高等教育中外合作教育的主体是中外双方的大学。双方都有自己的规定、教学管理系统和管理服务理念。双方必须充分融合文化和观念，以建立符合两国教学质量要求的有效系统。

相对独立。内部保障体系的主体是一所大学，它是在遵守国家宏观调控的前提下相对自治的。它可以根据双方的政策和定位目标制定相应的质量保证目标和系统，在一定程度上反映了相对独立的特征。学校的主体可以根据自己的愿景和计划实现其质量保证目标和要求。

4.3 案例分析：某大学教学质量保证体系与问题分析

4.3.1 项目简介

某大学的 A 学院由某大学和澳大利亚的 T 大学于 2002 年共同组建。该学院有两个本科专业，“信息管理和信息系统”和“市场营销”。其中，“信息管理与信息系统”本科教育计划于 2002 年 1 月获得上海市教委批准，并于 2002 年 9 月开始招生。

4.3.2 某高校教学质量保证的现状

该高校自成立以来的 17 年中，一直在寻求我国和澳大利亚政府对项目的评估和认证。同时，根据外部保证的结果，加强了内部质量保证，形成了一套内部和外部教学质量保证体系。

1. 外部教学质量保证

外部质量保证活动主要是积极欢迎高等教育机构的审核和评估，以及积极寻求第三方质量认证。通过内部和外部的结合，将更加有效地改善质量保证体系。

2. 内部教学质量保证

（1）合作双方建立了多层次的质量保证讨论组织。从管理系统和沟通渠道的角度来看，合作学校的双方从开始就建立了一个多层次的教学质量讨论结构。各方派领导参加教学过程中日常事务和重要问题的探讨。

1）建立了联合项目管理委员会，负责审查和通过联合教学管理委员会有关教学过程中重大问题的决议。

2）建立了联合教学管理委员会，这是项目联合管理委员会领导下的教学管理组织。负责制定专业的教学计划和课程设置，同意改善各种教学管理系统，组织教学质量和评估，讨论和处理合作学校教学和管理过程中出现的重要问题，讨论和解决执行运营协议中可能出现的问题。该委员会由某大学和 T 大学的 4 名成员组成，每年举行 1 ～ 2 次会议。会议主席由双方轮流担任。

3）建立了学术规划会议，两所大学的院长和负责教学的副院长举行了例行会议，讨论并负责处理由某大学提供的课程引起的相关问题，并提出改进建议。实践证明，学术规划会议在讨论和处理问题上是有效的，并且可以增进相互了解。

（2）建立并严格执行适合中外合作教育的教学管理制度。学院在介绍 T 大学的教学管理规定的同时，结合某大学教育的实际情况，制定了《某大学和澳大利亚 T 大学本科生管理规定》和《中国大学对外合作》。某大学的《学校教学管理条例》，让学生熟悉并掌握。

（3）质量信息统计分析与反馈机制。在多层次质量保证讨论组织的监督下，该学院每年举行两次中期教学质量检查，而合作伙伴 T 大学则派人到该学院进行探讨，进行教学质量检查。在双方的质量检查工作的基础上，举行联合教学管理委员会和学术计划会议，讨论需要解决的问题和建议，并提交联合项目管理委员会批准。

4.3.3 高校教学质量问题的诊断

1. 培养目标不够高

专业培训目标的实现需要进一步提高。根据有关毕业生的调查数据，只有 46% 的毕业生对实现专业培训目标非常满意或满意。17% 的毕业生选择对专业培训计划不满意或非常不满意。

根据调查结果，可以发现学生同意学院的人才培养目标，但就培养目标的实现而言，学生认为实施得还不够好，这影响了专业培养目标的关键环节，从这些调查数据来看，我们需要集中精力进行改进。

2. 课程结构不完美

首先，最明显的是，在课程体系中，两个项目的实践教学联系相对薄弱。现有的课程仍然主要以教师讲授理论知识为基础，并且缺乏动手实践的机会，导致学生的理论和实践能力严重失衡。

其次，专业课程的结构不合理。专业课程系统滞后于行业需求，课程更新速度缓慢。结果学生走上了社会，发现他们所学的知识已经过时，无法跟上社会的需求。

再次，在当前的培训计划中，缺少选修课程。既没有开设普通选修课程，也没有开设专业选修课程，难以满足具有学习能力的学生的个性化发展需求。

3. 教师不够

师资短缺主要体现在以下方面：一方面，大学教师总数不足，师生比例不合理，教师每学年承担 300 ～ 360 课时的教学工作，平均每周 12 小时。他们还需投入大量时间来批改作业、答疑解惑。这样教师就没有时间进行科研工作，导致科研能力不强，几乎没有科研成果。另一方面，教师的学历和职称水平不高，个人发展空间有限。学生也发现教师的教学能力相对较弱，迫切希望改进。

4. 教学质量评估体系尚未成熟

该项目的教学质量保证工作是由中外合作办学学校共同开展的。按照目前的做法，仅仅是将两所学校的保障体系复制到项目中，并在每年同时对两所学校的教学质量进行评估和检查。没有将两所学校的相关工作有机地结合起来，以形成自己的个性化检查和评估系统。在实践中，在某些情况下，双方都反复进行部分质量保证工作，这会使学生的负担加重。

5. 教学质量评价结果的反馈和改善不及时

质量反馈信息无法及时跟踪和解决。一些问题正在解决中，但不会及时报告给学生。在每年完成学生问卷调查后，在访谈后，尽管大学高年级有相应的改进措施，但没有反馈给学生，导致学生错误地认为大学仅完成基于任务的例行检查而没有相应的措施，这在一定程度上削弱了学生参与大学调查和认可的热情。如何进一步协调和整合质量保证活动和信息的反馈利用，以及制定纠正措施以实施，是亟待改进的问题。

4.3.4 从教学质量保证的角度分析问题产生的原因

1. 外部安全系统分析

在中外合作办学刚刚引进阶段，法律法规体系还不完善，质量评价标准过于笼统。缺乏有关中外合作办学质量保证的法律法规体系。中外合作办学的监督仍然停留在机构和项目的审批、财务监控和费用管理上，很少涉及对教育资源质量的审核。选择合作大学的标准仍然在非常普遍的方面，即合作专业是否短缺、合作大学的国际声誉排名等。如果没有建立教学质量评估标准，就很难准确、彻底地控制合作学校教学质量。

2. 国家对中外合作办学的教学质量监督不足

国家教育部门通过行政管理监督中外合作办学的教学质量。这种自上而下的管理模式更为传统。由于中外合作办学学校之间的差异很大，因此要实施更高级别的政策，否则产品质量很难得到保证。

一方面，政府对合作教育的监督要抓准来源，严格审批准入。另一方面，政府通过年度报告和年度审查来检查合作教育机构和项目的教学质量，而缺乏对教学质量过程的检查。

3. 社会资源利用仍然不足

一方面，社会第三方的认证机制仍处于探索阶段，现有认证机构的资格和权限有待进一步提高。另一方面，目前大多数的教学质量评价指标和体系建设都来自国家教育监督部门和大学本身，社会资源对教学质量的评价尚未得到充分利用。社会资源通常对人才需求和市场需求有更现实和客观的了解。在中外合作办学教学质量评价体系建设中引入社会资源，可以提高评价体系和评价指标的科学性和有效性。

4. 内部安全系统分析

引入优质教育资源后地方融合不足，未能很好地实现进口优质教育资源的内部化。课程体系和质量保证都直接从国外资源复制而来，并与我国大学生紧密结合在一起。课程体系的两个方面，教师管理和质量保证是同时并行的。

内部教学质量内部保障体系尚不完善，需要完善当前学院的教学质量保证仅基于实际教学工作的管理。所构建的机制实际上在实施过程中分为相互独立的部分，它们之间没有关联和限制，很难实现教学质量的内部循环保证体系。学院的教学质量检查仅满足两所学校的工作要求和数据收集。经过检查，由于缺乏反馈机制和检查机制，导致检查形式化，无法真正发现和解决教学质量问题。

缺乏科学的内部教学质量评估指标和评估标准，缺乏社会力量的参与，缺乏调查数据的支持，参与评估的对象仅限于学校内部的学生、教师和管理人员。评估内容单一，仅限于教学过程的实施效果，不可能合理地评估和诊断项目中的整体教学质量问题。

4.4 从国际中汲取经中外合作高等教育质量保证的经验教训

4.4.1 英国高等教育中外合作教育的质量保证

英国高等教育的教学质量保证也分为两个部分：外部质量保证和内部质量保证。

1. 外部质量保证

英国高等教育质量保证机构（QAA）主要负责实施英国外部质量保证。QAA 不直接接受英国政府的管辖，而是一个独立的第三方组织。它的评估结果向包括学生、家长和市场在内的公众发布。

尽管 QAA 是一个独立的第三方组织，但它与政府和学校有着牢固的关系，这直接影响学校的资金和政府决策。QAA 是英国大学外部质量评估的独立决定因素。它决定了英国大学的质量评估过程，其评估结果可能会影响大学教育拨款委员会的教育拨款。QAA 最高理事会通常由大学指定的 4 名成员、高等教育机构管理委员会的 4 名成员和社区的 6 名成员组成。这种结构确保一定的公平性和公正性，并可以灵活考虑所有利益。

外部质量评估的指标包括科研水平评估、教学质量评估、学术质量审核和专业资格认证，这些都确保了专业课程的合理性、专业性和权威性。

2. 内部质量保证

英国的主要大学和学院充分结合了政策指导和自身特点，亲自执行自己的教学质量保证工作。它们具有以下特征：

（1）在政策制定和战略定位方面，以质量为重心，建立组织结构，明确分工，并公布年度质量评估计划、进度和结果。质量保证一般由各个部门分配专门人员组成工作组，以完成年度质量评估，并促进大学内部质量保证的顺利实施。

（2）在内部学校审核方面，审核的主题是大学内部安全体系的实用性。

（3）学校内部审计分类细致，审计过程严谨，审计时间科学，保证体系相对完整成熟。在政策审查方面，包括教职员工激励、政策程序的准确性和信息的公开性。此外，还有学科专业审查和学生学业状况审查。

英国大学的内部质量保证体系保证了大学的质量，外部质量评估可以反映大学的水平和综合实力，两者相辅相成。该系统可以确保高等教育的教学质量，满足学生的需求和市场化需求，并在一定程度上确保英国高等教育的高质量和可持续发展。

4.4.2 澳大利亚高等教育中外合作教育的质量保证

1. 外部质量保证

在澳大利亚高等教育质量保证体系中，包含澳大利亚联邦政府以及各级政府、澳大利亚大学、澳大利亚高等教育质量和标准局（TEQSA）和澳大利亚资格评估框架机构（AQF）五个实体。这五个实体具有各自的分工和职责，并且具有统一的协调。

联邦政府是高等教育的主要政策制定者和推动者，也是大学资助的重要赞助者。2000 年，颁布了《高等教育质量和标准机构法》。澳大利亚联邦政府通过立法，以确定高等教育质量保证的重要性，并敦促大学更加重视质量建设。

澳大利亚高等教育质量和标准局（TEQSA）成立于 2011 年。其前身是成立于 2000 年的澳大利亚高等教育质量保证局（AUQA），是一个独立于政府之外的非营利组织，进行评估检查，最后提供检查报告。TEQSA 接管了 AUQA 的质量保证责任，并扩大了其权限。它有权取消不合格的大学和教育提供者，并制定统一的标准来规范和限制高等教育的整体质量。

TEQSA 负责澳大利亚的外部质量评估和检查。国内外项目均应接受它的评估审查。自 2012 年以来，它一直监督澳大利亚的高等教育。同时，它不断标准化各种认证流程，使其合理严格并与时俱进，将澳大利亚的外部质量评估和检查工作推向了新的阶段。

澳大利亚资格评估框架机构（AQF），是澳大利亚资格认证机构。AQF 通过整合和分类各个学院和大学颁发的各种类型的资格证书，建立了统一的澳大利亚资格证书体系。学术资格认证中的不同资格规范了澳大利亚学术资格认证的各种过程和系统，并提高了澳大利亚学术资格的质量和含金量。

2. 内部质量保证

澳大利亚的高校将提高教学质量作为其发展战略的重要组成部分，以获取更多的政府支持以及国内外学生。因此，澳大利亚的大学非常重视内部质量保证工作。澳大利亚的内部质量保证体系具有以下特点：

（1）以质量意识为核心，高等学校教学管理的核心和日常工作均以质量保证为中心。通过制定适合学校定位和发展的内部保障体系，保证自己的教学质量，并通过质量评估数据，寻找自己的缺点并确定学校的总体计划和学科发展战略。

（2）多元化的质量保证学科。澳大利亚的大学积极建立了由多个学科参与的内部保证体系，并逐步引导社会力量广泛参与质量保证体系，使内部保证体系的评价数据更加科学、丰富，同时也提高了社会对教学质量的认识。

（3）基于能力的质量观。澳大利亚的大学非常重视能力，在其质量保证体系中，这是对学生各种能力（如表达能力、团队合作能力、解决问题能力）的重要评估。无论是在学生层面还是在教职员工层面，实际能力发展始终是教学质量评估的目标，从而形成了人性化且灵活的规章制度，以激发学生和教师全力以赴，发挥自身的创新精神，充分承担质量保证责任。

4.4.3 国际经验

英国的经验表明，一方面，英国质量保证体系结合了对保证体系有效性的评估。另一方面，英国质量保证体系是由多方协调的质量保证体系。内部和外部保证体系是相互制约和有机协调的。从投入到产出，质量保证标准贯穿于整个过程。

澳大利亚的经验表明，一方面，联邦政府通过立法来确保高校中质量保证的重要性，并将跨境高等教育作为形成支持计划的战略目标。另一方面，在政策上，它充分发挥了调动社会力量和高校积极性、积极促进教育市场化的作用。

英、澳教学质量保证体系模型对我国改善高等教育中外合作教育教学质量体系具有参考意义。

1. 具有独立和权威的教学质量保证的第三方机构

无论是英国的QAA还是澳大利亚的TEQSA，它们都是独立于政府的第三方机构，不隶属于任何政府行政部门，具有标准化的教学质量和学术水平标准，以及公开透明的运营机制。它们的主要功能是负责高等教育的质量保证和学术规范的检查。由于它们是独立的第三方机构，因此在检查和监督大学教学质量方面具有很强的科学性和客观公正性，并在社会上享有很高的声誉和权威。

在中国，对中外合作办学的高等教育的外部保证主要是通过一系列政府自上而下的政策法规的宏观指导，定期审查和评估以及收集优质的年度报告和质量。依据中外合作办学数据诊断并监督中外合作办学学校的教学质量。作为中外合作办学学校的主体，高校经常忙于处理评估数据和审计指标，失去了对自己的质量保证的针对性和热情。在这一政策的指导下，中外合作教育教学质量的重点和人才培养的目的往往是基于政府评估指标，而忽视了市场对人才的需求，忽视了人才培养的根本目的——服务社会和市场。在为中外合作办学学校实施外部担保时，我国不妨借鉴英国和澳大利亚的担保经验，充分发挥第三方评估和认证机构的作用，赋予这些机构权威和信誉，建立多样化的外部保证机制并转变直接的政府干预太多的实践，使提高教学质量的概念真正渗透到社会和大学中。

2. 通过立法确保和提高教学质量

在英国和澳大利亚的教学质量保证体系中，有一个较为完善的法律体系，为高等教育教学质量保证的正常运行提供了基础和支持，同时也确保了教学质量评估机制的公正性。在完善的法律制度下，质量保证组织制定的一系列质量保证评价指标和操作规程具有权威性和信誉性，因此大学教学质量评价报告已得到国际社会的广泛认可。

中国第一个关于中外合作办学的行政法规是《中华人民共和国中外合作办学规定》，其次是《中华人民共和国中外合作办学实施办法》。《教育部关于进一步规范中外合作办学秩序的通知》等一并印发，明确规定了宏观合作机构。这些都是具有强大原则的顶级法律法规，实际操作中没有详细的实施计划和相应的处罚措施。而且，大多数都是在机构成立之初的规定，对中外合作教育过程的监督并没有太多参与。应该从英国和澳大利亚的法律体系建设中吸取教训，从法律上限制办学合作的质量标准，并建立相应的惩罚机制和引进机制，防止中外合作学校教学质量参差不齐。

3. 实现教学质量外部保障体系与内部保障体系的整合

政府、大学和社会通过质量保证机构（第三方质量保证机构）紧密团结，在系统中各自发挥了最大作用，形成了科学有效的教学质量保证体系。政府的作用是通过质量保证机构对各所大学的评估报告，对高等教育进行宏观控制和管理。高校有其自身的差异，它是高等教育的提供者。质量保证机构通过对高校的评估和评审，将评估结果反馈给高校，并提出整改意见，可以有效地促进高校教学质量的提高。另一个角度迫使大学积极寻求教学质量的内部控制体系。作为高等教育的消费者，社会具有高等教育的监督职能，并从市场的角度促进教学质量的整体提高。值得学习的是由多个主体参与并发挥积极作用的这种内部和外部质量保证体系。

我国高等教育合作教育教学质量的现状是，大多数大学都依赖于国家评估和审计等外部评估系统。根据国家审计评估标准，他们建立了一套内部保障措施来应对评估数据和年度报告的撰写。内部教学质量保证体系没有发挥应有的作用，无法达到保证教学质量的目的。

4.5 优化中外合作办学的教学质量保证

高等教育中外合作教育的目的是充分引进优质的外国教育资源，为我国培养国际人才。要充分实现人才培养目标，就要保证教学质量，科学合理的教学质量保证体系是保证教学质量的最有效途径，是提高人才培养质量的基础。

高等教育的合作教育具有不断变化的特点。基于这样的特点，质量保证体系也应该是一个多学科参与的多维体系，可以客观、公正地衡量教学质量保证的有效性。

外部教学质量保证体系与内部教学质量保证体系是有机结合的。外部担保制度起宏观调控和指导作用，内部担保制度起观望者管理和监督作用，内部和外部担保制度相互促进、缺一不可。

4.5.1 关于建立和完善外部质量保证体系的建议

1. 在中外合作教育中进一步促进法治

目前，我国对中外合作办学的监督尚未形成真正的法律制度。需要进一步加强立法，以立法形式监督和保障中外合作办学的教学质量，使合作办学能够明确规定其职权范围，合理处理内外担保关系，以及深化对中外合作办学质量的宏观监督。在合作教育的学生资源、培训过程和培训效果等方面，制定规则，完善标准，建立问责机制，促进中外合作教育教学质量监督的合法化。

一方面，要整合现行的办学合作法律、法规和规范性文件，然后进行其他调整，以改善中外办学合作法律体系的建设，尤其是加强立法在保证教学质量上的作用，为中外合作办学的健康发展提供法律支持。

另一方面，有必要制订一个可操作的具体实施计划，以亲自指导不同中外合作教育项目的教学质量保证工作的具体操作。

2. 加强政府对合作学校办学的审批和程序监督机制

首先，有必要建立中外合作办学的科学项目审批程序，完善审批指标，将合作办学的教学质量纳入审批内容。一方面，有必要对中外合作教育的市场和质量进行更多的调查探讨，制订总体计划，制定合理的引进要求，以指导中外合作教育项目的审批。另一方面，确定引入科学的质量指标体系，对双方大学进行全面的诊断和评估，从源头上消除办学质量差和不规范的现象。其次，要对办学过程的教学质量进行动态监督，对办学过程的所有要素进行严格监控和动态检查，以发现合作办学过程中存在的问题，并在一定期限内加以改进。

3. 有效利用社会第三方机构评估、验证和审核合作教育的质量

澳大利亚和英国拥有独立和权威的第三方教学质量保证机构，以保证和检查大学的教学质量。这些机构具有强大的权威和信誉，经审核的高校也得到了社会的认可。

在我国，目前由有政府授权的第三方评估机构对合作学校的教学质量进

行认证评估。需要进一步改善的是，一方面，应加强第三方机构的信誉和权威，并得到国际和公众的广泛认可，提高认证结果的权威性。另一方面，必须有合理科学的认证指标，针对不同特征的不同合作标准实施不同的认证标准和程序，以确保认证结果的全面性和科学性。

4.5.2 关于建立和完善内部质量保证体系的建议

1. 促进大学适应和融合中外合作伙伴的质量保证体系

当前，中外合作教育的目的是引进优质的国外教育资源，在我国培养国际人才。目前，大多数合作教育机构和项目仅在全面介绍方面有所提及，但对于如何消化吸收、如何将优质的教育资源转化为自身的发展优势，缺乏思想和实践。仅仅复制外部模型是不够的。中外两国的教育文化和质量标准存在一定差异，如果这两个标准在机构或项目中是平行的，那么学生、教师和管理人员将无所适从。

关于为中外合作教育引进优质资源，引进只是第一步。最重要的是进一步吸收外国资源，并将其高质量资源与国内大学充分融合，形成自己的特色，成为我国高等教育的精髓。保证合作学校教学质量不仅是简单地叠加两所合作母校的保证体系，而且要充分协商和讨论两方的合作主体，形成一套有针对性的内部质量保证体系。将各种教学管理系统和质量保证方案集成并有机地结合在一起，形成了一个与项目本身相符的独特质量保证体系。在教学质量保证工作中，先制订计划，然后统一部署，避免出现两校两套的现象。标准现象在一定程度上也降低了教学质量保证工作的成本和时间，使检查和评价更加有针对性和准确性，并提高了师生的学习和教学经验。

2. 完善合作大学内部监督机制

一是建立合理的教学质量保证体系和考核指标。要了解质量保证是一个动态过程，在不同时间和不同背景下会有不同的要求。因此，在建立内部质量标准时，需要进行广泛的探讨，以了解政策要求、社会要求和学生父母的不同要求，形成全面、严格、及时的质量保证体系和评估指标，从而更好地将未来的毕业生连接到出口市场。二要抓好过程管理和内部教学质量评价。高校作为中外合作办学的主体，应不断强调自身对教学质量保证的责任感和主体意识，并始终坚持把教学质量保证工作放在第一位。整个培训过程必须有严格的标准，加强学科建设和课程建设，增强教师能力，加强课堂效果管理和监督，建立符合国际标准的教学质量保证机制，以达到培养国际人才的目标。

3. 积极鼓励多个主体参与质量保证体系

高校是为国家和社会培养人才的地方。因此，应将质量保证的主体多样化，并鼓励行业、企业、学校、学生、教师、毕业生和父母等多个主体参与，以实现更全面和更客观的质量保障系统。行业和企业可以更好地提出人才需求，毕业生可以真实地反映出学校教学体系和课程内容在社会上的适应程度，学生和教师可以从学与教的角度分别反映问题，这种多样性对象教学质量保证体系是可持续的长期内部质量保证体系。

4. 建立和提高教学质量的“闭环”内部反馈系统

经过年度教学质量检查，对数据进行有效的分析和汇总，形成任务清单，并在年度行动计划中实施任务清单和责任清单，以供回顾。此外，应遵守信息公开系统，并将结果反馈给学生和团队。

教学质量保证体系包括五个子系统：目标保证，资源保证，过程保证，教学质量监测与分析，教学质量的持续提高和评估反馈。这五个子系统有机地联系在一起，形成一个“闭环”，以确保教学质量体系的有效性、连续性，从而保证了教学质量的不断提高和稳定提高。

（1）教学质量目标保证子系统是整个内部教学质量保证体系的前提。建立科学合理的教学质量目标在整个内部教学质量保证体系中起着主导作用。首先探讨国家政策和市场需求，引入社会调查机制以建立合理科学的人才培养目标，以此为基础确定教学目标以及整个目标，保证子系统的质量目标。

同时，目标保证子系统还包括质量标准和评估指标的链接。其主要功能是明确目标，统一标准并确定教学质量监控系统的监控点。

（2）明确的目标保证子系统在教学资源分配中具有指导作用。教学资源主要包括教师、课程资源、硬件设施和社会资源。教学资源保证子系统是内部教学质量保证的支持，资源保证能力可以直接推向教学过程的实施效果。

（3）教学过程保证是整个教学质量内部保证体系的核心部分。教学过程是整个人才培养的全过程。强大的教学过程保证系统可以有效地组织分散的教学要素和活动，以确保整个教学操作的标准化及平稳运行。

（4）教学监控和评估是整个教学质量的诊断系统。通过讨论、评估、教学过程检查、学生教师调查等方法，对整个教学质量进行动态监控，及时发现问题并形成改进措施，并在教学质量体系中不断发现和调整问题。

（5）该环节主要是实施教学监控提出的改进计划，形成目标和职责明确的行动计划、职责清单和评价反馈系统，并指导和调整内部其他环节的制定和实施。支持系统形成循环保证，完成整个教学质量保证体系的“闭环”操作。

改革开放后的中外合作教育是新事物，是我国教育的重要组成部分。在当前的政策指导下，提高质量尤为重要。但是，与其他学校模式相比，在大学中尚没有现成的中外合作教育经验可以借鉴，需要继续探索。教学质量保证的最有效方法是建立一套内部和外部质量保证体系，以实现高效且周期性的操作。

第 5 章 高校课堂教学质量评价体系的构建探究

5.1 国内外课堂教学质量评价的文献分析

5.1.1 国外相关研究概述

国外课堂教学评价的初步研究是提高课堂教学的有效性，探索教学过程的有效性，即探索有效教学中教师行为的特征，以提高教学和变革的有效性，改变课堂教学效率低下的情况。希望通过有效教学的探索，可以有效地评价教师的课堂教学。有效的教学首先取决于对教师在课堂上应该做什么做出正确的决定，其次取决于如何执行这些决定。教师行为的探索经历了明确的行为观察、心理探究、综合方法研究等阶段。探索教师行为为确定课堂教学评价标准提供了重要依据。

20 世纪初，对西方国家教师的课堂教学进行了评估。在此期间，评估方法主要基于评估等级量表，该等级是从 20 世纪初期在欧洲和美国盛行的教育测量运动得出的。由于缺乏对量表本身内容的研究，该评价结果的信度和效度很差。有人认为“评估结果的有效性几乎等于零”。

随着现代教育评估的发展，教育评估进入课堂教学领域后，最初纯粹量化为课堂教学评估的教师教学评估量表的影响逐渐减弱。系统的课堂观察方法，可以为课堂教学评估提供更多信息。在此期间，课堂教学评估存在一个共同的趋势，即追求评估结果的客观和标准化。由于过分强调客观和可验证的结果，此时的课堂评估存在机械和刚性的缺陷。20 世纪 80 年代以后，在教育评估领域出现了一系列新的评估模型，例如第四代教育评估的理论和方法，对课堂教学评估产生了很大的影响。最常见的评估方法是评估面试方法。与经验方法相比，评价访谈法具有更强的人文关怀特征。通过评估者与教师之间的交流和沟通，保证了评估功能的效果。从国外有关这一时期课堂教学评价的研究论文可以看出，这些探究的对象基本上是教师，很少探讨和评价学生的行为。评估过程是对教学和学习的低估，特别是对学生学习过程的评估很少。

自 20 世纪 90 年代以来，在国外的教育改革中，教师评估运动迅速兴起。改革的重要趋势是促进教师的专业发展。教师的评估包括课堂观察评估。在课堂观察评估中，美国教师评估中最受欢迎的方法是课堂教学评估。一项研究发现，超过 80% 的公立学校校长喜欢将课堂观察作为教师评估的主要数据源。这种教师评价本质上是教师课堂观察的结果，直接形成了教师排名系统。但是，课堂上的观察和评估方法引起了广泛的争议，因为这种评估方法与学生的成绩表现无关。

5.1.2 相关国内探究概述

自 20 世纪 80 年代以来，随着西方现代教育评价思想的引入，我国的课堂教学评价迅速发展。随着高等教育的发展，高等学校课堂教学评价逐渐发展。教育部在《2003—2007 年教育振兴行动计划》中启动了高等学校的教学质量和教学改革项目。加强高校评估尤其是教学评估是重要内容之一。对全国现有的大学进行评估，尤其是进行教学评估。作为教育评估的重要内容，课堂教学质量评价在我国历史悠久，已经取得了一些效果。

当前的研究指出了课堂教学评估中出现的问题，并提出了一些相关的建议，但其中大多数集中在基础教育上。尽管对高校课堂教学评价的批评和完善存在意见，但是没有结合大学的实际情况进行更全面系统的询问，所以并不完善。

5.1.3 询问的主要方法

1. 文献分析方法

通过参考高校课堂教学的大量教学评价理论和相关教材，在分析和整理的基础上，借鉴成功经验，初步建立课堂教学质量评价指标的内容和框架。

2. 专家咨询方法

专家咨询方法的特征是多次被用来讨论和修改指标内容和框架。讨论的重点是该框架是否科学、完整和可操作。讨论的范围包括教学管理者、教学督导、教师等。他们从不同角度提出了对框架最直接的修改建议，使其在价值上具有更加科学性和实用性。

3. 层次分析法

层次分析法用于确定评估指标的权重。层次分析法是将一个复杂的问题分解为组成元素，并根据这些元素的优势形成级联的层次结构。通过成对比较方法确定层次结构中因素的相对重要性，然后综合决策者的判断，确定决策计划相对重要性的总体排名。

4. 教育统计法

使用教育统计方法对评估数据进行统计和分析。

5.2 我国高校课堂教学质量评价体系的现状与问题

5.2.1 我国高校课堂教学质量评估的特点、现状及存在的问题

1. 高校课堂教学评价的特点和现状

随着高校招生规模的连续扩大，教育质量已成为人们讨论的焦点，也已成为高校各项工作的综合体现。在高校中，课堂教学仍然是实施教育的主要渠道，也是高校教学活动的最重要形式。它的质量在很大程度上反映并决定着大学教育的质量。课堂教学包括多种因素，例如教学条件、课程难度、教师教学和学习效果。它们相互作用形成教学角色网络。其中，教师课堂教学是最重要的环节，它决定了人才培养的水平并影响着学生的生活质量，对高校教师课堂教学质量的评价对促进教师的本人发展和提高教育质量都具有重要意义。

有效提高课堂教学质量评价是高校的一项定期、复杂的系统工程，其有效性取决于各种努力。在过去的几十年中，许多高校进行了教学质量评估，取到了良好的成绩并积累了一些经验。当前，我国高校课堂教学评价的特点

主要表现在以下两个方面：

（1）建立多因素综合评价指标体系。许多大学根据现代课堂教学理论和全面素质教育的要求，重视对课堂教学中各种因素的综合评价，纠正了基于知识和学生是否懂得评估的趋势。他们筛选出评估因子，确定评估因子系列，并建立指标体系。一些高校已开始重视对“育人”和培养学生创新能力的评价，并将其纳入指标体系。所有这些表明，随着全面素质教育的发展，课堂教学质量的评价也相应发生了变化。

（2）采用定性评估和定量评估相结合的评估方法。长期以来，我国课堂教学的评价方法是听课后讨论被评者的印象。最后，主持人或权威人士进行全面的总结并做出结论。这种评估方法属于定性评估，许多学校仍在使用。在课堂教学质量评价中引入定量方法并付诸实践后，定性与定量相结合已成为评价的原则。人们已经意识到，课堂教学是一个复杂而动态的统一体。单一的定性或定量评估无法全面评估课堂教学本身的价值。只有结合起来才能揭示一些重要的事情。定性是量化的基础。没有正确的定性，就不可能有准确的定量。同样，定量结果必须用定性解释，两者相辅相成。为了使评估尽可能科学，一些大学使用现代模糊数学理论和方法，基于评估因子及其等级建立模糊集，确定权重，然后根据评估者的评估值进行矩阵运算，以获得定量结果。这是定性和定量评估方法的结合，许多学校都取得了成功的经验。随着我国教学改革的不断深化，越来越多的人开始重视课堂教学质量的评估，并进行了认真的探索、取得了一定的进展。但是，高校学生人数的增加和教学设备的改进，使得其与传统的课堂教学质量评价模型不匹配，目前的实际教学质量监控反馈滞后性日益突出，许多弊端逐渐显现。

2. 高校课堂教学评价的主要问题

虽然我国高等学校的课堂教学质量评价工作取得了一定的进步，但仍然存在很多问题。主要有以下几个方面：

（1）评价强调管理而不是改善。通常，高校的教学管理部门认为教师是“授课法人”，并认为一旦失去控制，就难以保证教师的教学质量。评估是了解教学情况、考察教师，并通过评估确定教师的聘用和待遇。这种指导思想在促进管理方面起着重要作用，而在促进教师成长方面作用不大。实际上，相当多的教师对自己有严格的要求，并负责教学工作。这种方法符合教师一定的需要，即通过评估找出教学工作中的差距和不足。

（2）评价比结果重要。在课堂教学评估中，重视结果而不是过程的现象更为普遍。它仅查看学生对教师的最终评估，而不能对情感领域和其他方面的变化进行相应的评估。它在教学过程中不注意教师的教学行为。这种评估是为了强调总结性评估（强调整体分析，提供描述性信息，并强调对教学效果的检验），而忽略形成性评估（强调教学的各个组成部分，强调教学过程，以便寻求教师的教学变量的因素），既无法检查教师的教学行为过程的测量值与学生的学习成果的测量值之间的相关性，也无法获取教师的教学行为的状态信息和教师的输出信息、学生的学习行为的状态信息，更谈不上对信息材料的分析，难以达到促进教学的效果。

（3）评价指标体系缺乏科学性。评估指标体系是评估课堂教学质量的工具。评价指标体系的不科学，主要表现在统一的指标体系不能客观地评价各种学科、不同类型的课堂教学，不能很好地反映不同学科或专业课程的特点，从而抹杀了评价课程。评价的专业性导致评价结果的可信度令人怀疑。在实际评估工作中，很多学校没有根据学校的实际情况编制相应的评估指标体系，而是简单照抄照搬了其他学校的评估表。同时，对于相同的评估表，并没有统一具体的评估指标和操作规定，这使评估体系产生混乱。评价指标很难突出评价的人性化特征。

（4）评估过程的运作缺乏标准化。高校课堂教学质量的评价内容广泛，学生评价是评价体系的主体。目前，为了提高教学质量，为实施教师职务聘任制提供基础，多数大学在不引入统一的考核规则的情况下尝试了课堂教学质量的考核。但是，评估过程大多没有科学标准化。这主要表现在以下方面：首先，在进行评估活动之前没有评估计划，或者将评估指标体系视为评估计划。其次，有一种趋势是用一个或几个课程的评估代替一个学期的教学评估。再次，在完成评估活动之后，没有评估报告，或者将评估结果视为评估报告。根据课堂教学评估的结果，对课堂教学的及时控制力度不够，基于反馈评估结论的教育评估对象的方法运用还不够。

（5）评价结果反馈缺乏及时性。课堂教学是一个复杂的系统工程，其影响因素多种多样。由于传统评估模式下评估结果需要人工操作和手动统计处理，因此对于某些统计处理，例如去除不合理的分数，累积总评估分数，平均值以及计算标准偏差，统计误差很大。更重要的是，手动统计非常耗时，费力且效率低下。教师在课程结束后很长一段时间甚至新学期开始后才知道评估结果，难以在新学期的教学过程中进行改进和补充。反馈不及时，加上人工统计条件的局限性，使得评估结果仅是一名学生的总分。教师仍然无法知道薄弱环节是哪些具体方面，也无法进行针对性的整改。

5.2.2 高校课堂教学质量评价体系现状探讨

目前，有以下几种观点：

（1）建立教学质量评价体系主要是建立课堂教学质量评价指标体系。完善课堂教学质量评价体系是指评价指标体系的建立和实施。探究重点是评价指标体系的形成和评价方法的应用。探索建立有效的教学评估体系，组织和实施有效的教学评估的关键在于评估指标的选择。

（2）有人认为，课堂教学质量评价体系的每个阶段都是紧密联系的整体，包括评价指标体系的建立、完善组织的建立、规范高效的运行机制、反馈和调节机制的建立等几个方面。也有人认为，课堂教学质量评估体系由评估指标体系、评估实施体系、评估数据收集与处理系统、评估结果信息的发布和反馈五个子系统组成。

（3）评估系统的优化经验或创新理论。一部分有实践经验的学者在讨论课堂教学质量评价体系时，介绍了从建立指标体系到具体组织实施的经验，使评价体系得到更加全面、系统的优化，取得了良好的效果。也有学者将课堂教学质量评价理论与系统理论和有效教学理论相结合，以期形成具有指导意义的新的创新理论。

（4）我国高校课堂教学质量评价体系概述。有人在对全国各地 20 余所高校进行研究的基础上，总结了我国高等学校课堂教学质量监测体系的组成，提出了完善教学质量监控体系的建议。

5.2.3 高校课堂教学评价体系探索中的问题

对我国高校课堂教学质量评价体系的探究是基于对课堂教学质量的评价，历史不长。发现存在以下问题：

1. 单方面评估方法强调自然科学方法的移植

中国的课堂教学质量评价受到西方教育评价思想的影响，课堂教学质量评价的科学化是基于“量化”的评价方法。这种探究趋势与方法的科学性质和结果的准确性有关，有很高的要求，并且在确定评估标准时，要全面、系统、准确地收集评估信息、评估结果以及许多有用技术的发展等方面，为课堂教学质量评估的发展作出了应有的贡献。但是这种询问的趋势似乎明显有偏差，它没有根据课堂教学的特点及其质量来探索方法。相反，它侧重强调自然科学的移植，导致一种单一的探究趋势，这必然导致对课堂教学质量评估的研究具有一面性。

2. 限于理论建构和缺乏经验课堂研究

通过文献检索和分析，可以发现，绝大多数的研究是评价标准和指标的理论思考和设计，而实际课堂中的观察和评价研究却很少。评价标准和指标完全取自自上而下的理论推导，没有自下而上的实地观测数据的配合和支持，缺乏信度和效度；另外，这些评估标准和指标很少用于进行真实的课堂教学评估，或者几乎没有关于将某种评估标准和指标应用于课堂教学评估的探究报告。最初高度适用的课堂教学评估系统已成为纯粹的理论思想，缺乏实际应用。因此，尽管研究人员继续一个接一个地启动评估系统，但他们只能简单使用。在实践中，教育管理者或教师仍然依靠自己的经验来创建评估系统。

3. 指标体系的构建取决于主观经验

一些高校的教学管理部门在建立指标体系时，通常是由专家或经验丰富的教师根据经验或具体情况确定的，较少的实证研究用于严格的论证。缺乏针对性的指标体系将不可避免地影响评估的总体有效性。重点大学采用的教学质量评价方法主要是定性和定量评价。定性评估一方面受到评估者主观条件和环境的影响，这使得所提供的信息不够完美。另一方面，它缺乏更加客观和公正的评估标准。传统的定量评估主要采用平均法，即静态研究。它不能客观、科学、准确、全面地评价教师的课堂教学质量。通过单一评估方法获得的结果不够准确，这导致一些教师对教学评估的结果表示怀疑。层次分析法和模糊综合评价法用科学的定量方法描述了课堂教学质量评价中的定性问题，是一种非常有效的评价方法。

5.3 高等学校课堂教学质量评价理论概述

5.3.1 基本概念

评估是一种以价值为目的的活动，主要体现在对人或事物价值的评价中。因此，在该活动中还存在主体和客体的问题，即评估主体和评估客体。评估对象是评价对象，是评估活动所指向的对象。从对价值事实的解释来看，评估对象实际上是指由价值主体和价值对象形成的价值关系运动的状态和结果。评估主体是评估者，是发起并执行评估活动的人。在价值理论中，评估者常常代表价值主体的利益评估价值事实，或者将评估主体和价值主体结合为一个，并评估由自身和价值对象组成的价值事实。因此，评估是评估主体对评估对象（价值事实）进行价值判断的过程。没有价值判断，评估将无法立足。

课堂教学质量评价是指课堂教学活动中每个要素的价值判断，每个要素的发展和变化是否符合一定标准。如前所述，评估是评估主体判断评估对象价值的过程。在评估中，对评估对象的理解非常重要。在课堂教学质量评价中，评价对象无疑是课堂教学质量。课堂教学质量评价是对课堂教学质量价值事实的评价。根据先前对课堂教学质量的定义，课堂教学质量的评估应包括课堂教学评估的过程和课堂教学效果。

课堂教学过程评价主要是对教师课堂教学目标、教学内容安排、教学结构设计、教学方法选择和教学能力、学生的热情和课堂氛围的评价。课堂教学效果评估主要是评估教师课堂教学各项预定目标的完成情况以及学生对教学内容的理解和掌握程度。这两个方面相辅相成，相互渗透。两者从不同的角度反映了教师课堂教学的质量。课堂教学过程是整个教学过程的核心部分，一直受到人们的重视。评估课堂教学的质量实际上就是评估教学过程的有效性。从教学理论的角度讲，所谓的教学过程是指在教师的指导下学生获得知识，发展能力，形成思想道德素质的过程。在此过程中，教师基于某些教育目标，通过制定和实施教学计划并指导学生学习，使学生逐渐达到预期的教育目标。对教学过程的评估应包括课前、课内和课后的几个基本链接，以及构成教学过程的其他因素。课堂教学是主要环节。

学生可以看到课堂教学质量的最终结果。必须看到，学生学习成绩的质量受许多因素影响。它不能简单地用作评估教师课堂教学质量的基础分析要素。尤其是在当今高等教育的大众化阶段，尽管学生的学习是在教师的指导下进行的，但毕竟他们的学习目标、学习态度、学习习惯和原始学习基础等因素，教师很难直接控制。它对教学成果的实现有很大的影响，是评价教学成果的难点。

5.3.2 高校课堂教学质量评价理论

1. 高校课堂教学质量评价的目的

通常，评估大学教师课堂教学质量的主要方法有两种：一种是为了奖励和惩罚，另一种是为了促进教师的发展。激励和惩罚性教师评估是一种教师评估系统，该系统直接将教师评估结果用作人事决定，以解雇、降职、晋升、升职、加薪和奖励。这种评价可以在一定程度上促进教学改革。但是，这种改革的动力是自上而下的，通常只会引起共鸣，引起少数人的注意并作出反应。在没有奖惩的情况下进行发展评估，其重点是教师的专业发展，促进教师的发展以实现学校的发展目标。由于该评估系统与奖惩无关，因此教师消除了他们的烦恼，公平地接受了评估，并更加重视评估结果。课堂教学评估的目的主要基于以下四个方面：

首先，了解学生对教师教学状况的反应；

其次，从师德和道德上了解教师在课堂上的地位；

再次，为学校教学改革和教学管理提供有价值的信息；

最后，及时发现存在的问题，探索提高教师教学质量的措施，逐步建立教学质量检查和监控体系。

美国、英国和其他国家越来越多地采用面向发展的评估。由于这种评估没有外部的奖惩机制，因此教师的动力来自内部的奖励，即工作进展带来的满足感和成就感。从而促使教师专注于追求自身教学质量的提高，而不是追求名利和收益等外部奖励。

2. 高校课堂教学质量评价

依据课堂教学质量的评价应根据课程的教学目标和课程大纲、课程的类型和性质、高等学校的教学原则、社会发展对教师教学的要求以及教师教学的内在特征和规律而定。具体到以下几个方面：

（1）按照国家教育法规和指导方针的有关规定。国家有关教育法规，政策体现了教师教学的社会发展要求，是评估教师教学质量的重要依据。中华人民共和国《教师法》第一章第三条明确规定了教师的职责："教师是履行教学职责，承担教书育人，培养社会主义接班人，不断完善的职业。"关于对教师的评估，《教师法》第五章第二十条规定："学校或其他教育机构应当评估教师的政治思想、专业水平、工作态度和工作成就。"这些规定反映了国家和社会对教师从事教育教学工作的基本要求，这是教师开展教育教学工作的必要条件，因此也必须成为评价教师教学质量的基本依据。

（2）根据教育理论和教师教学工作的特点。教育理论是一门揭示教育规律的科学，是对以前教育经验的总结。以教育理论为指导的教育实践是科学实践，否则是盲目的实践。评估教师课堂教学质量是一项将理论与实践相结合的活动。因此，对教师课堂教学质量的评估和评估内容的确定必须以教育理论为指导，充分考虑教师教学工作的一些主要特点。因此，在评估教师课堂教学质量时，应着重对其教学过程的评估，并应通过检查其教学职责的履行情况和学生的学习水平的提高来判断教师的教育工作的效果。

（3）根据实际经验和评估的具体要求。实践是认知的基础。人类的认知与实践密不可分。认知来自实践，随着实践的发展而发展，并为实践服务，同时受到实践的检验。教师课堂教学质量评价的内容、指标和方法的确定，应吸收经过长期、大规模的实验探索，其信度和正确性已通过实践检验的经验和成果。

3. 课堂教学质量评估在高校中的作用

高校对课堂教学质量的评价，实质上是为社会和受教育者提供更好、更高质量的教育。其目的是促进教师采用各种方法来提高教学质量。但是，在评估课堂教学质量时，高校还包括一些管理要求。因此，具体地说，课堂教学质量评估的作用通常包括诊断、指导、反馈和筛选。

（1）调节与诊断。学校领导者和管理者需要有客观的信息作为及时调整和决策教学质量目标的基础；确定教师教学质量水平和提高教学质量还需要客观的信息作为基础。所有这些都可以通过评估课堂教学质量来实现。评估课堂教学质量的过程不仅仅是收集信息的过程。它具有严格的程序，可以更全面、更科学地判断信息的客观性，这有助于及时调整教学目标并诊断教学过程中的主要问题，以达到不断完善工作、提高教学质量的目的。

（2）指导与激励效果。教学评估目标、评估方法体系及其标准向教师指出了课堂教学的方向和具体目标，可以激发教师的积极性。同时，课堂教学质量评价过程不仅是检查和评估的过程，可以检查教师的教学质量水平，而且是相互交流的过程。教师们可以交流教学经验，集思广益并互相学习。通过信息反馈和评估过程中的调整，可以指导教师避免教学漏洞和错误，使教师可以不断提高课堂教学质量，从而保证教学质量。

（3）反馈教育的作用。课堂教学质量评价过程又是再教育的过程。通过教学评估，可以全面收集各方面的信息，客观地认识和评价教师，使教师增强自我意识、自我教育、自我控制和自我绩效的提高能力，及时地纠正不良教学行为，不断挖掘自己的潜能，利用其独创性，更好地体现出个体教师的价值。

（4）筛选鉴定的作用。评估可以对教师课堂教学的过程、方法、形式、成就等进行价值判断和评估，从而可以正确肯定教师的工作，在特定的教育群体中形成正确、稳定的价值判断标准和氛围，这样，教师就会产生一种信任感、公平感和成就感，从而进一步激发教师辛勤工作和认真教学的积极性。

5.3.3 高校课堂教学质量评估的发展趋势

有效地提高课堂教学质量的评价是高校经常性、复杂的系统工程，其有效性取决于许多方面的努力。几十年来，许多高校进行了教学质量评估，收到了良好的效果，积累了一定的经验，使我国的课堂教学评估走上了科学发展的轨道。在现代教育教学理论探索的基础上，在时代精神的启发下，高等学校课堂教学质量评价具有以下发展趋势。

1. 强调创造适合和促进学生发展的教育环境

良好的课堂教学应促进学生素质的全面提高。它不仅包括知识的掌握和能力的培养，而且更重要的是，它可以通过丰富的课堂教学来培养学生的主体性，并通过在课堂上经历多样化的生活来学习适应社会。但是，过去的课堂教学质量评估过于注重知识的获取和能力的培养。尽管这是课堂教学应完成的重要任务，但还不是全部。如果使用此标准对课堂教学进行指导性评估，则容易引起偏执。目前，对课堂教学质量的评价也非常重视评估在课堂教学中的指导作用，但该指导基于新的评估标准。通过对课堂教学质量的评价，鼓励教师在课堂教学中把学生当作一个完整的人，充分发挥学生的自主性、主动性和创造力。在获取知识和进行能力培养时，他们还注重学生的个体经验、生活经验，将学生学到的知识真正融入自己的知识结构中，从而可以自由、自觉地适应社会，并可以在社会上得到良好的发展。根据这些要求对课堂教学质量进行评估，将努力将过去相对单一的课堂教学转变为良性的教育环境，以多种方式适应和促进学生的身心发展。

2. 从重视结果评估到重视过程评估

我国过去的教学理论强调对系统理论知识的研究。教学过程被理解为给予和接受知识和技能的过程。对学生学习成绩的评估等同于对课堂教学质量的评估。它经常考虑学生的知识程度，侧重于完成教学任务，而忽略了诸如情感、意志和兴趣等非理性因素。这时，课堂教学质量评估具有明显的评估结果的趋势。在 21 世纪，以研究者为关注焦点，教学理论的基本内涵逐渐从知识论转变为学科教育理论，教学是一个具有内部结构的整体体系，在教学活动的整个过程中都是内部统一的。现代课堂教学质量评价是基于现代教学理论的概念，积极探索课堂教学活动的过程，认为师生对课堂教学具有重要影响，融合了师生的情感、态度和价值观。经验转化为课堂知识教学的过程以新标准衡量。这种以过程评价为特征的课堂教学质量评价，不仅在评价内容中重视教师的活动，而且更加重视学生作为团体和个人的学习和交流活动，并采取了师生互动的方式。通过评估，师生的课堂生活不断丰富，动态课堂教学代替了过去僵化的课堂教学，给课堂教学带来了新的面貌。

3. 评价主体从一个变为多个，评价对象从被动等待变为主动参与

在过去的课堂教学质量评估中，评估者大多是学校管理员或教学督导。目前，这些评价大多是其他人的评价。作为评估对象的教师只能等待获得评估结果，完全处于被动状态，没有主动选择的余地。当前课堂教学质量评估的一个重要发展趋势是评估主体的多样化，即评估主体从简单的学校管理者变为学校管理者、同事或专家、学生和教师本身等，都可以对课堂教学进行评估。在评估过程中，每个评估主体都从各自的角度评估课堂教学。师生不再处于纯粹的被动接受状态，而是处于主动和积极参与的状态。同时，随着对课堂教学质量评价的深入探索，师生的参与水平将从原来的评价方法和参与方法进一步扩大到全面、全过程的参与。参与评估指标和标准的制定，评估员的积极选择，边界评估的实施以及评估结果的选择，都反映了师生积极参与课堂教学质量的评估，也充分体现了他们在评估中的主导地位。

4. 评估方法正在朝着全面、多层次、全方位的方向发展

从国内外课堂教学质量评价的发展来看，当初的评价选择评价方法时大多采用单一方法，纯定量方法或确定性方法，两者之间几乎没有交流。随着课堂教学改革的不断深入，单一的评估方法将行不通，不可避免地需要对这两种方法进行综合运用。随着课堂教学质量评估从单一评估主体向多个评估主体发展，不同评估主体所采用的评估方法也不尽相同。每个评估对象可以根据自己的需求选择适当的评估方法进行评估。这种现象还提高了当前课堂教学质量评估方法的水平。课堂教学质量评估的最终目的是促进课堂教学质量的不断提高，因此评估的有效性非常重要。在选择方法时，不应刻意追求评估方法的范围，关键在于评估方法和评估目的。与此相应，当前的课堂教学质量评估提倡使用三维综合方法来收集课堂教学活动信息。

5.3.4 高校课堂教学质量评估的主体和方法

课堂教学作为高校的主要教学形式，其功能价值在其他形式上具有不可替代的优势，仍然占据学校教学的基本地位。因此，课堂教学质量直接关系到学校的教育水平和人才培养的质量。目前，大多数高校都在进行各种类型的课堂教学质量评估活动，但能否有效地促进课堂教学活动，改善教学工作，

促进教学管理，提高教学水平，达到确保人才的目的呢？培训质量的高低在于评估主题和方法是否科学、规范、可行，评估结果的可信度和有效度是否高。科学、规范和可行的评估活动以及评估结果的高可靠性和高效率，需要科学、规范和可行的评估方法来保证。

1. 高校课堂教学质量评估主体

目前，高校课堂教学质量评价的主体大致分为四类：一是直接参加教学活动的学生（学生评价）；二是作为课堂教学主要学科之一的教师，教育专家或课堂教学内容相关领域的专家（同行和专家评估）；三是各级管理人员（领导评估）；四是教师的自我评价（教师的自我评价）。每种方法都有其优点和缺点。

2. 高校课堂教学质量评价方法

（1）建立课堂教学质量评价指标体系的方法有以下几种：

1）分解目标方法。这是建立评估指标体系的常用方法。首先，必须探索目标的结构，分析构成目标的要素并逐一列出，并在此基础上设计指标。其次是划分层，逐层探索，然后逐层分解以使指标具体化。最后，确定最终指标的评估标准，并确定权重以获得指标体系。

2）分类合并方法。通过分解目标，汇总目标，删除重复项，从现实中分析可行性，权衡取舍并改善指标体系，可以在此级别获得大量指标。

3）内涵分析法。掌握被评估对象的一些基本属性，将这些属性确定为评估项目，并建立评估项目系统。

4）关键要素探究方法。从列出几个关键要素开始，经过广泛研究，判断出所列要素的重要性，并选择最重要的要素作为评估项目。这是一种基于现有经验建立指标体系的方法。

（2）评价指标体系权重的确定。确定指标体系的权重是对指标进行定量分析的重要部分。目前，常用的方法可以总结如下：

1）德尔菲法。这种方法主要是以匿名的方式要求专家发表意见，然后组织主办者对其进行汇总和分发，作为参考材料，供专家进行分析和判断，并提出新的见解。经过多次重复，专家们的意见逐渐趋于一致，并最终得出结论。它的特点是权威性、匿名性、全面修订和定量处理。

2）层次分析法。它是一种应用数学方法，进行多因素分级处理，由专家比较两个指标水平，给出判断矩阵然后计算权重值的方法。它是解决多指标、多层次权重问题的有效方法。

3）优先图法。它是一个类似于棋盘的图标，一种通过成对比较确定指标体系的方法。该方法通常用于确定参与者权重的水平。

4）专家排名方法。专家根据主观判断，会将评估对象的影响从大到小排列。这种方法的特点是易于理解和易于操作。

（3）目前，主要有以下几种评估课堂教学质量的方法：

1）综合评价法：经验丰富的专家评价员大多采用综合评价法，并凭直觉来评价教师的教学质量，然后对其进行分类。因此，在使用综合评估方法评估教学质量时，必须注意两个条件：第一，评估者必须具有丰富的经验；第二，评估者可以通过视觉获得关于评估对象的大量信息。

2）相对评价方法。相对评估方法的主要特征是在一组评估对象中进行比较、判断或排序。不论集合的总体水平如何，它都可以被比较，因此它具有很强的适应性和广泛的应用范围。

3）绝对评价方法。绝对评价方法也称为“目标参考”评估方法。它是一种在评估对象集合之外确定目标标准，将评估对象与此标准进行比较，从而判断某个评估对象的教学质量的方法。因此，绝对评价方法不是最完美的评估方法。但是，从相对评价到绝对评价的转变是现代教育评价的发展趋势，应引起重视。

4）模糊综合评价法。模糊综合评价法是由模糊数学提供的用于解决模糊现象评价问题的数学模型。它是一种集成了模糊测量、模糊统计和模糊评估的综合数学方法。它广泛用于解决多因素和多指标的教育和教学评估问题。

5.4 高校课堂教学质量评价指标体系的构建

在建立课堂教学评价体系的过程中，以现代教育、教学理论和现代教育评价理论为指导，结合作者所处学校的特点，根据评价的目的，选择评价对象（主要是不同评估者的组成）和评估方法，经过反复讨论和修订，最终形成了评估指标体系，并将随着实践不断完善。

5.4.1 构建高校课堂教学质量评价指标体系的原则

在大学教学评估的过程中，首先要弄清的是教学评估的目的。这不是教育主管提升和扩大教师薪酬的直接手段。建立科学、合理、适用的评价指标体系，是保证评价准确、全面、有效的基础，也是评价职能正常运行的前提。同时，弄清制度建设的原则也是建立课堂教学评价体系的第一步。

1. 目标一致性原则

评估指标体系是具体行为和可操作的评估目标。它是评估目标的逐层分解，应该与评估目标保持一致，即评估目标等于评估指标体系。所有指标的总和应完全等于评估目标。它既不能小于评估目标，也不能大于评估目标。如果总和小于评估目标，则意味着在设计评估指标体系时错过了重要指标。如果总和大于评估目标，则意味着有冗余或重复的指标。

2. 指导原则

评价指标体系应反映正确的教学理念，体现出对传统的不合理的教学理念的突破和超越，以主要的教育思想为核心，体现现代的教学理念，体现国际化、信息化和社会化，以及现代教学理念下的终身学习和人格的全面发展。在学生看来，它强调理解和尊重学生，并平等地为每个学生提供表现创造力和成功的机会；在教师看来，它强调教师必须具有现代教育观念、高专业素养并满足学生的多样化需求。在教学目标的角度，从注重基于知识的发展到以学生为导向，真正体现了知识、能力和态度的有机融合；在课程的角度，强调了学生是课程的主体，课程的内容应该与学生的生活接近。在生活世界中，课程是为学生构建意义的过程。学习应基于理解、经验，反思和探究。评价目标是教育目标的具体化，它是教育目标的特定方面的规定。因此，在设计评估指标体系时，绝不能偏离评估和教育目标。为了使鉴定对象明确自己的奋斗方向，在设计指标时，不能违反国家的政策法规，不能违反教育规律。

3. 整体性原则

作为一个系统，评价指标体系必须具有一定的结构。结构中索引的组合应该是分层的，适当安排的，并形成紧密链接的有机整体。整体性原则要求，在评估指标体系时，应从评估目标的完整性角度筛选评估指标，同时仔细考虑整体的每个位置和作用，确定其水平和位置。评估目标由抽象转化器在多个级别上分解。分解时间越长，链接越具体，评估指标越多，干扰可能越大。这就要求运用整体性原则对评估指标体系进行整体审查。

4. 可测性原则

可测性原则意味着最低级别的评估指标体系必须是可度量的、特定的、清晰可操作的和易于掌握的。它必须能够使用定量统计参数或可操作语言清晰定量地表达。这是为了避免采用经验评估方法的趋势，将评估对象作为一个完整而复杂的系统进行探索，避免形而上学的量化，将客观定量标准评估与主观评估相结合，并对结果与观察和访谈结果进行全面量化。

5. 同级独立指标原则

同一级别的指标彼此独立，这意味着同一级别的指标之间不能存在因果关系，并且该指标不能针对另一个指标。每个指标代表一个独立的方面，并且彼此不重叠。没有包容关系，没有交叉关系。否则会造成混淆和重复，直接影响评价结果的客观准确性、公正性和合理性。教育现象非常复杂，涉及的可变因素通常很难清楚地区分。因此，在实际问题中，很难实现同一水平上的所有指标彼此完全独立。在这种情况下，可以将相互独立性改变为低相关性。

6. 可比性原则

可比性原则要求指标体系中的每个指标必须反映被评估对象的公共属性，并反映被评估对象属性的公共事物。只有在“定性”一致性的前提下，才能客观地比较被评估对象的数量差异。可比性原则还要求在设计评估指标体系时，每次提出指标时，都必须为其指定相应的量表。

5.4.2 选择评价指标时应注意的问题

1. 指标系统设计的差异

在指标体系的设计思想中，有效性和项目要求方面仍然存在一些差异。这些差异体现在：

（1）在索引系统的设计概念中，主要有两种趋势。一是全方位的，相信有许多因素影响教师课堂教学的质量。因此，在设计指标体系时，应努力做到全面、充分反映各方面的影响。二是着眼于主要方面，认为指标体系过于全面，势必给统计工作带来困难，超支化解决了教学各种因素的有机联系，两者之间必然存在不兼容性，这也违反了人们对轮廓上物体识别规则的掌握。掌握一些主要方面将具有全面的评估效果，但是主要方面并未得到应有的重视。

（2）对于指标体系的有效性也有两种不同的看法。有人主张，为了让所有教师面对相同的公平标准，指标的设计必须具有普遍性，既适合文科教师又适合理科教师，同时适合必修课教师和选修课教师，既适合专业课程的教师，也适合公共基础课程的教师。要求指标体系适用于所有教师。但是这样不利于教师提升自身的教学风格，更不利于教学改革，因此指标设计应该独特，并应鼓励教师展示自己的长处。但是，这也限制了指标的可比性，评估结果将更具争议性。

（3）关于指标体系项目的要求，准确性和歧义性之间存在争议。从准确性的角度来看，指标体系的准确性是定量评估的客观要求。为了使评估结果不受人为因素的干扰，为了使评估指标可操作，通常容易追求那些可见的指标，并且认为可以通过教学行为来准确地测量态度等指标。歧义性观点认为，教育现象本身具有歧义性的特征，如果要求过于精确，就会失去其真实面。教学活动是由师生组成的复杂系统，过于精确，很明显也是不可能的。

2. 设置可操作的评估项目

评价指标体系是否具有良好的可操作性，关系到其正常实施，也关系到评价的真实性和科学性。因此，在建立评价指标体系时，要构建操作性问题，首先要根据学生所能感受到和遇到的问题，并根据学生的形成和综合素质，考虑学生群体素质的基本特征和水平。着眼于发展程度的影响，具体描述教师教学中的教学目标指标、过程指标、行为指标等，努力克服具体的教学目标、教学艺术和学生的学习目标以及兴趣的多样性在一定程度上的相互冲突。其次，必须考虑直接的可测量性，也就是说，可以使用一种定义作为特定测量尺度的评估指标体系，并且可以通过实际观察直接测量指定的内容。再次，评价项目不能使指标体系过大，不能使其不完整，不能太苛刻，也不能姑息，应确定一种更合适的评价问题体系，以切实可行，便于评价和处理，便于实施。

5.4.3 高校课堂教学质量评价指标体系的构建方法

1. 文献分析法

征求了许多高校的意见，构建教师课堂教学质量评价的评价量表。这些评估量表的指标体系主要是二级结构。一级指标通常包括教学内容、教学方法、教学态度、教学效果和基本教学技能等，这与一些学者的观点是一致的。研究结果表明，教师评估结果与教学质量、学生学习状况和课程学习效果之间存在很强的正相关关系，但与课程的性质、课程的重要性、课程难度和教学条件关系不大。近期研究结果还表明，高校优秀教师课堂教学的特点是由多个因素组成的，但最重要的特点是教学内容、教学态度、教学方法和教学效果。

2. 专家咨询方法

在多因素分析的基础上，结合大学的实际情况，从许多因素中提取出教师主观努力可以控制的因素，编制专家问卷。专家对具体情况和教学经验非常熟悉，在一定程度上反映了“教学”“监督”和“控制”三个层次。因此，评估人员具有良好的代表性和科学性。由于专家人数、分布构成比例的限制，需要进一步探讨其合理性。

5.4.4 高校课堂教学质量评价指标体系建设的内容

1. 确定课堂教学质量评估的对象

评价应坚持多人参与的原则，评价主体应多元化。不同的评估机构具有不同的评估优缺点。详细分析这些优缺点是整合和优化评估能力，提高评估质量和效率的重要途径。在设计课堂教学评价指标体系时，应根据评价对象的不同，明确评价对象、性质、目标和工作方法的差异，评价对象的共性和个性，并确定评价指标和评价权重。在各个级别上都应明确定义，得到反映。

（1）学生评价。学生评价是指学生参加课堂教学实践后对课堂教学的有效评价。学生评估是课堂教学评估中最有价值的评估，是课堂教学目标制定的标准，包括教学内容的需求，学生参与课堂活动的程度，学生学习的适应性以及课堂教学对学生发展的指导等。所有方面都可以反映在学生的评价结果中。学生学习能力的提高取决于教师的正确指导。学生评估通常是客观的。它们也与教学的成功直接相关。同时，学生的评价意见也直接反映了实际教学情况。国内研究还表明，学生评价已经被教师接受或欢迎。但是，从学生的角度单方面评价教师的教学是不合理、不科学的，存在局限性。研究表明，学生是否是合格的评估者值得考虑。例如：学生参加评估的态度是否正确以及学生对课程的兴趣是否强烈。学生对教学指标的理解有限，很难正确地掌握和评估。从学生的角度来看，常常无法考虑评估量表上的某些指标。

（2）专家评估。专家评估是指由学校专门聘请的专家来评估教师的教学水平和质量，并通过课程评估教师的教学质量。专家通常具有较高的学术水平和教学水平，视野开阔，立意更高。他们可以从学科发展和学生素质的综合训练的角度，合理地评价教师的教学。因此，专家对课堂教学质量的评价是可行的，也是很有必要的。

（3）管理者评价。高校各级管理部门直接参与课堂教学监督，是督促教师不断提高教学质量的有效途径之一。在许多学院中，各级学校领导和行政管理人员参与和检查课程是一个系统。各级学校管理领导，特别是教学管理部门领导，直接参与教师教学质量的评估。

教学管理者评估可以增强教师的责任感。学院各部门和各级管理人员不仅是某一学科领域的专家学者，还是具有一定管理经验或熟悉教学对象的专家。他们对教师教学状况的评价，特别是对学校领导的评价，具有一定的权威性，因此教师对此给予了更多的关注，这实际上增强了教师做好教学的意识，有利于教学的反馈信息。这样，领导班子可以真正了解教学一线教师的教学水平，也可以通过与学生的对话，了解学生对教师的反思，以及教师对学生学习状况的分析和评价。

2. 建立课堂教学质量评价指标体系

课堂教学的质量是一个综合的概念，涉及许多方面，例如教学内容和教学效果。要评估教学质量，有必要考虑将教学质量分解为单一因素的问题，然后通过某种模型将其整合到总体教学质量的评估中，也就是说，必须建立一个指标体，系通过分析指标体系评价整体教学质量来实现。教育评价指标体系是根据评价对象本身的逻辑结构，由不同层次的评价指标组成的有机整体。它是衡量评估对象的发展水平或状态的度量系统，是教育评估的核心。课堂教学质量评价指标体系是影响或决定课堂教学质量的因素的集合。它由指标系统、权重系统和评估标准系统组成。课堂教学评价指标体系是评估课堂教学质量的基础和标准。建立课堂教学质量评价指标体系是实施评价工作的关键一步，是评价工作正常运行的前提。

在参考文献的基础上，按照教育评价的一般规则，根据国家对高等学校的培训要求，教师应掌握的现代教学理论，现代课堂教学的特点和基本要求，进行综合分析。在课堂教学中，一方面，一所大学的学生范围很广，而且学生的思想更加活跃。另一方面，近年来，青年教师数量增加，教师的教学水平存在一定差距。评估指标体系已经建立。将学生评估和专家评估这两个评估主题整合到一个评估指标体系中，并从教学态度、教学内容、教学方法和教学效果四个方面进行评估。

5.5 高校课堂教学质量评价模型的确定

5.5.1 层次分析法简介

层次分析方法可以更好地反映客观现实。它的优点是定性和定量相结合。它以定量形式表达和处理人类主观性，这是一个多目标、多层次的计划。

层次分析法通过分析复杂问题找出各种因素和相互关系，并将这些元素划分为不同的层次以形成层次结构。在每个级别中，根据某些标准，将这一级别的元素逐一进行比较，以建立判断矩阵。将传统特征向量方法应用于每个判断矩阵，找到对应的特征向量，并获得该层元素相对于上一层元素的优先级向量。然后，根据层次组成原理，计算出各层元素对总体目标的组合权重，从而得出不同场景的最终权重，为选择最优场景提供依据。

从理论上讲，层次分析法通过因素比较形成的判断矩阵确定指标因素的权重（各个级别中因素的相对重要性）。判断矩阵是所有运算的基础，判断矩阵的构建将直接影响未来的计算过程。因此，在通过判断矩阵找到相应的权重级别之后，通常需要进行一致性测试。如果测试的一致性不合理，则需要重新构建判断矩阵，即使每个级别的一致性测试都是合理的，仍然需要执行整体一致性测试。因此，在实际的计算过程中，经常会有多次返工，且计算结果与实际现象不一致。主要原因是给定的判断矩阵不合理，矩阵的数据元素有偏差。此外，在方法中很难用“轻微”“更重要”“非常重要”来表示两个元素之间的关系。为此，将改进构造判断矩阵的方法。从根本上消除不一致的数据，取消一致性检查，简化计算过程，并使计算方法更轻松、更准确。

5.5.2 确定课堂教学质量评价指标的权重

评价指标的权重是评价指标体系构建的中心环节，也是最困难的过程。目前，人们已经意识到评价指标权重的重要性，但是对此的研究还很少。权重用于表示每个指标在整体上的重要性，权重的不同表示评估者注意的方向不同。如果权重系数不能反映指标权重分布的大小，那么权重系数就不能正确反映评估指标之间的差异。因此，在分析指标时，有必要考虑每个指标在整体中所占的比例，以及在整个指标体系中重要性的不同程度。该探究的权重是指两个方面的权重。一种是不同评估者（教师，专家，教学管理者）的权重。应根据相关的数学模型确定权重。另一种是指标体系中各层指标的权重，它是在建立评价指标体系时建立的，采用了相关的方法，具有很强的科学性。

科学的权重构建方法包括关键特征探究法、矩阵对偶法、德尔菲法、层次分析法等。

5.5.3 高校课堂教学质量综合评价标准

教学质量评估人员是指学生、管理人员、专家（例如检查员，专家组成员）等。这些评估对象对课程和教师的理解和熟悉程度不同，评估设计的权重也应该有所不同。课堂教学以学生为中心，以教师为主导，是教学方法和教学内容等综合活动的产物。由于评估各方的质量、价值和目标取向不同，因此评估结果通常会相差很大。只有综合多种因素，才能真正反映课堂教学的质量。教师经常抱怨学生给教师的评分不合理，而领导和导师只有在一堂课后才得出结论，这都反映出问题的复杂性。评价对象的设计权重不同。不同的学校有不同的情况，不可能一刀切。这点原则应该遵守。例如，不同层次的高校招生质量不同，评价指标体系也应不同。但是这种差异是否存在较大差距值得探讨。

可以考虑从学生、教学管理人员和专家这三个评估主体入手，建立一套全面的课堂教学质量评估体系。就不同评估主体的评估结果的权重而言，考虑到教学过程，学生从始至终都是参与者，是最有影响力的评估者，教学管理人员和专家经验丰富，但数量相对较少。

5.5.4 数据处理

在教师课堂教学质量评价过程中，如何科学地处理获得的评价数据是保证评价质量的重要环节。过去，许多高校使用手工数据收集、手工统计和手工会计的方法来评估课堂教学的质量。这种方法不仅浪费了大量的人力和物力，而且更重要的是影响了评估的科学性，降低了评估结果的可信度。基于此，高校在探索和实践教师课堂教学质量评价指标体系的同时，设计开发了各种评价数据处理系统。教学督导和教学管理人员使用评估卡进行评分，评估卡是机器可读的，数据输入计算机系统，学生可以在线评估教学。在计算机自动处理系统中设置每个索引的权重。该计算机自动处理系统可以根据设定的权重和给定的评价水平，自动完成各指标得分的计算和统计工作，最终获得综合评价得分。

5.6 课堂教学质量评价体系在大学中的应用

某高校是具有 50 多年历史的本地大学，是一所普通的本科学院，设有多个学科，包括经济学、管理学、科学、工程学、艺术和法学等。学校的课堂教学质量评估始于 1994 年。学校着重时课堂教学和实验教学进行了探索。经过几年的不懈努力，通过现场讲课、学生评估、研讨、座谈会等形式，探索了教学改革的形式。项目形式系统地探讨了学校教学质量的监控，制定了课堂教学评价标准和实验教学培训要求，结果于 1997 年开始应用。像大多数高校一样，该大学进行课堂教学质量评估的时间相对较短。经过多次修改和实践，发现课堂教学质量评价体系还很不完善，存在很多问题。2002 年，学校根据高等教育的规律和发展趋势，结合学校的定位和学生特点，修订了课堂教学质量评估体系，开始建立定量定性结合、标准化的课堂教学质量评估体系。学校也为此成立了专门的工作机构。经过广泛研究，形成了一套新的课堂教学质量评价体系，并全面应用。

该大学的课堂教学质量评估系统于 2004 年应用。在每个学期开始时进行具体实施。大学将评估工作发送到每个教学单元。每个教学单位根据部门情况确定参会教师名单。学术事务办公室组织一个监督小组，与学生一起评估教师的课堂教学质量。每学期对评估结果进行汇总并反馈，并在年底以文件形式反馈评估的总体情况。教学单位负责反馈给教学研究部门和教师本人。

借助在线教学评估系统，可以确保学生的教学评估样本的有效性。评估数据表明，学生同意评估，参与率逐年提高。教学督导在每个学期开始时进行教学评估，管理人员定期听取课堂评估。

督导组的专家和学生对学校教师的课堂教学质量基本满意。他们清楚地感受到了教师教学质量的进步，优良率基本在 80% 以上，体现了教学质量评估的积极作用。参与教师人数的稳定增长说明了评估对象的全面性，并保证了评估结果的可信度，参与教师的分数稳步上升说明了评估在促进教师教学中的作用。教师课堂教学质量的评价结果是学生、专家和管理者三方汇总的综合结果。教师成绩的稳步提高表明，在教学质量全面提高的前提下，更多的教师为达到更高的要求而努力，并取得了积极的成果。

为了了解学生和专家对同一位教师的课堂教学质量的评估结果之间是否存在差异，将学生和专家对同一位教师的评估结果作为一对数据，根据随机配对设计数据均值检验的统计分析方法，进行相关性分析。

为了理解师生对现行课堂教学质量评价体系的意见，设计了《大学课堂教学质量评价体系应用问卷》。从探究范围的角度来看，它涉及来自各个学院和不同专业职称的教师，以及来自不同年级的学生。该探究表是匿名的，包括封闭式选择题和开放式的多项选择题，有助于真实、全面地反映受访者的意愿。问卷在现场分发、填写并在现场回收，确保了对问卷探究结果的分析。

随着时代的发展，社会对人才的需求在变化，学校也在不断调整人才培养的目标和要求。因此，课堂教学质量评价指标体系应该能够适应时代的发展，反映当前的教学质量标准，与时俱进，及时修订和完善，更好地发挥指导监督的作用，提高教师课程的教学质量。

课堂教学评估是实施教学质量监控的一种手段。其目的是帮助教师发现教学工作的优缺点，使他们能够从彼此的长处和短处中学习，不断改进教学，从而达到教书育人的目的。课堂教学质量评价指标体系应更全面地反映教师教学过程的各个方面。在对自我评估及教学管理人员、专家和学生的评估进行全面分析和比较之后，教师发现了自身在教学过程中的弱点，以便调整自己的知识结构和能力结构，采取有针对性的改进措施，并不断改进，及时进行教学，提高教学质量。

评估课堂教学质量最重要的是帮助教师总结教学经验并及时调整教学策略。理想的反馈时间应该是学期期末考试的最后以及假期之前的一段时间内。这将使教师在准备下学期课程时能够参考反馈结果，更容易调整和改进教学，这将立即产生效果。

利用评估来促进教学质量的提高是教学评估的最终目标。但是提高教学质量并不会一次成功。在实施课堂教学质量评价中，除进行材料整理和反馈工作外，还需要做好评价后的探究和教育跟踪工作，使结果反馈产生预期的效果。另外，要及时收集各教学单位的信息反馈，听取意见和回应，让大家指出评估中存在的问题和改进意见，以不断完善评估体系，使评估工作可以真正发挥作用。

5.7 改进课堂教学质量评价过程的方法

课堂教学质量评价对教学的要求，要符合教育规律和改革趋势，促进对社会主义建设者和后继者的全面培训。

5.7.1 建立现代评估概念

提高课堂教学质量评价的首要任务是改变传统思维方式，树立新的教育评价观念。为此，必须树立现代化的教学质量评价观念。

课堂教学质量评估旨在建立一种促进学生整体发展的教育机制。在这一过程中，有必要改变观念，即对学生的评价是教师评价的唯一目的，使教师和学生理解提高教学工作水平和教学质量的评价。它在赢得师生对评估的理解和支持方面起着重要作用。在教师方面，评估不仅可以帮助教师了解教学目标的实现程度，而且可以使他们更加关注教学活动的形式和方法的有效性，并通过积极听取学生的意见和建议来追求课堂教学质量的提高。教与学的互动，不断优化教学过程，努力提高课堂教学质量。对学生而言，教学评价的出发点是否正确，是影响学生是否认真回答、教学评价是否有效的问题。组织者应向学生解释教学内容，以使他们了解从教学评估中受益最大的学生。教学评估是为了帮助教师了解教学的得失，并帮助他们表达意见。学生填写评价表时，应以认真的态度回答每一个问题，以便教师获得良好的建议和公认的真实信息，从而真实反映教学质量，促进师生和谐。

5.7.2 建立科学完整的课堂教学评价体系

从头到尾进行任何工作，都必须有一套完整的系统来保护它。课堂教学评估也是如此。必须建立科学有效的评估体系，以确保其顺利实施。当然，该评估系统必须基于对教师及其工作的重视和尊重，反映出教师是学校的主体，其劳动值得师生共同尊重。教学是学校一切工作的核心，活动应围绕教学进行。教学评估的正确定位是，评估的最终目的是提高课堂教学质量和学生的整体素质。在此基础上，如何建立和运行课堂教学评估体系应取决于每所学校的情况。该框架应包括学生评估系统，同行和专家评估系统，教师自我评估系统，领导和管理人员评估系统，社会评估系统等方面。通过建立和完善这一系列系统，确保课堂教学评估的顺利实施。

5.7.3 建立科学合理的评价指标体系

建立评价指标体系是开展评价活动的重要准备。为了达到教育评价的预期效果，有必要建立科学合理的评价指标体系。

1. 建立综合评价指标

评价指标是评估者根据要评估的对象提出的一系列问题，即评估期间应回答的问题。良好的评价指标应与评估问题相一致，独立且易于操作。在准备评价指标体系的过程中，保持评价指标与评价问题之间的高度一致性具有重要意义。如果评价指标与提出的评价问题相吻合，则编制的指标体系将不会遗漏重要因素，从而使评价重点突出，评价结果科学。相反，如果两者不一致，则会失去评估的目的和效力。在同一时间，评估指标必须是独立的，也就是说，评估项目在逻辑上是平行的，而不是彼此重叠的，这意味着内涵不相同，并且扩展范围不交叉。因此，在编制评价指标体系时，除了保持评价指标和评价问题的一致性外，还必须消除那些具有相同含义的冗余指标。

2. 建立可操作性评价指标

评价指标体系是否具有良好的可操作性，与评价指标体系的正常实施、评价的真实性和科学性有关。因此，在构建评价指标体系时，要构建操作性问题，首先要根据学生所能感受到和遇到的问题，以及学生综合素质的形成和发展，考虑学生群体素质的基本特征和水平。着眼于影响力的程度，具体描述教师教学中的教学目标指标、过程指标、行为指标等。其次，必须考虑直接的可测量性，即可以用操作语言定义评估指标体系作为特定的测量尺度，并且可以通过实际观察直接测量指定的内容。再次，评价项目既不能使指标体系过大，也不能使其不完整，也不能太苛刻，也不能姑息，应确定一种更合适的评价问题体系，以切实可行，便于评价、处理和实施。

3. 设定合理的指标权重和评价标准

评价指标权重是评价指标体系建设的核心环节，也是最困难的过程。如何科学确定指标和等级的值是构建评价指标体系的难点之一。国内外已经采用了许多方法。从人员的角度出发，它是根据个人早期经验确定的，已经发展成为一种集体讨论或咨询的方法。同行和专家的意见越来越受到重视，专注于探究和研究，根据某些科学程序进行标准化确定。当前，问题的关键是对参与者的要求：首先，他们必须具有相应的知识和经验，较强的判断力和比较识别能力。其次，他们必须有明确的基础并掌握原则。再次，他们必须具有认真对待的态度，严谨的作风和高度的责任感，严格按照科学程序分配项目和等级的数值。这三点是使项目和等级的数字分配更加合理和科学的重要因素。

5.7.4 建立和完善在线教学评估体系

当前，互联网技术方兴未艾。充分利用互联网直观、快速、强大的自治性和便捷的操作优势，建立完善的在线教学评估体系，可以使学生成为教学评估的主体，有利于双方之间制衡的形成。教师课堂教学评估是一个复杂而庞大的系统。中国大多数大学仍然使用手动操作的方式来评估课堂教学的质量。该方法成本高昂，人工高，统计结果单一，严重影响评价工作进度与实施。与传统的教学评估系统相比，在线教学评估系统具有明显的优势：评估对象种类繁多，动态管理、数据组织和存储容易，针对性强。实践证明，在线教学评价更有利于师生之间的交流。

5.7.5 改进评估后的反馈和跟踪流程

课堂教学质量评估的有效性取决于各种努力。完善评估流程需要动员评估各个方面的所有积极因素。

1. 信息反馈过程

建立一个平稳的信息反馈渠道是非常必要的。信息反馈是现代管理的重要手段。任何系统的管理只能通过信息反馈来实现。建立全面的课堂教学信息反馈系统是教学的基础质量监控系统和课堂教学评估系统顺利运行的前提。教务处通常的做法是将评估结果整理出来，并通过文件、简报、校园网络等将其反馈给教师。同时，将结果反馈给学校管理层作为制定政策和措施的依据。

评估本质上是一种管理方法，是对教师课堂教学的监督和调节。因此，为了充分发挥教师的积极性和主动性，增强教师的责任感和紧迫感，有必要建立一种将教学评价结果与教师职称提升相结合的教学激励机制。薪酬、功绩排名和职位的提升晋升等环节激励教师认真对待教学，不断提高课堂教学水平和效果。最终，反馈将形成一个良性循环，并不断提高反馈的有效性。

2. 结果跟踪过程

除了完成材料和反馈工作外，还需要在评估后进行探究和教育跟踪工作，以使结果反馈产生预期的效果。对于在评估结果中排名较高的优秀教师，让他们分析和总结自己的成功经验，并与其他教师分享，这不仅可以提高他们的成就感，而且可以激发他们朝更高的目标迈进。对于评价分数较低的教师，有必要加强对教学状况的跟踪和全面了解，并向有教学经验的教师提供有针对性的指导，可以通过跟踪和听课来帮助他们分析原因，并促使他们及时改善教学，提高教学质量。另外，要及时收集各教学单位的信息反馈，听取各高校的意见和反映，让大家指出评估中存在的问题和改进意见，从而不断提高对教师的教学评价，使评估活动能够真正发挥监督和促进作用。

5.8 本章结论与展望

结合某大学的实际情况，探讨了课堂教学质量评价体系。教师课堂教学的各个层面具有以下特点：

（1）科学性强。无论是确定评价指标和评价体系中的权重，还是形成评价方案和采用执行手段，都经过了科学的探究和论证。

（2）针对性强。评价体系中评价指标内容的选择和评价对象的选择结合了某所大学的实际情况，抓住了影响教学质量的要素。此外，评估指标的内涵可以显示教学活动的基本规律、运作方向和要达到的教学目标水平。它不仅反映了现代教育理念的更高水准，而且总结了过去的教学经验。教学活动的基本要求也有可以通过主观努力实现的期望。

（3）操作简单。评估系统中的指标体系层次很少，每个指标层次都有清晰的内涵定义，便于评价者掌握和实施。

由于时间、精力和条件的限制，这种询问仍然是肤浅的，并且还存在许多缺陷。在以后的探究中，需要对评估系统进行大规模的实证研究，并且需要对评估系统进行修订和完善，使其更加科学合理。

尽管对课堂教学质量的评估只是教育改革的一小部分，但通过它可以感受到大学改革的气氛和急剧的变化。高校教师课堂教学质量的评估必将在今后的探索和实践中朝着更加科学、简化的方向发展，并将与其他理论相结合，发挥越来越重要的作用。

第 6 章　高等教育中外合作办学教学质量保障体系探究

6.1 绪论

研究中外合作办学教学质量体系，首先要对当前中外合作办学世界和国内的发展背景、发展现状作出整体性的概括，进而以某省为例引出中外合作办学对高等教育发展的影响和意义。在整理归纳国内外专家、学者对中外合作办学研究的相关文献和理论观点的基础之上，对中外合作办学及其教学质量的发展与提升进行了阐述。

6.1.1 研究背景和研究意义

1. 研究背景

（1）国际背景

在全球化概念不断加深的今天，各个国家的联系与交流更加密切，高等教育国际化发展越来越被人们所重视。高等教育的国际化能够促使各国高等教育打破区域局限的壁垒，开拓国际视野，丰富教学内容，拓展教育市场，实现兼容并包的教育思想。高等教育国际化符合当今世界的发展趋势，各国的文化教育交流日益频繁，国际间的合作逐渐增强，高等教育的国际化能够进一步加强不同国家之间更深层次、更广领域、更多角度的协同发展。针对高等教育国际化的意义，不同学者有不同的看法，总体来看多个国际教育组织的先后建立与发展（如联合国教科文组织、国际教育协会等），其目的是促进不同国家之间教育、科学、文化的合作与交流，致力于发展全球教育，推动社会进步。人才的联合培养，跨国高校的建立已逐渐成为当今世界高等教育的一大发展趋势，我国高等教育必须顺应时代的发展潮流，加强跨国教育的合作，提高教学水平。美国教育理事会曾在 2000 年对高等教育国际化状况进行了分析，总结出高等教育国际化的现状与相关标准，其中在教学层面包括：高等教育国际化进程中本土学生的外语学习状况；出国留学生及访问学者的教育要求；高等教育机构对国际交流学生的素质要求；高等教育机构对国际交流当中的课程体系构建要求。在社会资助以及组织层面包括：政府以及其他渠道的资金支持；高等教育机构的交流活动、交流形式的组织；高等教育机构对国际交流人才与劳动力市场契合度的评估。这为我国高等教育的国际交流提出了新的要求，结合国际经验与我国高等教育的现状，高等教育的国际化进程至少要抓住两个重要的方向，一是教育观念的国际化，就是要将人才的培养融入世界发展的潮流当中去。当今是信息化时代，要将人才培养的理念从应用型人才培养模式转变为创新型人才培养模式，而国际交流是培养学生自主性、创新性、开放性的最有效方式之一。培养学生全面发展的综合素质，符合当前我国构建创新型社会、培育创新型人才的总体思想，是我国高等教育培养人才的重要目的。二是教师队伍、学生、课程体系的国际化。在国际交流的过程中，不仅要对现有的课程体系进行改革，吸收国外教育教学的优秀经验，更要从教师层面，培育教育教学骨干，促使高校向更加包容、开放、先进的方向发展。国际交流是双向的交流，不仅要求学生与学者“走出去”，更加要求国外的优秀学生和师资“走进来”，构建完善、科学、包容、开放的高等教育国际交流环境是我国乃至世界高等教育发展的主流趋势。

国际合作办学对全球的经济影响深远，世界各国都通过各种方式加强交流，以提高各自的国际竞争力。最基本的交流方式包括：科研合作、跨国办学、扩大留学生规模等。总的来讲，各国发展高等教育国际交流的目的在于：首先，国际合作办学是促进经济增长的一种方式。跨境教育能够给教育输出国带来可观的经济收益，从教育的属性上来看，属于准公共产品，其中带有一定的私人属性。跨境教育为受教育者提供了更优质的教育服务，按照成本分担的原则，受教育者承担相应的教育成本也是合情合理的。以此为出发点，跨国教育的经济效益不言而喻，以澳大利亚为例，教育服务行业是其第三大服务出口产品，每年为澳大利亚带来数十亿澳元的收益。其次，国际合作办学增进了各个国家之间的深入了解。从文化输出与输入的角度来讲，各国为留学生提供丰厚的奖助学金，目的在于吸引人才。通过交流的过程，将文化转换为知识、经验、理论，输出到其他的国家。比如我国在各个国家开办的孔子学院，其实就是一种文化输出的方式。在这样的交流进程当中，不仅可以吸纳其他国家的优秀文化，也可以将自身的文化进行对外推广。再次，进行国际合作交流可以提高自身的办学能力。通过国际交流，访问学者可以从国外借鉴更多的教育理念、教学方法、先进理论，对于自身教育体系的整体升级有重要的作用。我国的高等教育正在走向国际化，西湖大学就是一个典型的例子，其对标国际一流大学，借鉴了世界顶级大学的办学理念、定位准确、模式创新。这为我国高等教育国际化提供了一个很好的借鉴，未来我国高等教育的发展一定是以人才的聚集、模式的创新、科研环境的提升与目标定位的准确为方向。最后，通过国际交流与移民政策吸引优秀的人才。在国际交流的过程中，鉴于对文化的认同、环境的认同、经济环境的认可，越来越多的人才选择移民的方式发展自己的事业。当前的人才流动早已突破了国家和地区的限制，呈现多元化发展、集中化聚集的态势。将国家高等教育国际交流放到战略的层次进行对待，意义重大。

（2）国内背景

改革开放 40 年以来，我国的高等教育有了长足的发展，教育质量不断提升，高等教育的整体实力有了稳步的提高。但是纵观我国高等教育的现实状况，依然存在教育资源分配不均衡、教育资金短缺、教育质量参差不齐等现状。随着社会的发展，高等教育国际化成了未来高等教育的发展趋势，这更加要求在现有条件下，借鉴国内外合作办学的优秀经验，提高认识，完善相关的制度保障，提升对外开放的程度。为了进一步提高中外合作办学的质量，教育部于 2013 年 12 月发布了关于进一步加强中外合作办学质量保障的工作意见，从 8 个方面对中外合作办学质量保障工作进行了全面的部署。2016 年 4 月，中央办公厅国务院办公厅下发的《关于做好新时期教育对外开放工作的若干意见》强调要通过完善准入制度，改革审批制度，开展评估认证，强化退出机制，加强信息公开，建立成功经验共享机制等措施全面提升合作办学质量。2018 年 6 月，教育部办公厅下发《关于批准部分中外合作办学机构和项目终止的通知》，依法对 234 个中外合作办学机构和项目进行了终止。当前我国处于深化改革的重要阶段，寻找经济发展的突破口，发掘现有经济、文化、政治的多重优势是发展的重点。教育作为国家发展的基石，如何吸纳世界广泛的教育教学经验，吸引世界优秀人才，借鉴世界优秀的教育理念，融合世界先进的办学经验，是我国高等教育发展亟须解决的问题。在中外合作办学的问题上，如何规避违规办学，如何提升办学质量，如何加强监督评价工作，如何使办学信息公平化、透明化，是当前需要解决的现实问题。

2. 研究目的与意义

中外合作办学作为高等教育的重要补充模式，近年来发展迅速。某省作为我国的人口大省、教育大省，虽然在高等教育国际化的道路上不断探索，但是在实际的发展过程中仍然面临着诸多的问题。随着对合作办学要求的不断提升，某省高校在发展过程中不仅要从实际办学过程中吸取经验，更要从国际合作办学的现有模式当中吸纳经验，提高自身合作办学的水平。本章的研究以某省高校中外合作办学为研究对象，以某省某大学为例，分别以外部环境因素和内部管理因素为两个切入点，深入分析了某省高校合作办学存在的问题。从教学管理的方式手段、质量保障机制、师资、学生管理等各方面，借鉴国外的优秀发展经验，提出高校合作办学发展的策略。

中外合作办学对人才的培养意义重大，不仅能够提高学生的国际视野，培养全面复合型人才，更能在国际交流当中促进文化的传播，提高本国的文化竞争力。某省现在已有中外合作办学机构和办学项目 20 多个。在中外合作办学规模逐步扩大的背景下，加大人才培养模式改革，推动质量保障体系建设，成为某省中外合作办学面临的一项重要任务。通过本研究，构建出符合学校办学层次、学科专业结构与区域经济发展需要的人才培养模式和质量保障体系，为中外合作办学的整体教学和评价提供依据，提高教学的针对性和有效性，持续提升项目人才培养质量。借鉴国外先进的办学理念和教学方法，把中外合作办学人才培养模式和质量保障体系建设中探索的新思路、新手段、新措施等，推广到国内其他专业的教学实践中去，提高国内教学与国际教学的对接度。通过项目成果呈报和专业会议交流等方式，把研究成果在省内和国内兄弟院校之间进行共享，为省内和国内兄弟院校中外合作办学教学改革及培养质量改进提供参考。通过项目研究，加深项目师资团队对合作办学人才培养规律和质量控制的认识，不断进行课程教学的改革和精练，这对发挥教学在人才培养中的基础作用将起到示范和推动作用。

6.1.2 研究现状

1. 国内研究现状

（1）中外合作办学政策研究

政策研究是中外合作办学相关研究的基础，从政策出发深入了解我国合作办学的现状能够更好地发现问题，因此我国学者从不同视角及维度对我国中外合作办学政策进行了全面深入的分析。对于合作办学的政策研究，我国学者的相关研究成果丰富，通过各个角度阐述并分析了当前我国高校合作办学政策存在的问题、原因以及应对的策略。相关研究大多数都表明了同样的一个观点，即政策是保障合作办学良性发展的基础，通过对政策法规的完善，结合我国的宏观调控措施能够更好地促进我国合作办学的发展。

（2）中外合作办学模式研究

针对中外合作办学模式，我国部分学者从办学内容方面进行了研究。对于中外合作办学，学者们普遍关心的问题都在于中外合作办学的教育教学管理、国际交流合作的保障制度、课程的创新与设计、人才的交流模式等方面的内容，这也是我国当前中外合作办学需要重点考量和解决的问题。当前政府对于合作项目后期的持续管理还比较薄弱，国内大学的办学水平还无法与国际一些学校进行接轨，国外的优秀资源无法嫁接，这些急需解决的问题还有待进一步的探讨与研究。

（3）中外合作办学质量保障研究

人才培养质量是中外合作办学成败的核心评价指标。在中外合作办学质量保障研究方面，学者们一致认同的观点是要提升合作办学的质量保障，规范市场行为。随着中外合作办学的发展，对于质量保障的讨论也日益增多，但是对于实现最终质量保障之一目标的方式与方法，还应当以高校实际的发展为依据，制定符合高校现状的质量保障体系。

（4）中外合作办学评价研究

针对中外合作办学项目进行评价与评估，能够最大限度地保障学生利益，是中外合作办学当前工作的重点。

我国学者对中外合作办学评价研究，大多数都是将以人为本作为出发点，通过对学生以及教师的考察和调研，建立相应的评价指标体系与模型。中外合作办学评价，能够及时、有效地反馈中外合作办学的实际情况，所以学者普遍认为及时地完善、调整中外合作办学评估，能够在符合我国政策要求、符合中外合作办学发展前景的前提下，进一步促进我国中外合作办学的发展。

2. 国外研究现状

在高等教育跨国合作办学发展趋势层面，国与国之间的界限越来越模糊，特别是服务贸易总协定（GATS）中对于跨国教育的相关提法，积极促进了教育资源的流动。

在高等教育跨国合作办学质量保障层面，国外学者们对合作办学也进行了定性与定量相结合的研究工作，认为高等教育的评估不仅要在具体实施的层面进行监督，更要在实施之后的反馈层面加强监督，并需要制定一整套的监督保障体系，以定位、管理、教育资源、质量保障、社会责任等五个方面作为出发点。

总的来讲，国外学者的研究在目的方面与国内研究者的整体方向类似，从主要方向上来讲，外国学者的研究更偏向于定量或是定性分析，国内的研究则偏向于政策指导，这是因为我国高等教育发展与世界一流国家高等教育发展还有一定的差距，尤其是合作办学的经验上还有不足，政策、保障制度还存在不完善之处。从总体的研究来看，对于我国的合作办学的研究应当借鉴国外的发展思想，并结合中国的现实状况，提出科学可操作的政策与机制，以此为理论指导，并借鉴国外的研究方法与思路，不能以偏概全，而要保障研究的整体性。

6.1.3 本章研究内容与方法

1. 研究内容

本章以中外合作办学教学质量保障体系为研究对象，结合“全面质量管理体系”“持续改善”等理论，对目前某省中外合作办学教学质量保障体系运行的现状进行分析研究。以某省某大学为例，对其教学质量保障体系当中的教学环节质量标准建设系统、教学内容质量保障系统、师资队伍管理系统、教学质量评价系统、教学质量持续改进系统进行问卷调查和相关访谈，结合教学质量保障体系的实际情况与问卷调查的数据分析，找出教学保障体系当中所存在的问题，对其产生问题的原因进行深入的剖析解读。最后根据前文对各个子系统当中发现的问题以及产生问题原因的反馈，找出解决相应问题的方法与对策，从而完善中外合作办学教学质量保障体系。

2. 研究方法

（1）文献研究法

检索和梳理有关中外合作办学的相关研究文献，梳理中外合作办学政策、模式、质量保障的相关文献，总结相关的理论依据，归纳分析中外合作办学中出现的问题及原因，深度了解国内外中外合作办学质量的研究情况，进而明确研究方向。

（2）问卷调查法

制作相关调查问卷，对某省某大学中外合作办学项目实行问卷抽样调查，通过对某大学发放调查问卷，进行数据采集，进行数据分析。

（3）访谈研究法

根据研究的需要，研究拟定了访谈提纲，通过与学校师生的交流、电话访问、网络交流等方式，深入了解当前某大学合作办学当中的问题，总结师生关于合作办学过程当中关注的重点。

（4）案例分析法

分析某省某大学中外合作办学项目，通过学校的官方网站、档案馆、国际交流中心相关文件，搜集研究需要的内容与资料，以此为相关依据分析某大学在合作办学过程当中存在的问题，并分析问题产生的原因，进而提出后期的保障政策。

6.2 概念界定及理论基础

中外合作办学教学质量保障体系的定义可以看作由中外合作办学、教学质量、质量保障体系三个基本概念组成。对中外合作办学教学质量保障体系中的概念进行概括和界定，明确研究方向。同时以全面质量管理体系理论和持续改善理论为理论指导，对某省中外合作办学质量保障体系进行研究。

6.2.1 概念界定

1. 中外合作办学

中外合作办学是跨国办学在我国的一种表现形式，在我国，合作办学的主体有中外合作办学机构和中外合作办学项目两种。其中，中外教育机构是合作办学的承办主体，中国境内公民是合作办学的主要对象，中外合作办学虽然在方式上是通过合作的形式开展，但是从教育属性的角度来看，中外合作办学在我国仍然属于公益性事业。通过中外合作办学，双方教育机构增进相互了解，在课程、师资、教育理念方面实现资源的共享，并学习借鉴双方的优秀经验，因此，合作办学的核心就是优质教育资源的引进。

2. 教学质量

在定义教学质量之前，首先要明确教育与教学、教育质量与教学质量之间的区别和联系。教育是人类为了满足人类自身的物质需求与精神需求而进行的有意或无意的经验传承和知识教授的社会活动。教学是教师教授、学生学习以及围绕着“教”和“学”展开的一系列规划和管理活动的总和。教育质量是反映在整个教育系统当中，教育的规模、教育的结构、教育活动的运行、教育的效益等方面质量的优劣。而教学质量则集中反映在学生能力的提高，以及是否满足学生和社会的期望。相较于教育质量，教学质量的指向比较具体，也可以说教学质量是教育质量中狭义的概念，教学质量与教育质量相互依存、相互渗透。相对于教育质量，教学质量则更加注重教学目标、教学管理、教学内容、教师能力等因素对学生学习效果的影响。

3. 质量保障体系

质量保障体系是指，根据当前质量发展形势树立合理化的质量目标，并通过相应的规章制度、完整的程序、合理的方式方法、完善的机构等协调合作，促使质量目标的达成。构建质量保障体系的目的是促进质量保障主体的发展和提高，不同的质量保障主体需要根据其自身特性以及发展规律构建适合其质量发展和提高的质量保障体系。质量保障体系包括质量标准建设系统、质量内容保障系统、组织管理系统、质量监督系统和改进系统等一系列的子系统，通过完善和健全各子系统，并协调各子系统顺利运行从而达到质量保障的目的。质量保障体系的构建当中应注重管理与技术的结合、管理信息的反馈与处理、管理组织的健全等问题，以保证质量保障体系的合理有效。

6.2.2 相关理论研究

1. 全面质量管理体系理论

全面质量管理理论由全过程、全方位和全员参与三个重要核心因素构成，通常也称作“三全管理理论”。其要求以质量管理为核心，建立完备的质量保障体系，以保障工作的不断推进与完善。全面质量管理理论最早应用在军事和企业管理当中，随着教育的不断发展与深化，越来越多的教育管理者也应用全面质量管理理论为教育的管理、教学质量保障、政策的制定提供一定的依据，自 20 世纪 90 年代以来，全面质量管理理论开始广泛地应用到了教育管理工作当中。

在中外合作办学教学质量保障体系的构建当中，要以全面质量管理思想为指导，即建立对教学全过程的跟踪，学生、教师、管理者全员参与，各个子系统全面优化的教学质量保障体系。

2. 持续改善理论

持续改善理论核心理论内涵是在企业发展的过程中，要在各个阶段不断发现问题，并对问题的改进提出系统完善的建议，通过这一过程能够保持企业的竞争力，保证企业发展的可持续性。而在确定了发展目标和质量保障标准之后，体系化、科学化的持续改进系统则在企业的发展和路径选择上起到了重要的作用。在持续改进的过程中，企业的管理者依靠相应的政策确立企业的发展目标，而在改进的过程当中，无论是管理者还是员工都要作为改进的主体积极参与改进活动。中外合作办学教学质量保障体系研究解决方法与企业管理中的持续改善具有较高的相似之处，即积极主动地去发现并完善教学体系当中的各种漏洞，全面、科学地优化中外合作教学质量保障体系当中各个子系统的运行。

6.3 某大学中外合作办学教学质量保障体系现状

某大学中外合作办学项目迄今为止已有十余年的办学经验，具有多个合作办学专业和项目，双方高校经过多年教学磨合已联合开发多门教学课程，其制定了较为完善的教学计划，历届毕业生升学率与留学率之和超过 75%，教学成果被某省教育厅认可并给予了一定的政策支持，某省内学生和家长对某大学中外合作办学项目也有较高的关注度。某大学中外合作办学项目能够较为全面地反映出某省中外合作的办学水平，体现出省内中外合作办学的教学特色。

6.3.1 某省高校中外合作办学发展现状

某省在京津冀协同发展当中处于重要位置，但高等教育发展依然面临经费短缺、教育质量不均衡、优秀师资匮乏等问题。中外合作办学是提升高等教育质量的重要一环，某省在中外合作办学的建设当中虽然存在一定的问题与挑战，但也在发展当中取得了一定的成绩，并积累了合作办学的宝贵经验。比如：燕山大学与澳大利亚科廷大学合作，于 2013 年、2014 年相继举办了电气工程专业硕士研究生教育与本科教育项目，双方分别以“3+1”和“1+1+1”模式联合培养电气工程专业本科生与硕士研究生，拓宽了学生的就业道路，培养了学生良好的工作能力和创新素质；河北工业大学分别与法国、德国、新西兰三个国家开展了中外合作办学项目，培养模式包括“4+0”和“3+1”两个模式，对学生进行了多样化的培养；河北科技大学在工程类学科与国外 4 所高校联合举办了中外合作办学项目，为我国培养了大批具有国际化视野的技术类、科研类人才；河北经贸大学与美国芝加哥康考迪亚大学开展了多个专业的中外合作办学项目，丰富了中外合作办学的专业领域。

目前，某省本科及其以上层次中外合作办学项目共有 15 所学校的 27 个项目，1 个机构，在校生人数达到 5617 人，共计 39 个合作办学专业，主要包括经济学、教育学、文学、理学、工学、医学、管理学等专业。专科 8 个学校 18 个项目 1 个机构，在校生人数达到 2214 人。共计 7831 人。相较于本科及其以上层次办学项目，专科中外合作办学较少。

某大学是教育部与某省人民政府“部省合建”、某省人民政府和国家国防科技工业局共建的重点综合性大学，也是某省重点支持的国家一流大学建设一层次高校。 学校坚持开放办学，先后与世界上100多所高校建立起合作交流关系，设有教育部批准的中外合作办学机构，在俄罗斯、马来西亚等国家设有汉语教学中心，承办了巴西里约热内卢天主教大会孔子学院、美国路易斯安那泽维尔大学孔子学院、毛里塔尼亚努瓦克肖特大学孔子学院，为90多个国家、地区培养博士、硕士、学士及短期留学生3000余名，是“教育部留学出国人员培训与研究中心”试点高校、某省首家具有接收中国政府奖学金生资格的高校。

其中某大学中外合作办学教学质量保障体系的构建是以普通本科教学质量保障体系为基础，主要包括：教学环节质量标准建设，教学管理制度建设，教学评价机制建设，教学质量持续改进机制建设，教学档案管理与建设等几个部分。从目前某省中外合作办学教学质量的发展速度与学生对其质量发展要求来看，其教学质量保障体系应进一步优化改进，以满足学生和社会对中外合作办学教学质量日益增长的需求，紧跟时代发展的步伐，构建优质的中外合作办学项目。

6.3.2 某大学中外合作办学质量保障体系调查与分析

1. 调查设计与实施

调查与了解中外合作办学教学质量保证的现状与问题首先要从基本的文献参考资料入手。通过教育部涉外网站、高校的中外合作办学网站、学校档案馆实地搜集相关的资料，作为研究的基础。其中包括：招生简章、培养方案、教育评估文件、奖助措施、教师交流项目等内容。同时要了解合作项目开展的主要学科、学校类型、课程时间、课程内容等具体问题。通过文献调查法可以获得最基本的研究资料与数据，但是对于本研究而言，还要通过调查了解教师与学生对合作办学项目关注的重点和满意度。问卷调查和访谈法能够很好地了解师生对合作办学项目的满意程度，因此本研究将采用问卷与访谈的方式获得相应的数据。

在开展问卷调查和访谈之前，形成基本的问卷调查方案，并形成访谈内容的提纲。通过网络的形式向人力资源专业的合作办学学院的学生进行基本问卷问答，根据其反映的重点问题，对问卷进行修正以保证问卷的科学性。在问卷调查方面，拟向某大学中外合作办学项目学生发放问卷进行调查，通过问卷了解学生对某大学中外合作办学项目的满意程度，以此为依据了解某大学中外合作办学教学质量保障的现状。在访谈的部分，拟对某大学中外合作办学主管部门负责人、参与学生、任课教师进行访谈，了解项目的现实状况和存在的问题。

问卷设计上分为三大部分，第一部分是参与问卷者的基本情况，包括性别、年龄、就读专业与参与项目等。第二部分通过多选题的方式对某大学合作项目以及相关教学保障措施进行评价。第三部分为某大学项目内部教学质量保障的现实状况。该部分主要从教学环节质量标准建设、教学内容保障制度、教学师资队伍建设、教学质量评价机制、教学质量持续改进机制等五个维度进行调查。

在题目设计上，通过不同的维度，对题目进行分类，调查设计 33 个题目，以选择题的形式进行呈现，采用五级认同度的方法进行统计，设置 1 ～ 5 共五个品级，分别对应 1 分到 5 分。最后一题设置为开放题。

2. 问卷的信度与效度

问卷的效度采用结构效度分析，信度采用度量中的可靠性分析。通过计算，问卷内部一致性效度为 0.917>0.7，表示所选取的变量之间相关性较强，可以进行中外合作办学教学质量保障体系的因子分析。整合的五个主要因子即教学环节质量标准建设、教学内容保障制度、教学师资队伍建设、教学质量评价机制、教学质量持续改进机制的累计方差贡献为 74.798%，因此问卷效度较高。通过软件的分析和计算，本问卷信度值达到了 0.906 符合要求，因此使用教学环节质量标准建设、教学内容保障制度、教学师资队伍建设、教学质量评价机制、教学质量持续改进机制这五个因子来替换原始指标，对某省某大学中外合作办学教学质量保障体系进行评价，这样更有意义和价值。

3. 样本的选择与构成

在充分考虑某省中外合作办学发展现状的同时，也考虑到中外合作项目的办学时间、办学模式、参与人数、院校属性、专业特点等因素，选择某大学中外合作办学项目的部分学生作为本次问卷调查的对象。选择某大学的合作办学项目是因为它开设的时间较长、学生数较多，并且已经有学生毕业。所选择的办学项目包含3+1和4+0两种学生自选模式，符合样本选择的多样性和代表性。

4. 访谈的设计与实施

在访谈之前，对相关文献以及资料进行归纳梳理，结合所学知识和以往调查研究经验拟定了中外合作办学教学质量访谈提纲。提纲共有教学目标以及教学管理、课程设置、师资队伍、教学评价、教学持续改进和其他六个大部分，每个部分都相应设置了2～3个问题。访谈的过程在校园内进行，访谈对象包括中外合作项目教学的管理人员、教师、学生共14人。访谈的形式包括电话访谈、网络访谈和面对面正式访谈。在访谈过程中对访谈对象的观点和看法进行了详细的记录，对于相关的问题也进行了比较深入的探讨。

在访谈的基础上，对项目负责人、任课教师、参与项目学生的回答进行总结，获得了教学目标的建设、教学管理、课程设置等相关问题的建议。

6.3.3 调查结果分析

根据问卷调查结果显示：有90.48%的学生选择了教学内容质量保障机制；86.48%的学生选择了教学质量评价机制；80.95%选择了师资队伍管理制度建设；76.19%选择了教学环节质量标准建设；71.43%选择了教学质量持续改进机制；57.14%选择了教学环境建设；47.62%选择了教学档案管理与建设。可见，在学生心目中各要素的重要程度由高到低依次为教学内容质量保障机制、教学质量评价机制、师资队伍管理制度建设、教学环节质量标准建设、教学质量持续改进机制、教学环境建设、教学档案管理与建设。对于教学质量保障体系构建当中各个指标的重要性排序，虽然不能仅仅从学生的角度进行分析，但是作为中外合作办学项目的主体，学生的建议也应当作为一项重要的参考。

1. 教学环节质量标准现状

目前某省各种中外办学项目结合相关专业与国外合作办学学校都建立起了各自的教学质量标准。总体来说各项目都以培养适应国际经济社会对外开放要求，全面发展、具有国际视野的复合型人才为目标。

教学管理制度的建设与发展对保障中外合作办学教学质量，规范中外合作办学行为，提高中外合作办学内涵发展起着至关重要的作用，所以某省各中外合作办学项目和机构都比较重视。某省中外合作办学在常规管理方面，以学校教学管理制度为基础，结合专业特色加以修改和添加，形成了当前中外合作办学教学管理体系。以某省某大学为例，合作办学的中外双方通过沟通与协商共同参与并成立合作办学管理委员会，对中外合作办学当中的项目工作进行全面的统筹管理。某大学中外合作办学联合管理委员会的主要工作，就是对该专业的教学课程进行制定和修改保障教学计划的实施。该项目构建教学质量标准大致概括为5点：（1）课程体系与国际接轨。引进一批“特许人事与发展协会”（CIPD）认可的人力资源管理课程和原版英文教材，国际教育的理念和特色贯穿整个本科教育阶段；（2）整合双方优质教育资源。整合了NCI与某大学两校人力资源管理专业的优质教学资源，引进和共同开发了21门课程；（3）教学方法形式多样。灵活采用案例教学、任务教学、小组讨论等多种教学手段和方式，对学校的教学改革起到了推动作用；（4）国内外两个实习基地平台。借助原有校外实习基地的建设基础和爱尔兰国家学院的学科声誉，使学生有更多机会进入国内外企业的人力资源管理部门实践；（5）合作项目延伸性强。赴爱尔兰留学的学生在完成本科阶段学习后，有机会继续攻读硕士，为学生继续深造和职业发展提供了良好途径。

但是从本次调查的反馈情况来看，学生对目前教学环节质量标准执行的满意状况不是很理想，仅有27%的学生认为实际的教学情况与教学标准中所描述的相符合，47%的学生认为实际教学与教学目标基本相符但并未体现出中外合作办学的特色。

2. 教学内容质量保障现状

某大学中外合作办学项目十分重视国外优质教育资源的引进，在专业课程以及专业教材方面某大学已经满足了《教育部关于当前中外合作办学若干问题的意见》文件中指出的“引进的专业核心课程应当占该项目核心课程的三分之一及以上”。例如人力资源管理专业引进的国外优质课程达17门之多，在教材方面某大学也采用与之匹配的国内最新版的书刊。在调查过程中也可以发现某大学学生对其教材及课程有较高的满意度。

在国际学术交流与合作方面，某大学中外合作办学项目也进行了积极的参与并取得了显著的成效。学校每年都会定期举办合作交流项目，中外师生互派，某些也会开展项目合作。学校积极探索、敢于实践，不断拓宽中外合作办学的国际交流与合作的深度与广度，坚持不懈地提高中外合作办学项目的教学水平与国际影响力。并且某大学在学生假期也会开展英语夏令营活动，到国外大学进行访问与学术交流。通过中外双方互访，拓展学生国际视野、促进深入合作、推进文化交流。

同时某大学中外合作办学也积极构建国际化平台，促进国际学术交流与学科建设，先后举办了“数字艺术国际研讨会”“传媒创意学科国际研讨会”“创新创业国际论坛”等国际学术会议。先后邀请各国学术专家、教授、硕博士生导师百余名前来指导和讲学。某大学与各国大使馆也建立了紧密的联系，保证了优秀文化的引入，如与国外共同举办“智慧课堂”“莎士比亚艺术节”，参与国外大使馆所举办的“英国创意作品展”“灵动青春”等项目。

在教学课程设置方面，某大学中外合作办学在引进国外优质专业课程资源的同时，结合本院优势课程，共同协商构建人才培养方案。建立国际化人才培养目标，大力开展内涵建设，精心构建产学研一体化教学平台，创建专业实习实践基地，开发专业相关的项目合作，融合课堂理论教学、专业实践教学、科研创新教学、社会服务和市场为一体，力求培养创新型人才。尽管某大学中外合作办学在教学内容上学生有着较高的满意度，但是从课程结构安排上来看学生满意度不高。在问卷调查中不难发现，学生对所在项目的课程结构的满意度不高，在关于课程结构的四个评价项目（学科基础性课程、通识教育课程、专业拓展课程、外方课程比重）中，平均满意度均在 3 以下。满意程度由高到低依次为通识教育课程、外方课程比重、基础性课程、专业拓展课程。这在一定程度上反映出某大学的中外合作办学项目缺乏自身特色，整体的课程结构设置单一，在素质拓展与基础课程设置比例上有所失衡。低年级学生对项目的满意度较低，但是随着学习时间的加长，课程的丰富度与专业性有所提高，此时高年级学生的满意度呈现出升高的态势。

某大学中外合作办学比较重视硬件建设，努力完善教学设施。学院先后建设了教学器材室、摄影工作室、非线性编辑实验室、录音实验室、语言学习中心等实验室，同时也先后建立了环境艺术设计工作室、视觉传达设计工作室、动画工作室等一些具有特色的专业工作室。调研中了解到，随着教学目标、教学水平的提高，某大学目前已启动新教学楼建设计划，在近期将完工并投入使用。

3. 师资队伍管理现状

师资队伍的优化建设是中外合作办学质量保障体系当中的重要环节，教学质量的优劣与师资队伍的建设水平有着直接的联系。中外合作办学师资队伍要想得到学生的认可也离不开外籍教师的数量和质量。某大学中外合作办学项目的师资队伍构建计划当中也包含着对中外教师的职称结构与数量比例方面的规定，同时也制定了相关教师的管理和培养计划。如在核心课程教学中，中外教师数量会满足国家相关政策所规定的比例并在此基础上有所提高，某大学中外合作办学每年都会派遣一定数量的教师赴国外进行学术交流与学业进修，国外教师来国内之前会有统一的教学培训，经过双方高校协商之后，由外放高校安排外籍教师来华授课，授课期间由中方高校统一管理等。但外籍教师在校教课时间比较短、中文水平较差，导致学生与教师之间的交流会出现一定的障碍。从整体来看学生对师资队伍建设的满意度并不是很高，从对学生的访谈当中可以了解到，教学科研当中的语言沟通的障碍和部分教师的教学方式方法不合理是导致学生满意度低的主要原因。

4. 教学质量评价机制现状

中外合作办学教学质量评价的积极推进与展开，对其办学过程的优化以及教学质量的提高具有非常重要的意义。通过教学质量的评价不仅可以促进教学方法、教学内容的与时俱进，也能提高教师教学的积极性与活跃性。目前某省在中外合作教学质量评价方面虽然取得了一些成绩，但总体来说重视程度还不够，大多数中外合作办学项目依旧沿袭本科教学质量评价机制和手段。

5. 教学质量持续改进机制现状

中外合作办学教学质量持续改进系统运行主要体现在教评结束之后，评估中心将评估结果反馈到各教学单位。教学质量持续改进的目的主要体现在提高教学管理的有效性和效率，从而达到提高教育质量和教学满意度的目标。

中外合作办学要根据教育的国内和国际背景调整教学目标及教学方针，建立持续的教学质量改进机制，并鼓励教师及学生积极参与到教学质量持续改进的活动当中。

目前某省中外合作办学对持续改进的认识还不够深入，没有把持续改进机制合理、及时地运用到教学管理当中。当教学过程中出现问题时，教学管理人员没有及时对问题进行分析处理，问题反馈也比较滞后，相关问题得不到及时有效的解决，导致整个教育质量管理体系缓慢甚至孤立地运行。某大学中外合作办学根据教学评价结果推进教学质量持续改进机制运行，通过评价数据分析以及学生问题反馈在教学内容、教学水平、教学态度、教学效果、外教授课模式等方面，进行问题的整理与分析，对评教成绩较低和学生反映问题突出的重点教师进行持续跟踪听课，并建议各相关教学单位将学生意见建议及时反馈给任课教师，尤其针对问题比较突出的教师，要对其存在的问题进行调查落实和帮扶整改，制定改进对策，加大对这部分教师的听课力度，督促教师端正教学态度，提升教学水平。

6.4 某大学中外合作办学教学质量保障体系存在问题及原因分析

某省中外合作办学起步较晚，在构建教学质量保障体系发展过程中难免会出现一些问题。结合上文对某大学中外合作办学教学质量保障体系发展现状的调查，本节对其教学质量保障体系当中的教学环节质量标准建设系统、教学内容质量保障系统、师资队伍建设系统、教学质量评价系统和教学质量持续改进系统等五个子系统当中所出现的具体问题及产生问题的原因进行整合和分析，以便于给出相应的改善意见和建议。

6.4.1 某大学中外合作办学教学质量保障体系的主要问题

1. 教学环节定位不明确与组织结构效率低下

（1）办学定位不够明确具体

中外合作办学教学质量标准建设在其发展过程中起着突出的作用，它是中外合作办学项目人才培养目标的一种体现形式。在具体的教学质量标准建设当中要体现出具体的教育发展的目标、人才培养的方向、教学管理的特点、教材建设的方向等，它是中外合作办学教学的顶层设计。但在此次研究调查中发现，某大学中外合作办学的定位不够明确具体，从问卷调查中可以发现59%的学生认为目前就读的中外合作办学项目当中人才培养的特色不够鲜明，不能很好地突出国际化人才培养特色。

（2）教学管理组织结构不合理

某大学合作办学自开展以来，已经同多个国家建立了联系，并开展了卓有成效的合作办学项目，合作院校主要分布于西欧地区。通过对比发现，西欧地区的高校大多实行分权的教育模式与管理模式，其属于一种扁平化的管理方法，能够有效地提高效率，减少教学与管理过程中的行政层级。而某大学乃至某省高校，都采用金字塔式的教学管理模式，其特点是等级鲜明，层级之间分级明确。虽然金字塔式的管理模式能够更好地使政策得以贯彻实施，目标的完成具有明确性与连续性，但是从纵向的权力分布来看，教学与管理的权利往往掌握在学校领导或是少数的管理层手中，中外合作办学项目所在学院的权利相对较小，真正从事一线教学与管理的工作人员难以有效地发挥其主观能动性，难以创新教学与管理。从横向的教学管理组织人员所占比例来看，行政人员的数量在教学管理人员当中所占比例过高，导致教学管理过程中本应以学生和教师为主体的科研和学习活动难以得到最有效的质量保证。

（3）教学管理方式缺乏创新

某省高校对于合作办学的投入有很高的积极性，也将办学项目的教学管理作为重点建设的方面。但是通过对比可以发现，合作办学的教学管理模式与某省本科教育的教学管理模式差别不大，依旧是沿用了传统的教学模式和方法。在教学管理制度方面，与国外的教学管理制度，尤其是一些发达国家的教管制度差距较大，比如美国在教学管理方面重视学生的能力培养与创新性的培养，对学生素质与道德的要求也很高，在美国的教学管理当中，评价学生成绩的方法并非简单的课程完成程度，在学生的日常管理当中，美国的管理方式更加开放与包容。通过对某大学中外合作办学教学管理制度进行调查发现，有接近70%的学生对当前某大学的教育管理模式并不认可。中外合作办学教学管理是对高校创新性、先进性和教育质量等综合实力的考量，如果按照原有的发展思路，照搬本科生教学管理模式，很难达到应有的目标与预期。

2. 课程比例失衡

首先，某大学中外合作办学当中的专业拓展类课程（与学生未来职业相关的发展课程和兴趣拓展课程）相对于其他课程种类和数量上的设立较少。从课程构建的整体来看，历年专业拓展类课程种类和总课时数只占到总课程和总课时数的 10% 以下，无法保证中外合作办学学生在课程方面的多样化选择，也无法保障学生通过对课程选择来培养自身的兴趣爱好、规划自己的职业生涯。而且中外合作办学也没有借助自身优势来引进高质量的外方专业拓展类课程，学生也无法通过学习国外选学科的方式来了解和感受外方学校在专业拓展课程方面的发展程度与教学方式。虽然某大学中外合作办学对专业拓展类课程有相应的学分要求，但是由于此类课程的种类少、教学质量不高，导致学生对此类课程的学习兴趣不高，只是为了修够相应的学分，无法真正学到该领域的知识。

其次，某大学中外合作办学当中的某些专业实践课程相对于理论课程的比率过低，很多的理论知识尤其是国外的理论知识无法通过实际的实践操作来加深理解和熟练掌握。导致某些知识的理解不透彻、不深入，无法熟练地运用到相关方面，更难以对该方面的理论知识进行更深层次的研究、发展和创新。某省有些中外合作办学项目尽管依照相应的政策建立了产学研培训基地，但由于相关合作企业的重视程度不够，学校的管理不到位，因此产学研培训基地的导师也出现了应付上岗、消极怠工的现象，致使中外合作办学项目中的学生在低质量的产学研培训基地中学习效果不佳，创新能力和科研水平也得不到有效的培养。

3. 师资教学能力与管理水平较低

（1）外籍教师和语言类教师教学水平较低

从某大学中外合作办学师资队伍整体上来看，中方教师的教学水平要明显高于外方教师的教学水平，无论是职称结构还是年龄结构都比较符合学生的要求。相较于中方教师，外方教师的整体学生满意度情况则不太理想。虽然从整体上看外方教师的数量已经满足了我国教育部规定的“三分之一”，但是其教学水平、教学质量并没有达到学生的期望值。从调查问卷中可以了解到，学生对国外教师的教学水平的满意程度不高，将近60%的学生表示其教学水平未达到自己的期望值。外籍教师的汉语水平较低，尤其是低年级的同学表示，外籍教师不能很好地将一些专业核心概念解释清楚，同时学生与外籍教师某些学术观点的交流不能顺利进行。另外，外籍教师来某大学教课之前虽然会有一年到两年的预备期进行培养，但是在国内授课的时间仅仅只有一个月，这极大地限制了学生与外籍教师直接的学术观点与学习方法交流。

外语的教学对学生学习质量的保障十分重要，它决定着学生能否更好地理解和掌握国外引进的核心课程和优质资源。但在访谈中有学生表示，某大学的外语授课水平达不到其要求，一些想出国留学的学生还需要报名校外机构所设立的托福班和雅思班，这也反映出学校没有对语言的教学给予足够的重视。

（2）中外教师的培养力度不够

首先，从某省中外合作办学整体情况来看，各中外合作办学项目已经开始逐渐意识到外籍教师培养的重要性，但是由于资金和教师队伍规模的限制，导致中外教师培养的力度不够。通过调查可以发现，某大学中外合作办学项目自该项目开办以来每年都会派遣1～2名教师进行出国考察与培养交流，外方也会派遣数名管理人员来中方指导，但是从合作办学的规模来看，仅仅依靠少数教师的培训和交流无法从真正意义上起到提高教学质量的目的。其次，外方派遣的教师在我国的培训时间较短，无法深入地了解我国学生的学习进度、学习习惯，对中西方文化差异解读不够，无法将其教学经验、教学方法很好地融入中方教学当中，致使出现学生们所反映的“国外教师讲课方式比较死板”“部分课程内容过于基础，没有对相应知识进行延伸”等问题。

（3）师资队伍管理不规范

目前，大多数某省中外合作办学项目对师资队伍的管理会涉及多个部门，以某大学中外合作办学为例，对师资队伍的管理既涉及外方学校管理部门对国外教师的派遣，某大学国际交流合作处对外籍教师的聘用与考核，又涉及该项目所在学院对外籍教师的课程安排。这样多部门管理的方式往往会导致某些工作安排的冲突，不利于师资队伍管理系统的高效顺利运行。没有制定统一、详细的管理规章制度，教师的行为得不到有效的规范，师资队伍的凝聚力不强，不利于教师积极主动地去创新教学方式，改进教学方法。

4. 合作办学教学质量评价效率低下

在教学质量评价中，人们往往注重于对教育质量评价结果的关注，而忽略了教学评价机制的建设。加强中外合作办学教学质量评价机制建设不仅仅会提高教学评价的有效性，也会促使教学问题的改进更具有针对性。

（1）教学质量评价频率较低

根据调查结果显示，某大学中外合作办学项目学生对教学评价结果的满意程度较低，有 74% 的学生认为教学评价的效果不是很理想，认为教学评价比较形式化，难以真正地发现教学中的不足之处。特别是中外合作办学当中外籍教师及其教授课程当中的问题。因为某大学中外合作项目中的外籍专业教师，在国内的教育周期短、授课时间集中、教学质量评价频率低的后果会导致学生所反映的情况得不到及时的解决，从而导致本学期的教学效果不佳。在调查当中也可发现，学生认为教学现场纸质评教效果和专业会议上的评教效果要好于学期末的网络评教。所以仅注重学期末的教学评教，而不增加平时教学过程当中的评教，将会减弱教学质量评价的效果。

（2）学生、教师参加教学质量评价的积极性不高

教学质量评价是中外合作办学项目提升教学水平、提高教学管理效率的有效途径。但从目前来看，某大学中外合作办学项目当中，学生和教师参加教学质量评价的积极性不高，对教学评价的认识不足。调查显示，有 23% 的学生认为教学评价比较形式化，对教育质量提升的作用不大。从学校网上发布的《教学评估审核简报》也可以看出教师对教师自我评价工作的敷衍，仅有不到 20% 的教师进行自我评价。

5. 教学质量持续改进中缺乏主动性与反馈机制

（1）对持续改善系统的重视程度不够

完善的持续改进系统对中外合作办学教学质量不断提升起着重要的作用，但某省中外合作办学项目对持续改进的认识不到位，也没有建立科学、合理的持续改进制度。要保证持续改善的顺利运行，必须提高全员对持续改进的认识，让中外合作办学利益相关的每个人都融入、参与到中外合作办学持续改进的过程当中。在访谈和调查过程当中，学生对于持续改进系统没有合理

的、完整的认识；一些教师和管理者对持续改进系统也没有给予足够的关注，从这方面也可以反映出某省中外合作办学还没有构建出保障持续改进能够顺利进行的文化环境。

（2）教学质量持续改进的主动性不够

中外合作办学项目教学管理部门在持续改进过程中，教学质量持续改进系统的运行机制不够完善。即使发现了教育质量当中的某些问题，多数情况下对于问题的处理也只是停留在问题的表层面，仅仅局限于反馈教学评价当中所出现的问题，而没有对产生问题的原因及问题的本质进行辨析。没有建立完整的主动寻找教学质量当中所存在问题的机制，所以导致教学质量持续改进的机制不能积极主动地运行。在教学质量问题出现时，有时会以避重就轻的方式来解决问题，不能全面进行分析与改进导致中外合作办学当中的某些问题会重复出现。

6.4.2 某大学中外合作办学教学质量保障体系产生问题的主要原因

1. 教学管理组织不够完善

中外合作办学的人员构成比较复杂导致了教学管理体系的相对繁杂，很多中外合作办学项目的教学系统是中外双方由多个部门共同管理的。因为中西方教学观念的不同、思想文化存在差异，所以不同的教学管理人员对教学过程中出现的问题有不同的判断和解决对策，如果没有科学合理的制度规范，不能明确管理人员各自的管理职能，就无法进行正常有序的教学管理。在调查访谈中了解到，某省中外合作办学项目中管理人员大多数身兼数职，而且教学管理组织的规模较小，在日常的教学管理当中不能及时有效地处理一些问题。并且管理人员的水平参差不齐，不能很好地保障教学管理标准的顺利执行。

2. 优质课程资源引进不足

从中外合作办学教学课程内容方面来说，课程内容的优质性和先进性会随着科学的发展，与专业内容的丰富以及其他领域的相互交叉密切相关。由于中外合作办学当中学生个性化、差异化的发展需求，对教学课程的内容的延伸性提出了巨大的挑战。在问卷调查与相关访谈中也能看出：某省某大学中外合作办学在本专业与世界先进专业领域的交叉程度和延伸性程度不够。55%左右的学生认为，在该方面，中外合作办学的课程应该拓展和开发课程内容的实用性和实效性，而实际当中的中外合作办学项目并未能做到。从某省省内中外合作办学课程内容建设方面来看，在课程建设中缺少对某省发展趋势的关注。例如，以某省发展导向来看，某省将致力于京津冀协同发展，通过分析国内外发展前景与基础提出在大数据与物联网、信息技术制造业、生物医药、健康、新能源与智能电网装备等10个领域进行提高和发展。但目前某省中外合作办学课程的设置与延伸并没有积极主动地靠近这些相关领域，课程设置与本土产业发展联动性不足。

3. 师资队伍整体水平有待提高

从某省中外合作办学整体来看，办学项目对人才引进方面的机制建设还不够完善。尤其是在对外籍教师的引进上，国内院校的考核机制比较简单草率，往往是外方院校派遣的教师国内院校照单全收，导致外籍教师的数量有所增长，但教学效果并没有显著的提升。在教师培养方面投入的精力和资金不到位，一方面国内教师能有机会进入国外高校进行学习和交流的机会不多，无法真正掌握国外优秀教学技术和教学技巧；另一方面外籍教师在国内的培训时间较短，外籍教师还没有详细了解教学制度、了解学生的学习情况，就开始仓促地进入到正式教学当中。对于师资队伍整体的构建没有进行详细的规划，导致中外合作办学当中，教师的流动性较高，师资队伍的凝聚力不强。中外双方教师接触交流的时间较短，在联合教学工作和科研工作的开展中无法进行默契的配合。

4. 教学质量评价机制不健全

目前某省中外合作办学项目教学质量评价大多数只针对教师和教学课程进行评价，对学生学习效果的关注度不够。提高中外合作教学质量的最终目的是保障学生的学习质量，而目前教学质量评价在评价对象选择当中恰恰忽视了对学生的评价。作为中外合作教学质量保障的主体，教学评价指标的建立对学生的学习效果、学习状态等方面几乎没有涉猎，仅仅是让学生参与到评价过程当中，严重影响了教学指标构建的完整性。在学生评教的过程当中没有注重对学生个人信息的保护，导致学生因为害怕得罪教师而不能作出客观真实的评教，所反馈的评教数据和结果也就失去了意义。

教学评价指标的构建缺乏合理性，某省有些中外合作办学项目并没有根据项目本身的教学特点进行全面、科学的分析论证，而是凭借个人经验和对项目专业教学的常规理解进行教学指标的设定与构建，甚至有些中外合作办学项目直接沿用普通本科的教学评价指标进行评价。在对不同教学学科、不同教学类型的教学课程评价中采用相同的评价标准，缺乏对具体学科、课程以及教材的深入了解，致使教育评价无法对教学问题进行深度剖析和解读。这种教学评价与之评价初衷相差甚远，导致学生评价的积极性不高，教师自我评价敷衍，从而无法达到改进教学质量的目的。

中外合作办学教学评价的频率低，教学评价一般只会安排在专业的班级会议和每个学期的网络评教中，偶尔会在教学课程之后安排现场纸质评教。这样的教育评价无法将整个教育过程全面系统地纳入评价系统当中，而是将整个教学过程碎片化，所收集的反馈信息与反馈数据也无法真正地将教学过程中影响教学质量的各种因素反映出来。这样的教学评价结果不具有完整性和时效性，其反馈结果的片面性与模糊性，不仅不利于教师对相关问题的改进，甚至会误导教师对于教学方式方法的判断与改进，使教育评价系统失去应有的作用。

5. 尚未建立可独立运行的持续改进系统

中外合作办学持续改进环节，是保障教学质量、提高教学水平的重要环节。但某省大多数中外合作办学项目没有设立相应的管理部门，更没有相应的管理制度和文件，导致持续改进系统只能依附于教学与质量评价系统，无法独立地运行。持续改进系统的建立以及运行应该得到更多的重视，而不是将持续改进流于形式化。持续改进系统的运行应该存在于教学质量保障的整个过程以及各个层面，去主动地发现问题，对问题的出现应该有预见性，从而能够更及时、更全面地解决教育过程中的一些问题，对相关问题的出现做出预警。

6.5 某省中外合作办学教学质量保障体系改进建议

某省中外合作办学对改善本省教育资源短缺，提高本省教学水平具有重要意义，是促使本省高等教育国际化，缩小本省教育水平与国际先进教育水平差距的重要窗口。通过上文对目前某省中外合作办学教学质量保障体系当中出现的相关问题的分析，给出相应的对策以及改善措施，通过完善使各子系统能够完整顺利地运行，避免质量保障系统中出现“短板效应”，为某省中外合作办学教学质量改善和提高提供参考意见。

6.5.1 构建国际化教学质量标准与管理模式

1. 构建国际化教学质量标准

中外合作教学质量标准的建设既要立足于办学双方的学科优势，又要体现出联合人才培养的国际化特色。在中外合作办学过程当中，合作双方要加强沟通交流，分析办学专业的国际化发展趋势，以世界优秀大学为标准及时地调整中外合作办学项目的教学目标，提高教学质量标准。明确中外合作办学的定位，根据中外合作办学项目的特点和国家相关政策（如《合作办学的质量方针和目标》《合作办学的资源和管理规定》等）对中外合作办学的人才培养目标进行全方位、多角度的设定。充分挖掘中外合作办学的优势，对中外双方高校的优势力量进行归纳整合，使中外合作办学自身的特色更加明显突出。

2. 优化教学管理模式

中外合作办学项目中的教学管理人员以及中外任课教师，必须对其工作的性质和相应的教学管理制度有着深入透彻的理解。在日常的教学管理当中，中外双方要打破地域和国家的限制，积极地沟通交流，对日常教学管理中所出现的问题及时反馈并采取措施。整合中外双方教学管理人才，根据不同管理人员的特长以及能力将他们安排到与之相匹配的岗位当中，促进其才能的发挥，达到管理人员的优化配置。同时中外双方也要根据双方的优势对教学管理办法进行多角度、多层面的分析和制定，以保证教学管理能够稳定、高效地进行。建立规范的教学管理制度，对任课教师及管理人员的责任和义务作出明确的规定，同时也要建立相应的奖惩机制激发教师及管理人员的工作热情，满足教职工的物质和心理需求。

3. 更新教学管理方式

中外合作办学有着其独特的发展角度，与国内普通本科的教学管理相比较，中外合作办学教学质量管理要考虑更多的影响因素，而不能完全地照搬照抄普通本科教学管理方式。科学先进的中外合作办学教学管理不是一成不变的，它与学科的发展以及中外合作水平的提高息息相关，因此必须保持对于世界优秀教学管理水平的敏锐嗅觉，建立先进高效的教学管理制度，并时时更新跟进时代发展的步伐。在教学管理当中加入互联网+教育的理念，利用当代先进的网络技术提高教学管理的效率、保持教学管理的科学性，同时提高教职员工的信息文化素养，以适应新的教学管理模式。

6.5.2 调整合作办学课程结构以促进教学课程融合

1. 调整合作办学课程结构

某省中外合作办学已有很长一段时间的发展历史，在教学课程设置方面也有着丰富的经验。但从目前的实际发展情况以及学生的满意程度来看，中外合作办学的课程设置仍然需要改进和完善。虽然某省中外合作办学所开设的中外课程已满足教育部所要求的引进核心专业课程达到三分之一，但仅仅满足于此是不够的，随着时代的发展和学科专业的发展，学生的期望值也在不断地提高，对于当前国外专业优质课程的引进已无法满足学生的学习需求，还需要加强对国外专业拓展类和实践类优质课程的引进，来补足我国在专业拓展类课程方面的不足和实践课程质量的欠缺。同时鼓励中外双方联合研究开发、创新专业相关课程，将其他学科的先进理念、优质内容进行整合优化并融入本专业中外合作办学课程内容发展当中。

在课程结构设置方面，要突出中外合作办学教学的特点，在借鉴和融合国外课程结构设置经验的同时根据学生的需求增加专业拓展课程的比例，以满足学生个性化、多样化的发展。根据中外合作办学专业的特点，开发相应的国际合作交流项目，引导学生将课堂理论知识实际应用到具体的实践当中，提高学生的学习效果。加强中外合作办学课程当中的语言类课程教学质量，保障学生对外语的掌握水平，以提高教师教授和学生学习的效果，保证有出国留学意愿的学生能够顺利地通过考核，圆满完成学业。

2. 增强课程设置的合理性

优质教学课程的引进其最终目的是服务于学生，使学生适应当前社会的发展，满足国际化人才的要求标准。所以在加大优质教学课程比例的同时也要加强国外课程与国内课程的融合，根据学生学习的实际情况来逐步提升国外课程的深度与难度。做好国内优势课程、中外联合开发课程、国外优质课程的平稳衔接，提高学生的学习效率和学习效果。在引进国外课程的同时，既要根据某省当前发展情况进行适应性的调整，又要对本校课程进行更深层次的开发与拓展，使其符合专业的国际化发展目标。

6.5.3 加大人才引进力度并完善教师管理体制

1. 加大对国际化优秀人才的引进和考察力度

国际化的师资队伍是中外合作办学教学质量的重要保障，通过加大海内外优质人才的引进能够更好地提高中外合作办学教学质量，优化教学保障体系。中外合作办学需要建立完善的人才引进制度来保障师资队伍的质量，仅仅依靠本校相关专业教师和外方推荐教师所组建的师资队伍已无法满足教学质量提升的需求。随着中外合作办学的优化发展，外籍教师队伍良莠不齐的弊端已经逐渐显现出来，传统的“外教热”的观念已经被淡化，只是单纯从提高外籍教师的数量的角度出发，而不能全面地考虑外籍教师自身的文化底蕴与教学水平，显然中外合作办学的教学质量将难以得到保障。所以中外合作办学必须改进当前的人才引进制度，规范外籍教师的引进，严格考察外籍教师的教学水平，保障学生能够接受更好的国际化教育。

2. 构建科学完备的教师培养机制

教师作为学生的领路人，教师教学水平的高低以及视野的开拓程度直接影响着中外合作办学的教学效果，所以要构建相应的教师培训机制以促进教师教学水平的提高。首先，要加大培训资金的投入，让更多的教师以及管理人员有机会获得国外交流培养的资格，同时延长培训时间以便于教师和教学管理人员能够更好地掌握国外的教学管理技术，并融入中外合作办学当中。其次，要加强外籍教师的本土化培训，增加外籍教师在我国教课的时间，让学生有更多的机会、更长的时间与外籍教师进行现场交流与学术探讨。最后，要经常开展教学交流会议，促进中外教师之间的交流，鼓励双方教师就教学方法、讲课模式、授课技巧等方面进行深入的探讨，中外双方教师取长补短，促进教学质量的提高。

3. 规范师资队伍管理

目前中外合作办学当中对师资队伍的管理普遍存在着“令出多门”的现象，致使师资队伍管理的效率低、效果差，师资队伍的凝聚力不强。要改变这一现状必须规范中外合作办学师资队伍的管理，通过中外合作办学双方沟通建立独立的师资队伍管理部门，对中外教师进行统一管理和规划，并实时掌握师资队伍的动态。针对具体的学科专业构建骨干教师团队，培养学科带头人，提高优秀中外教师福利待遇，建成一支有活力、有凝聚力、有创新理念的中外合作教学队伍。

6.5.4 提高中外合作办学教学质量评价的标准

1. 完善中外合作办学教学评价指标

中外合作办学，需要根据合作办学专业的不同、中外合作双方高校的差异，构建出与之相适应、相匹配的教学评价体系。首先要组建一个由中外教师、中外教学管理人员、专家以及学生代表组成的教学评价小组，对中外合作教学当中的影响因素进行系统和科学的评估与分析，结合当前专业的特点以及中外合作办学的水平构建可测量化的教学指标评价体系。同时，在教学评价指标的构建过程当中，要秉承教学过程与教学结果并重的思想，加入对学生学习过程和效果的评价指标，改变以往评价体系当中只重视对教师教学的评价而忽视学生学习的指标设定。健全的教学指标评价体系能够完整地反映出整个教学过程，能够精准地反馈教学当中所出现的问题与缺陷，为后续教学工作的改进提供有效的指导。

2. 构建大数据网络教学评价平台

中外合作教学评价应该贯穿教与学过程当中的各个阶段，仅仅依靠学期末的教学评价，无法达到及时、有效地提高教学质量的目的，反而会使教学评价流于形式化，失去其存在的意义，所以构建全方位、全时段、全过程的教学评价系统势在必行。大数据网络教学评价平台可以实现将教学评价融入教学的全过程当中，随时收集和处理教师教课、学生学习过程当中所出现的各种问题。尤其是对于中外合作办学教学当中，外教授课时间相对较为集中，教学问题反馈不及时的情况，它能够相对及时精确地反映学生的学习和教师的教课状况。在对教学评价问题分析与反馈之后，也需要对教学改进结果进行及时的评价，如对教师的教学水平是否有所提升、改进的教学结果是否符合学生的预期等问题也要进行持续的关注与评价，从而构建有机的、可循环的教育评价系统。

3. 构建以学生为中心的教学评价系统

学生是中外合作办学教学质量保障服务的主体，以学生为中心构建的中外合作办学教育质量评价体系的最终目的也是对学生能够接受更好更优质的教育加以保障。以学生的学习效果为核心，对整个教学过程当中教学目标的建立、教学计划的实施、教学队伍的发展、教学内容的设计、教学管理、教学改进等方面进行全方位的监督评价，并对评价的具体内容加以整理和提炼。提取出与学生期望相符合，能够提高教学效果的内容。然后对其加以分析整理，将教学评价当中的具体问题以及相应的对策和改进方法反馈给相应的教师，促使教师能够更好地了解学生的听课情况和学习效果，从而提高教师的教学水平。

6.5.5 以教学质量持续改进为基础全面提高教学质量

1. 提高对教学质量持续改进的认识

对于中外合作办学来说，中外合作办学教学质量的持续改进并非只是对当前所出现问题的解决和改进，而是本着追求卓越的目的，积极主动地去寻找和发现办学项目当中的弊端和不足之处，促使中外合作办学在目前的水平上更进一个台阶，使教学质量水平有一个更高的提升。有效果的教学持续改进系统必须是积极主动的，并具有明确目的性的改善活动，它所涉及的层面也有所不同，例如单一问题的改进、区域性问题的改进、整体性问题的改进，在教学持续改进的过程中，它能够有效地明确办学特色，使中外合作办学的模式更加优化。持续改进是中外合作办学当中必有的管理机制，是教育质量保障体系当中必不可少的一个环节，缺少了持续改进系统的运行，整个教育质量保障体系就会显得僵化，无法满足学生对教学质量的要求。中外合作办学只有不断地推进持续改进系统的运行，寻找自身的问题与弱点，持续改进，才能促使教育质量不断提高达到新的高度。

2. 积极开展教学质量保障小组活动

中外合作办学教学质量保障体系的完善，不仅能够提高整个中外合作办学项目的社会影响力、办学水平，也能够保证中外合作办学项目中所涉及的管理者、教师和学生的自身利益。在教学质量持续改进的过程中，大胆开发教师、学生以及相关人员的管理权限，并落实到相应的规章制度来保障他们的管理权力。在持续改进体系运行的过程中，要充分重视师生的参与，形成发现问题、分析问题、改进问题的有效机制。借鉴企业管理中 QC 小组模式，并积极构建与开展教学质量保障小组活动，推进教学当中所涉及的全员、全过程、全校的参与，广开言路、集思广益，按照科学规范的程序来提出和解决教学过程中的问题，将教学质量保障小组活动真正地嵌入到教学质量保障体系持续改进系统当中，使持续改善系统的构建更加科学、整体更加完善、运行更加有效。

中外合作办学是我国高等教育的重要补充形式，对我国高等教育的国际化以及提高我国高等教育水平有着重要的意义。要抓住中外合作办学的契机，引进优质的教育资源，完善教育管理模式，开拓视野，学习国外先进的教育思想，促使我国高等教育水平的提高。

第 7 章 高等教育质量测试平台数据分析与数据挖掘探究

7.1 高等教育质量监控的相关概念和技术概述

1. 国家教育质量监测平台

为了充分利用现代信息技术，进一步提高评估工作的效率和质量，教育部高等教育司和评估中心在总结研究成果的基础上，共同建设了“大学教学基本状况”数据库。2007 年第一轮本科教学评估的数据库系统开始测试，并且数据库系统不断修订和完善，以改善系统功能。根据设置的数据，编制了《教学基本情况分析报告》，得到了学校和评估专家的肯定，并逐步得到推广。

2011 年，年度数据收集工作在全国新建的本科院校中正式开始。在此基础上，编制了《新建本科教学质量分析报告（2011 年）》，可为正常监测教学基本状况提供有益的探索。

随着信息技术的进步和对数据收集与应用需求的增加，评估中心于 2012 年对数据库进行了全面升级，建立并使用了优质的正常监测数据平台，新系统建立了数据关联，系统的逻辑检查提高了数据的有效性，实现了数据填充过程的管理，增加了审计功能，极大地改善了升级后的系统功能，确保了填充数据的质量。

为了在大数据和互联网的背景下更有效地发挥系统平台的作用，建立质量模型，实施预测性监控，评估中心于 2016 年将数据库升级为国家质量监控数据平台。新平台充分反映了数据和事实的使用，收集的数据遍布全国的本科院校，在州、省、市和学校的三个层次上进行申请，并建立和共享它们。

涵盖了学校、部门和专业数据的三个级别。省市教育主管部门和州使用相同的平台，省市教育主管部门和大学不需要硬件构造、软件开发和系统维护。

2. 数据挖掘

在当前的信息社会中，数据正在以几何级数增长和积累，迫切需要新的计算理论和工具来帮助人们从海量数据中获取一些信息和知识。数据挖掘是从大量实际应用中挖掘出来的，揭示隐藏但非常有价值的信息的过程。挖掘出来的信息可以解释，整个过程是一个不平凡的过程。在实践中，由于在生产和生活中生成的数据量很大，有些数据不完整、令人不安和模棱两可，甚至具有一定的随机性，因此数据挖掘的工作量非常大。

数据挖掘是一项新兴技术，与传统的数据分析方法有很大不同。传统的数据分析通常仅用于数据库查询、处理、分析等，并且数据挖掘在分析时往往没有明确的目标，因此数据挖掘的最终结果是未知的，但它也具有有效性和实用性。

在不同的数据存储中，数据的存储方法和格式存在很大差异。有时，这些差异甚至可能与实际应用程序数据的用户习惯有所不同。这些差异导致数据之间的耦合性不强。这需要各种数据挖掘对象。为了促进数据挖掘技术的实施，一种常见的方法是将其应用于关系数据库。通过研究关系数据库中各种属性之间的关系，可以发现隐藏在这些关系下的信息。

数据挖掘具有两个主要功能，即描述和预测测试。数据挖掘不仅可以执行描述性操作，例如搜索真实数据，而且更重要的是，它可以通过信息和数据预测和测试未发生的情况。预测和测试过程中产生的新模型在决策中具有很好的辅助作用。通过挖掘获得的这些数据信息可以广泛用于信息管理、信息查询以及许多有助于人们做出决定和调节生产过程的实际应用领域。数据挖掘技术的应用主要涉及分类预测、关联分析、聚类分析等。应用于实践的数据挖掘技术通常需要全面应用多个功能才能更加准确和有效。

业务理解主要定义问题，评估和组织外部资源，进行正式评估并确定目标。数据理解主要是理解和清理数据，进行必要的描述性分析，并为后续工作做准备。数据准备是建模之前要完成的主要任务。有必要将数据资源集成到方便的数据集中。建模是数据挖掘的核心工作。这些模型主要包括描述摘要模型、细分模型、概念描述模型、分类模型、预测模型和相关性分析模型。还需要对构建的模型进行评估，以确定是否需要对其进行调整。该计划的实施主要是利用数据挖掘结果解决实际问题的过程。

3. 聚类算法

聚类算法是一种无监督的机器学习算法。其本质是将事先未知的数据集进行分组，以使同一组中的数据尽可能相似，而不同组中的数据则尽可能不同。其目的是揭示数据分布的真实情况。

当前的聚类算法大致分为五类：划分方法、分层方法、基于密度的方法、基于网格的方法和基于模型的方法。K-means 算法是聚类算法的典型代表。本质上，该算法基于集群中对象的平均值。为了实现全局最优，基于分区的聚类需要用尽所有可能的分区。

7.2 高等教育教学质量监控研究

7.2.1 监控数据预处理

1. 数据清理

为了提高数据质量，根据数据项之间的逻辑关系对收集的高等教育质量数据进行验证。验证分为表间验证和表内验证，主要包括数据格式验证、总数和子项和验证、非重复和唯一性验证、数据字典关联验证以及数据值范围验证。及时处理不符合验证规则的数据，纠正错误信息，并清除默认情况下无法纠正的数据。

2. 规范比较

通过数据验证的第一步后，获得的数据在质量和标准化方面都得到了极大的改善，还纠正了一些误报数据，但是不能排除由于用户对数据内容和统计时间的误解而导致的数据异常。因此，将与教学质量有关的核心数据和相应的学校类型、级别、性质及国家规范数据进行比较，并在与规范相距甚远的地方标记数据项，然后再次进行分析和确认。确认异常数据后，将其清除，并默认处理分析。

3. 历史数据比较

由于某些学校之间的巨大差异，即使对于相同类型和级别的学校，有时数据之间也存在巨大差异，并且无法通过规范比较来发现所有数据异常。因此，在通过规范比较消除异常数据后，有必要对学校自身不同的年度数据的趋势进行分析比较，并在不同的采集时间上标注较大的差距。如果存在无法合理解释的差距，则可以根据异常数据将其清除，并且在默认情况下进行统计分析。

7.2.2 数据转换

数据聚合，需要根据不同的分类统计汇总不同的数据项，以构建数据立方体。汇总统计单位不是学校的数据项，而是通过 COUNT.SUM 和 AVERAGE 函数对学校级别的数据进行计数。

7.2.3 数据整合

合并来自多个数据表的数据，检测数据重复和冲突，删除冗余数据，并与学校代码集成为统一的匹配字段。

7.2.4 教学质量监控

学校教学质量的监控是国家高等教育质量保证体系的基本单元，在实际运行中是非常独立的。此外，不同类型的学校具有不同的位置和特征，并且学校的质量监控数据也有很大差异。

1. 学校概况介绍

具体数据项目包括：学校定位、培训目标定位、校园数量、教学单位数量、本科专业条件、学科建设、教学人员数量、专职教师数量、管理人员数量，高级人才数量等。教学数据，例如教师人数、开设班数、开设班数、教学费用、固定资产和其他条件以及学生人数等。

2. 学校的整体情况

质量报告的核心数据显示了本科教学质量报告中要求的 25 个核心指标。可以向下挖掘相关数据以进一步检查详细信息。可以对通过统计计算生成的数据进行钻取以显示每个统计数据的原始值。

教职状态显示教职员工的数量和比例，向教职员工查询有关教师的详细信息，并显示诸如教职员工的结构等信息。

课程教学显示有关学校课程，如各种课程的数量和班级教学规模的信息。它还可以显示专职教师的教学状况以及高级职称教师教学本科的人数和比例。

教学资源和使用情况显示了学校的运行状况，例如面积和行政空间、教学经费、教学、科研设备、校园网络、书籍、实际教学场所和利用情况。

学生信息显示了学校的本科生来源，主要针对该地区的入学情况、学生奖励和补贴、学生的各种成绩显示、毕业和就业状况以及就业信息。

3. 教学单元

教师和大学生显示学校中每个教学单元的教师人数，并与学生人数进行比较。除了监视每个教学单元的状况之外，它还可以根据多年来的时间轴来比较专职教师的趋势。

专业领导者显示每个教学单元的专业数量以及专业领导者的状况。可以根据时间轴选择教师专业的数量，并比较多年来的趋势。还可以根据教师人数查看教师的原始数据。

实验技术人员以表格形式显示了不同教学单元中实验教师的人数。根据教师人数，他们可以查看教师的原始数据并提供查询功能。

教育和教学研究与改革显示了不同教学单位的教育改革项目总数、国家级教育改革项目数量、省部级项目的经费、教育改革项目的资金、教学成果奖的总数、国家级成果的数目以及省部级成果的数目。

学生管理人员和学生显示每个教学单元中学生管理人员的数量、本科生的数量以及辅导员的数量。

4. 专业情况

基本情况显示了学校开设的专业、新专业和专业类别的总数、学科涵盖的专业状况以及该专业平均教学时间的学分比例。同时，还可以查看每个专业的注册、录取、毕业和就业状况。

教师的状况表明专业教师的数量和实际教师的基本情况。可以查看各个专业中具有高级职称的教师的数量和比例、低年级教授的数量和比例、专业教师的学历和年龄，还可以查看教师教学改革项目的状况和专业教师主持的科研项目，已发表论文的状态，以及专业教师的专业培训。

课程系统显示过程数据，例如每个专业教学计划的学时和学分、核心课程、专业教学教室的大小以及实验教学的开放。

学生身份显示了各专业不同年级的学生人数、外国学生的人数、入学省份和录取报告、专业学生的交换、专业进出专业的学生数量、专业毕业生的毕业和就业情况，以及学生参加各种课外科学和文化活动奖。

5. 国家核心数据比较

能够查看有关学校级别和学校类别的国家和学校的核心数据。将数据与学校数据进行比较，表明学校存在差距，并有助于学校了解现有问题。

6. 省级核心数据比较

提供全省不同级别和类别的核心数据和学校数据的比较。

7. 教学质量模型

教学过程与教学输入和学习结果中的多个数据直接相关。在仔细分析了教学本身的特点和现有数据后，根据“投入产出”的原则，结合各种教学评价指标，基于“教学投入 - 教学过程 - 学习成果”模型，选择与教学质量高度相关的数据项作为教学质量的核心指标。

监控数据的准确性和客观性直接决定了高等教育教学质量监控的实现。使用 ETL 规则预处理监视数据非常重要。清除数据时，这是质量监视的第一步，可以纠正或清除不符合清除规则的数据。然后，可以基于监控数据研究教学质量监控的指标和内容，并建立高等教育质量监控模型。

7.3 质量正常监测系统的设计与实现

介绍普通高等教育监控系统的需求分析、系统概要设计、系统详细设计、系统实现和系统测试。

7.3.1 需求分析

建设国家高等教育质量监控数据平台，是促进高等教育内涵发展，提高高校人才培养质量的重要举措。这是高校实施教学质量正常监控的重要内容。它是建立中国五合一和世界一流的高水平教育质量保证体系的重要工作。该系统主要包括五个功能模块：学校概况、学校的整体情况、每个教学单位的情况、专业情况和数据查询。

（1）学校概况，分为学校基本情况和教学情况概述。学校的基本情况包括校训、学校定位、培训目标定位、校园数量、行政单位、教学单位、本科专业、学科建设、教职工、专任教师、管理人员、高层次人才、教学教师人数、课程数量、教学费用、固定资产总数和学生人数；教学概况包括教学团队、教学资源、培训过程、学生发展和质量保证。

（2）学校的整体状况分为核心数据、教师地位、课程教学、教学资源和使用情况以及学生状况。核心数据包括本科生人数，本科生在全日制学生总数中所占的比例（%），本科专业总数，学生的教学和研究设备的平均价值（万元），新的教学和研究仪器与设备的年价值（万元），每名学生的平均纸质书籍（卷）数量，电子图书总数（电子期刊，书籍等的数据库数量），平均管理水平，每平方米学生的房间（平方米），每位学生的日常运营支出（万元），本科生特殊教学经费（万元），本科生平均实验经费（万元），大学开设的课程总数，应届毕业生的毕业率（应届毕业生学位授予率，应届毕业生的就业率，参加体能测试的合格率）；教师内容包括学校领导、相关管理人员、高级人才、专业领导、外部教师的数量和比例、教师主导的教育改革项目、教师主导的科研项目、教师发表的论文；课程教学内容包括课程设置、课堂教学规模、专职教师和教学教师、高级职称教师教学、实验教学、毕业综合培训；教学资源和用途包括建筑面积和行政房屋、教学资金、教学和科研设备、校园网络和书籍以及实用的教学场所；学生条件包括学生资源、学生奖、学生成绩和毕业生就业。

（3）每个教学单位的情况分为师生、专业领导、实验技术人员、课程设置、教育教学研究与改革、学生管理人员。

（4）专业情况分为基本情况、教师情况、课程体系、支持条件和学生情况。基本情况包括专业的基本概况，学校的位置和专业培训目标，专业的基本情况以及专业的类别；教师情况包括专业教师的基本情况，专业教师职称结构，专业教师学位结构，专业教师年龄结构，专业教师的学历结构，专业教师的教学状况分析，专业教师的职称分析，用于毕业指导的综合培训的专业职称结构，教师主导教育和教学改革项目，教师主导的科研项目，教师发表的论文和教师业务培训；课程体系包括专业教学计划，专业核心课程，专业课程，专业班级规模和学生毕业培训情况；支持条件包括支持专业实验教学学校的所在地，校外本科教学实践训练基地的情况；学生条件包括学生（本科）的基本情况，专业入学率和新生注册率，专业交换情况，本科转学专业，副学位和双学位，研究生毕业率和学位授予率，学生参与大学生创新创业培训计划，学生参与专业教师研究项目，省级以上竞赛的学生奖励，发表学术论文，获得学生专利（版权）授权。

（5）数据查询是根据过滤条件查询各种数据信息。

7.3.2 系统外形设计

监控系统的结构包括数据集成层、数据分析层和数据显示层，以实现对教学质量数据的处理和分析。

底层是数据集成层，主要收集系统中大学报告的数据，包括详细的专业数据和扩展的评估数据。满意度调查系统中的调查数据和其他公共平台上的公共数据均通过 ETL 数据清理和提取，并集成到主数据库（数据仓库）中。在此过程中，主要完成了数据清理、数据转换和数据集成。

中间层是数据分析层，主要使用主数据库中的数据通过多维数据分析和挖掘生成各种用途的分析库，包括各种数据查询，各种数据的统计分析结果，各种指标质量监控和预警数据，从该数据生成的各种质量报告以及专业评估和认证数据。

最上层是数据显示层，主要为大学、省市教育主管部门、国家教育主管部门、各种评估机构、评估专家和公众提供数据服务。两者都具有多终端数据信息发布平台，并可以对接其他工作平台，如评估管理系统、工程专业认证管理系统等工作平台，实现了数据资源的共享。

7.4 本章总结与展望

在高等教育大众化、国际化和信息化飞速发展的时代，现代信息技术尤其是互联网＋和大数据技术已成为影响高等教育评估未来发展的重要因素。国家要求建立国家教育管理信息系统，完善教育质量监测评估体系。监测结果定期发布。教育部明确实行正常监督。因此，有必要探索利用现代网络监测互联网和大数据环境下高等教育质量的方法和模型。信息技术不断收集和分析有关教学过程的深入信息，以视觉方式呈现高等学校的教学状况，并为多学科价值判断和科学决策提供客观依据。

高校在信息化应用中存储的大量教学过程信息没有系统地组织起来，也没有得到很好的利用并发挥相应的作用。大量与教学相关的数据对教育质量的影响也是离散的，因此无法为教学过程提供系统的数据，并进行整体分析和指导。使用先进的教学质量监控和评估概念，根据当前质量评估的最新要求，应用现有的教育质量监控平台数据，整合相关数据集，将数据挖掘技术引入系统以分析影响教学质量的关键因素，并收集监控数据类别分析提取的关键指标，整理数据，参考其他教学质量评价指标和权重，形成教学质量的核心指标，建立质量评价模型，构建与学校基本情况互动的指标，如教学投入、教学过程、学习过程和其他指标，这是系统研究新方法的主要内容。监测高等教育的教学质量，设计并实施对高等教育质量的正常监测。

第8章 地方高校教学质量评价体系探究

8.1 引言

8.1.1 国内外研究综述

将国内研究文献分为三类：理论研究，实践研究和评估体系历史研究。在实践研究方面，对教师教学质量评估中存在的实际问题进行研究，结合地方高校教师教学质量评估实践进行现状分析和问题研究。

1. 教师教学质量评价的理论研究

在理论研究中，主要有以下几个主题：评价主研究、评价指标及其建立方法和模型的研究、评价概念的研究、评价理论的研究以及综合评价研究。

目前国内教育评价理论的研究趋势是：从筛选到发展的功能重点，评价主体注重多元化，评估内容要求对评估者的各个方面进行全面调查，注意过程评估，评估者和被评估者强调平等和互动，多元化的评估方法，强调定性和定量评估相结合。

2. 评价主体研究

教师教学质量评价的评价主体研究，是指谁来评价教学质量的问题。关于这方面的研究趋于从单个评估主体改变为多个评估主体。学生仍然是教学质量评估的主体，但必须对其进行有效调整。评估方法和评估主体的交叉分析框架。评估主体之间没有优劣之分，只有是否适用。教师评估方法的目的不是评估，而是促进教师专业发展和提高教学质量。必须首先树立正确的学生评价观，以便所有利益相关者充分认识到学生有权自然地发言。围绕评价的概念，在评价指标的设计、应用和反馈中应遵循科学的方法。注重个性和专业精神。作为课堂教学全过程的参与者，学生完全有能力评价教师的教学质量，主要原因是信息不对称，收益与风险不成比例，主观偏见容易发生。

当前对教学评价学科的研究往往是一种基于学生评价的多元化评价模型。这种模式可以从不同利益相关者的角度审视当前的教学评价体系，并给出教师与教育之间的最大公平，主要由学生进行的教学评价表明，学生的主导地位逐渐凸显，教师与教师之间的关系逐渐凸显。学生越来越平等。

3. 评价指标及其建立方法和模型研究

中国高等学校的教学质量评估，一般分为学校组织的自我评估，教育行政部门组织的评估和第三方机构的评估。最常见的方法是对学校进行自我评估。评估对象、评估方法、结果分析和反馈均由学校决定。自 1990 年国家教委颁布《普通高等教育评估暂行规定》以来，教育部高等教育部开始研究评估方案的制定和教学评估的实践。然后总结了高校教学质量评价指标体系，包括“硬件”指标和“软件”指标。“硬件”指标包括教师等级、教育条件、教育质量、学习质量等。“软件”指标包括学校的办学理念、教学风格和学习方式、传统和特点等。该指标从教学条件、教学状况和教学效果三个方面评估教学质量，反映了大学的真实情况。

科学地建立评价指标和评价方法可以较好地保证教学质量评价结果的真实性和有效性。根据目前的研究，由于大多数高校教师教学质量的评价指标不能直接测量和定性，因此许多研究人员习惯于使用层次分析法和模糊综合评价方法来建立评价指标。

4. 评价概念研究

在教学质量评价的全过程中应贯彻“以人为本”的思想，主张建立“以人为本”的思想体系。以人为本的考核理念，制定动静态、灵活多样地结合、体现教师发展的考核指标，建立全员参与、全员管理的教学评价体系。在发展价值观的指导下主张采用多学科、多评价的评价模型，来形成反映学科发展的评价。教师的专业发展和个性发展，该指标的目的是评估该系统，不仅可以检测教师的教学质量，还可以进一步促进教师的发展。基于教育服务理念，主要评价对象由学生变为教师，评价方法由专注于“结果”到专注于“过程”。要有效控制教育教学质量。将现代教学质量观引入了教学质量评价体系的研究中，总结了现代社会对教师的要求。专业性和教学质量，为教学质量评价体系提供了理论依据。

当前对教学评价概念的研究，无论是“以人为本”的概念，发展价值观念，教育服务理念还是现代教学质量概念，都主张从人的角度建立评价体系，注重过程而不是结果。这种观念上的变化同时也反映出，国内对教学评估体系作用的认识已经从筛选逐渐转变为改善和促进教育的发展。此外，教学评估已开始关注教学效益。例如，现代教学质量理念促进了有效的教学并提出了有效的教师特征。

5. 评价理论研究

关于教学质量评估理论的研究，一些研究人员已经开始基于其他领域的理论来讨论教学质量评估的问题。这种方式拓宽了视野，引导作者从不同的角度思考，发现新问题和评估方法。

6. 综合评价研究

综合评价研究是指研究人员从教师教学质量评价的主体、指标、方法、结果处理等方面讨论当前存在的问题和对策。内部评估保证体系，并认为只有各个部门的配合才能使评估机制更好地发挥作用。强调了建构主义学习理论、大学教学范式、有效教学和大学影响力等相关理论的结合。从学生学习的角度出发，对大学教学活动及其成果进行价值判断，构建了良好的评价反馈机制、动力机制、保障机制和元评价机制。与当前的教学评价综合研究文献相比，大多数文献倾向于从多个角度出发或以实际问题为基础。

8.1.2 教师教学质量评价的实践研究

教师教学质量评估的实践研究主要包括两个方面：一是研究人员对教师教学质量评估中的实际问题进行研究；二是研究人员结合一定领域的教师教学质量评估实践或学校分析和问题研究。

1. 教师教学质量评估中的实际问题研究

教学质量评价应被认为是全面而动态的，不仅是评价主题的多样化。“教师型”人才是讨论教师教学质量评估体系建立的原则和调整方法的目标，主张对量化计算方法进行评估，这样更有利于数据的收集和分析。当前基于学生评价的教师教学质量评价存在一些问题，例如，学生不能完全客观地对待评价。因此，对教学质量评估主体和评估方法提出了一些策略，例如将评估更改为发展，添加自评估链接，建立科学而公开的问卷以及建立毕业生跟进访问系统。形成性评估的目的与总结性评估的目的之间存在矛盾。在评估内容中，存在着由无法参与评估内容确定的教师引起的矛盾。提出了必须坚持解决矛盾的原则，即坚持评价的目的。与评价主体、评价指标、评价方法的选择相一致，对于不同的矛盾，应从中提出建议，并由各方对其进行详细分析。针对现实中存在的问题，通过建立多元化、透明的信息平台，形成了选课与课程评价的联动机制。评估标准形成评估过程和评估结果之间的链接机制，并通过允许评估者和评估对象同等交互来形成评估者和评估对象之间的链接机制。

当前教学评价中存在的问题主要是由于单一化。单一的评价主体、方法和指标容易使评价结果缺乏信度和效度。

2. 结合区域 / 学校教学质量评估的实践分析现状

目前对北京高校教学质量监控与评价的研究呈现出相互借鉴、持续改进的良好局面。在机构建设，监测评估的学科实践，工具改进和结果处理等方面取得了良好的成绩，形成了自己的特点。在人员构成、教师自评价和学生对教学的评价的客观性以及评价指标的合理性方面仍然存在不足。有人认为研究型大学更加重视科研工作，因此，在教学与科研之间取得平衡是评估高校教师教学质量的关键，并对教学质量管理体系和教学评估现状进行了一些研究。

该领域的大多数研究都将提及从国外借鉴新经验的方法。外国教学质量评估中有几点值得学习。首先，国外教学质量评估的范围要更广泛，不仅要包括课堂教学评估，还要包括课程建设评估，如学生在课堂上的学习和课外学习的努力，以及学生的自主学习能力。其次，由于教师工作的复杂性和特殊性，对教学活动的评价应掌握规范性和灵活性的有机结合，不能过分量化。再次，国外教学质量评估工作一般由第三方机构完成，这些机构是由专业培训专家和评估专家组成的，负责为教学、课程和专业提供评估服务。

8.1.3 评价体系历史研究

在总结的基础上，提出了改进建议，并认为应该建立可持续发展的教学质量评价概念。建立多元化的评价学科和全过程大学教学评价体系。从发达国家高校教师的教学评价方法总结了教学评价模式，并介绍了学生评价、同行评价、个人访谈、教学档案、课堂评价和自我评价六种方法。灵感在于，不仅应该关注教学主题和方法的多样化，而且应该关注教学评估的形成功能。梳理了改革开放以来中国高校教学质量评估体系的发展历程，认为中国经历了起步阶段、标准化阶段、建立阶段和深化阶段。不同阶段有其适用的政策文件，中央和地方政府开展了各种实践活动。

1. 国外研究综述与大学教师教学质量评价体系的发展

教师评价是一门新兴的学科，其理论体系、指导思想、评价依据在不断发展。到目前为止，关于教师评价的研究只能追溯到教育评价的源头。作为一个相对独立的研究领域，教育评估起源于20世纪30年代的美国，并源于20世纪初期出现的教育评估运动。

从1933年到1941年，俄亥俄州大学的泰勒（Taylor）在卡内基基金会的资助下，进行了美国教育史上著名的“八年研究”。1942年，提出了“史密斯·泰勒报告”。“教育评估”一词首次解释了教育评估系统的概念，并认为评估是“确定实际了解教育目标的程度的过程”。也就是说，教育评估应围绕教育目标进行，社会和学生的需求应反映在教育目标中。教育评估是实践中达到教育目标的程度。

随着教育思想观念的不断发展和深化，在教育评价理论的研究和实践中涌现出了大量新的教育评价思想。关于教育评估的概念，国外有以下几种观点：第一，Bloom等人认为评估是一种用于确定学生水平和教学效果的方法。第二，克伦巴赫（Cronbach）认为，泰勒（Taylor）的缺点在于，他们过于看重结果，并限制了学生个性的发展。教育评估应反映教育过程中的不足，并提出改进建议；Stufflebeam认为，教育评估是一种工具，可以提供对教育活动的背景、过程和结果的全面了解和描述，以提供改进计划的服务。第三，比尔（Bill）对教育评估的观点比斯塔夫布雷姆（Stavrebim）更进一步，他认为教育评估是一个收集信息和解释证据的过程，目的是更好地采取行动，过程关键是能够引入批判性思维。第四，E·Kuba和Y-SLincoln创立了“第四代教育评估”，他们认为教育评估应该是每个参与评估的人，尤其是评估者与评估者之间的互动，以共同构建一个统一的观点过程。

教师评价作为教育评价的重要内容，是在教学改革和发展的实践中发展起来的。20世纪30年代后，英国和美国开始实施和促进奖励和惩罚教师评估。从20世纪90年代至今，国外开始倡导发展性评估体系，形成了奖惩与发展性评估并存的局面。

以美国为例，就评估主题而言，美国大学的教师教学评估分为四种方法：学生评估、同事评估、教师自我评估和专业系主任评估。学生评估是使用最广泛的方法。20世纪70年代，学生评估开始得到大规模推广和使用。当时，大型国立大学将学生评估作为评估教师课堂教学效果的主要方法，并将教学方法、课程组织结构和教师态度作为教师评估方法标准。在20世纪90年代，美国大学对学生评价的研究趋向于探索影响学生对教师教学成果评价的因素，从而提高教师教学评价的有效性。美国学生评估系统的发展已经成熟。美国的同行评估始于20世纪80年代。俄亥俄州的托莱多学区首次建立了"同行评估项目"。1999年颁布的《1999年加利福尼亚第九届议会法》标志着其在加利福尼亚州的全面实施。美国高校的同行评估是一种形成性的评估方法，具有参考作用。教师自我评价也是20世纪80年代以来出现的一种新的评价形式，主要是通过教师对自身教学状况的反思来实现自我反思和激励的作用。目前，美国一些大学主要使用教师资料进行教师自我评估。该系主任的评估始于20世纪90年代。其目的是评估教师的学术素质。它是对大学教学质量的监控。它是一种诊断评估，主要用于教师奖惩和人员评估。

随着教学评价理论的不断深入，评价研究也朝着专业化的方向发展。从现有文献来看，美国倾向于研究对该种类型的专门学校或学科的教师教学质量的评估。例如，从一所学校开始讨论英语教学的形成性评估，并提供了一个将最终评估和地层评估结合起来的样本，测试了在实施过程中哪种评估指数是最常用和最不常用的。安德瓦·戴维斯（Andwa Davis）使用多元回归分析和标准化测试进行研究，以利用学生在数学和阅读方面的表现来预测教师的素质。或者采用一种新型的测量方法，并建立测量指标，以检验教师的教学方法是否可以提高学生的学习质量。例如，戴维·菲克（David S. Fike）等人提出的用心理测量仪器帮助教师更好地了解学生并提高他们的教学质量。

2. 现有研究成果的简要概述

根据文献分析，有很多国内外大学教师教学质量评价体系研究，主要包括两个方面。一方面，从宏观的角度研究大学教师教学质量评价体系，另一方面，从该种类型的大学的角度看其特殊性，研究教师评价体系。高校教师整体教学质量评价体系的研究大多是选择评价体系的一部分。例如，研究评价学科，分析当前高校教师教学质量评价主体选择的问题，比较不同学科的优缺点。尽管这样的研究是有重点的，但它仍然是从宏观层面对国内大学教师的教学质量评价的一般分析，并不能反映学校之间的差异。一些研究人员还使用实证研究来调查样本地区或学校中教师的教学质量评估系统，但该研究主要基于实际问题，并对地区或学校中教师质量评估的具体实践进行了全面研究。教师们选择结果分析和反馈，最后回到对样本教师教学质量评估体系的思考。尽管它是基于现实的，但它不具有普遍性和代表性。

目前，对该类高校教师教学质量评价体系的研究较少。它主要基于特殊性。对教师教学质量评价指标体系的信度、效度及影响因素进行统计分析，选择其中之一样本学校实施评估指标。此类研究侧重于评估系统的工具意义，而未深入评估系统背后的社会学意义和价值追求。

此外，当前关于高校教学质量评估的研究缺乏一个微观的层次，来讨论不同利益相关者对评估体系的要求以及利益相关者之间的取舍，政策文本与实际执行之间的差距，以及评估程序与教师需求之间的差距。因此，在出现矛盾等问题时，以这种观点为切入点，通过对评估体系和现状以及该体系存在的问题的分析，深入考虑以下四个问题：教师的教学能得到准确的评价吗？谁能最好地评估教师的教学质量？如何考虑教师的动机和教师的隐私保护？在过程评估中如何协调复杂的评估程序与教师需求之间的矛盾？

8.1.4 研究思路和研究方法

1. 研究思路

首先，以该大学为样本，对教师教学质量评价体系进行了实证研究，研究了三种教学质量评价方法的现状以及学生评价、同行评价和教师评价体系的运行机制。其次，分析其存在的问题和原因，思考制度背后的价值追求。

然后，根据高等教育的背景和地方高校的特点，提出优化建议，完善地方高校教师的教学质量评价体系。最后，从科目权重、评价标准、评价过程等方面进行了研究。

2. 研究方法

以某大学作为研究样本，主要采用多种定性研究方法、案例研究方法进行研究。通过案例研究来显示本地大学教学质量评估系统的整体情况。同时，与大学不同评估对象的对话可以帮助进一步理解评估系统的内涵、评估对象的需求，便于以后分析评估系统的问题和原因，以及反思评估系统本身。

研究方法是指对研究的相关政策和机构文本进行分析，并从中发现其深层含义。通过学校教务处收集了教师教学质量评价体系的相关政策性文本，并以学生评价、同行评价和监督评价三种评价方法为线索进行梳理和分析，总结了大学的教学质量评价体系的具体内涵和实施过程。

面谈方法是采用口头表达的形式，并根据受访者的回答收集客观的事实资料，以准确地解释样本所代表的人口。这项研究对样本学校的一些本科生、教师和督导小组成员进行了访谈。访谈的对象主要是 6 名学校教师和 3 名本科生，其中 2 名教师也是大学级主管，1 名学校级主管，1 名校务办公室管理员，1 名校务办公室管理员。

面谈教师和监督的目的是进一步了解体育的实施评估和监督评估，以及教师对该大学教师教学质量评估体系的理解和思考。教师访谈大纲包括四个方面：基本情况；对评估主题的看法；对评估方法的看法（包括评估指标，实施方法）；对评估结果的处理和应用的看法。

采访校务处和校务处负责人的目的是进一步了解该大学教师教学质量评价体系的相关政策法规，明确评价体系的运作方式。因此，针对教学管理者的面谈大纲的设计是基于对该大学教师教学质量评估的历史过程，相关政策文本以及现行评估体系的实施过程。

采访在校本科生的目的是补充和改善问卷的结果。大多数问卷都可以反映意见，并且需要进一步探讨意见的原因。因此，针对学生的访谈大纲的设计主要基于问卷的内容。访谈后，根据访谈的概述，对每个受访者的答案进行了一对一的“问题—答案”对应，分类和编码。其中，对判断性问题（例如了解/不了解）和回答者本身进行了进一步分析，并明确了受访者回答的比例。对于未解决的问题，收集并整理了答案。

问卷调查方法，这种研究方法是指研究人员根据研究问题本身的需要设计一套书面问卷，并将其分发给受访者以获得研究信息。采用问卷调查法对该高校全日制本科生进行有针对性的调查，目的是初步了解目前大学生教学评估的基本实施情况。问卷共有 21 个选择题（包括单选题和多选题），包括 6 个方面：学生进行教学评价的基本情况；对教学质量的理解；评价主体；评价指标；评估结果的处理与应用；教师教学质量评估体系的评估。

8.2 高校教师教学质量评价体系现状调查

作为案例研究，该大学是省政府投资和管理的地方大学。这所学校是该省最早建立普通本科专业的高等教育机构。其目的是为该省及周边地区培养高质量的人才尤其是教师，提高该地区教育水平。

自 1946 年成立以来，经过 70 多年的建设和磨炼，该大学已发展成为一个综合性的多学科教学和研究型教学研究中心，拥有完整的博士、硕士、本科、职业和成人教育人才培养体系，包括经济学、法律、教育、文学、历史、科学、工程、管理、艺术等几乎完整的学科，这是符合要求的，具有省部委联合建设大学的发展特点。

因此，选该大学作为案例恰恰是因为该学校具有非常典型的地方大学发展模式，具有一定的典型性和代表性。

8.2.1 相关政策分析

为了对该大学教师的教学质量评价体系有一个初步的了解，通过回顾该大学教师教学质量评价的有关政策文件并进行访谈，对该大学教学质量评价体系的发展进行了回顾。

1998 年，该大学开始对教师的教学质量进行评估，并建立了专门的教学检查小组。

2000 年，该大学正式颁布了有关评估教师教学质量的政策。《某大学关于加强教学作风建设，提高教育质量，增强教学中心地位的规定（试行）》明确规定："规范教学计划管理，教学运行管理，教学质量管理和考核。"

2001 年，该大学开始试行学生评估系统。

2004 年，该大学开始尝试学生在线教学评估系统，主要针对教师教学质量的影响。同年，学校成立了教学督导小组进行教学督导，开始实施的《某大学实施教学监督制度条例（试行）》，涵盖了教学监督的组成、任命、管理、职责、权利和待遇等各个方面。

2005 年，该大学制定了《某大学课堂教学质量评估工作实施方案（试行）》，并开始在教师中开展同事评估。在教学和研究室中的教师们互相倾听，评估课程并交流教学经验。《实施计划》还明确规定了三种评估方法，包括学生评估、同事评估和监督评估，并对考核目标、考核结果处理及其他相关问题进行了说明和规定，初步建立了教师教学质量考核体系。

2011 年，该大学制定了《某大学教师教学工作评估办法》，规定了宗旨、原则、依据、组织和管理、评估范围、评估标准等，系统更加清晰。

同年，为加强学院级教学督导的建设，该大学发布了《学院级督导制度的管理规定》，要求各学院建立学院级教学督导，负责开展教学督导。在大学教授听力，进行试卷考试和毕业论文抽查及其他工作。

2017 年，为统一校级监督管理，学校发布了相关管理规定，协调了校级监督的工作要求、工资和待遇。

此外，该大学从 2012 年开始根据每学期的教学状况在学术事务办公室的网站上发布《学生在线课程选择和教师评估规则》和《关于课堂教学的质量控制》《与安全有关的工作通知》用于指导学生和教师进行教学评估。

1. 学生对教学的评价

该大学针对学生的政策文本评估是关于每学期学生在线课程选择和教师评估的通知。本书以《关于 2017—2018 上半年学生在线课程选择和教师评估的通知》为例。《通知》中的大部分内容都规定了学生在线课程选择的内容和方法。最后要求："学生在指定时间内登录到教务处的网站，进入学生选课系统、评估和选课。"

在评估主题方面，该大学要求每个大学生都必须进行在线教学评估，评估时间应在选择在线课程之前。

在评估方法方面，每个学期末，学生通过在教学管理系统中填写学生评估表，以匿名形式评估该学期的所有课程。值得注意的是，与在线课程选择和教学评估有关的政策文本明确规定："学生必须先进行在线评估，然后才能在线选择教学"。将在线教学评估与在线课程选择捆绑在一起是否会使学生的教学评估目的直接成为在线课程选择？此外，学生会应付教学评估以尽快选择课程吗？在进行状态调查后，将详细说明这些问题。此外，学校还建立了大学生教学信息系统，主要由各班学习委员会提供服务。它的主要职责是不时向班主任反馈学生对课堂教学的看法和意见。评估指标方面，学生评估的指标分为五个维度：课程安排和教学进度、教学内容和教学方法、课堂管理和教学组织、教学交流和课后作业、教学效果和总体评估，每个部分都有具体的说明。

《课堂管理与组织教学》规定了课堂安排和教学进度的要求。课程安排主要涉及学生对课程和教学安排的知情权。教学进度强调适应学生学习的能力。教学内容和教学方法侧重于教师对课程前沿知识的掌握和使用，以及灵活运用教学方法。课堂管理与组织教学强调课堂纪律和教学互动。教学交流和课后作业主要强调师生互动。教学效果和总体评估的目的在于教师在课程结束后的教学成绩是否达到预期目标以及学生对教学的满意程度。除特定指标的内容外，学生评估还要求学生填写有关课程的建议和意见。总的来说，学生评价指标的内容基本上涵盖了教师教学的各个方面，体现在教师的教学态度、教学专业能力、教师的品德等方面。整个评价指标的设计具有一定的信度和效度。但是它也存在一些问题：第一，指标体系提出了教师的常规教学要求，没有涉及对教师教学质量的更深层次的反映。第二，指标内容的解释主要是描述性的单词和短语，缺乏操作性定义。第三，学生评价指标针对的是全校教师，对学科专业性的反映太少。

在评分标准方面，学生分为5个等级：5（非常好），4（好），3（平均），2（不好），1（非常差），并且学生根据自己的意愿进行评分。按比例，课程安排和教学进度占10%，教学内容和教学方法占25%，课堂管理和组织教学占15%，教学交流和课后作业占20%，教学效果和总体评估占30%。

关于评估结果的处理，学生的在线教学评估结果主要由学校的教务处进行处理和分析，并将结果以 5 分好评的形式反馈给学院的教务处。教师可以通过教务管理系统查询学生对自己课程的评价。

在学生评估的变化方面，自学生评估开始以来，评估有三方面的变化：首先，从简单的评分到评分和建议的结合，即从定量评估到定性和定量评估方法的结合；其次，从对单个教师的教学评估到对每个课程的评估，也就是说，一开始，学生评估主要针对单个教师，即使一个教师有一个以上课程，他也只会获得一个评估结果。目前的学生评价主要针对课堂教学情况，即使是同一位教师，不同的课程也会有不同的评价结果；再次，从评价指标上针对理论课，除理论课外，逐步进行特殊培训

2. 对等评估

针对同事评估，大学于 2005 年制定了《某大学课堂教学质量评估实施计划》。该《计划》简要规定了同事评估的实施方法。此外，该大学在每个学年发布相关通知，并不断修改同行评估的具体实施方法。以《关于做好 2017—2018 下半年课堂教学质量控制和课堂教学保证工作的通知》为例，该大学的同级评价主要由教研部门进行，同级同一教学和研究部门的教师互相倾听并评估课堂。

关于评估主题，该大学要求每位在本学期教授全日制大专课程的教师都应参与评估工作。在评估方法方面，每位教师每学期需要听取其他同级教师教的 3 ～ 5 节课，并填写“某大学教师教学质量评估表”。在评价指标上，以 2014—2015 学年的同行评价指标为例，主要包括五个方面：教学态度、教学内容、教学方法、教学效果、教书育人，每个方面有其特定要求。“教学态度”规定了教学常规和教师的教学态度，“教学内容”对课程提纲、学科专业知识等提出了要求。“教学方法”强调启发式教学，强调师生互动式教学。对基本的教学技巧也有明确的要求。“教学效果”强调课堂气氛，学生的知识控制以及艺术性和教学个性。“教书育人”强调教师的职业道德和对学生的思想教育。一般而言，同行评价指标在教学专业性方面比学生对教学的评价更为突出，但也存在与学生对教学的评价类似的问题，例如指标设计的不规范和缺乏内容的操作性定义。

从过去几年使用的“某大学教师教学质量评估表”可以看出同行评价指标的变化：尽管评价指标在教学态度、教学内容、教学方法、教学效果、教书育人五个方面及其分值没有变化，但五个方面的教学常规的具体内容和要求在不断进行修订，其中2016—2017学年是修订最多的一年。

根据2014—2015学年评估指标，对2015—2016学年进行了部分调整。在“教学态度”维度上主要增加了三点：主持或参与课程建设、重视教学研究、发表教学和研究论文，从仅关注教师的教学常规到关注教师。教学和研究能力已将教学从简单的操作活动转变为科学复杂的活动再到学术活动。

2015—2017学年的变化很大。首先是评估表的设计。为了便于评分者的评估以及评估结果的计算和统计，同行评估和监督评估开始使用相同的评估表。此外，课堂记录的一部分会添加到评估表中，包括是否有课程计划、是否使用PPT、是否有黑板以及是否会维持教室秩序等。这表明在本科教学评估的背景下，学校更加重视教学规范。其次，在五个评价维度的具体要求上，“教学态度”对教师的仪表和教学创新提出了要求。“教学内容”更加注重质量，需要注意教学内容的系统性和前沿性；“教学方法”新增加了发挥学生主体作用的要求；“教学效果”强调培养学生分析，解决问题和创新的能力；“教书育人”的变化少，只有在表格的最后，有必要简要填写讲课和评价记录，并提出教学建议。总体上，在对教师的评价指标设计的基础上，从学年的数量要求到质量的要求，学校越来越注重学生的主体性，而不是单纯的知识教学，从而着重培养学生的能力。

与上一学年相比，2017—2018学年的评估指标的内容没有变化，但表格的设计更加规范，评估表格更加清晰直观，内容新颖。

在评估结果处理方面，在同行评估指标体系中，满分100分。“教学内容”维度得分最高，占30分，其次是“教学态度”“教学方法”“教学效果”三个维度，占20分。最低的是“教书育人”维度，占10分，每个维度进一步细分为4个级别：优秀，良好，中等和较差。每位教师将基于五个维度的分数计算总分数。总成绩将汇总到学院的学术事务办公室，而学术事务办公室将对每个评估的教师的分数进行排序，并计算平均分数。

3. 监督评估

2004 年，该大学开始实施教学督导制度。《某大学实施教学督导制度的规定（试行）》就教学督导的组成和任命、管理、职责、权利和待遇等问题制定了切实可行的规定。

2005 年，该大学在“某大学课堂教学质量评估工作实施计划（试行）”中解释了教学监督的职责。

2006 年，《某大学大学级监督实施细则（试行）》和《某大学关于进一步加强监督工作的规定》对校级监督工作做出了具体规定。

2011 年，《某大学关于进一步加强教职级教学督导的意见》进一步把重点放在教职级督导上，以进一步完善督导制度。2017 年，该大学根据自身作为教学研究型大学的定位，制定了《某大学监督工作条例》，对学校和大专院校监督的任命和职责作了更加明确的规定。

在评估主体方面，学校一级的教学督导要求是长期从事教学工作并具有良好教学效果，负责任和高级专业技术职务的教师或教学管理干部，以及 9 ～ 13 名教学督导员。聘用由部门和各教学单位提名，负责教学的校长审批，校长办公室通过学校任命后，每聘期为 3 年。二级学院教学督导的任命要求与学校教学督导一致。原则上，每个二级学院不少于 5 名教学督导。每届任期为 2 年，教学单位自己任命。

在评估方法上，校级督导负责全校本科教学水平的校级评估，全校教学质量的评估、检查与指导，优秀课堂教学成果的评估。对精品课程和教育改革项目的审查和推荐，并负责全校教师的教学监督。学院督导主要负责加强对本学院青年教师培训的指导和检查，进行有针对性的听课和评估课，充分了解青年教师的教学状况，并提出整改建议和意见。

在考核指标上，督导考核表还涵盖了教学态度、教学内容、教学方法、教学效果、教书育人五个方面，每个都有具体的内涵。“教学态度”强调教学的准备和管理，“教学内容”强调内容的准确性和深度，需要指导学生的学习方法和研究方法。“教学方法”强调掌握基本的教学技巧和灵活选择教学方法。“教学效果”对学生的理论知识掌握、创新和分析以及解决问题的能力提出了要求。“教书育人”对教师的师德和职业素养提出了要求。值得注意的是，每个学年监督评估指标的变化很小，主要是因为评估表的设计变得更加详细和直观。例如，2016—2017学年的课堂评估增加了新的填写基本信息内容。

在评价结果的处理中，监督评价指标中各个维度的得分与对等评价指标一致。满分100分。“教学内容”维度占30分，“教学态度”“教学方法”“教学效果”三个维度分别占20分，“教书育人”维度占10分。每个维度也细分为四个级别：优秀，良好，中等和较差。在计算出总分后，校级主管将结果提交给校务办公室，学校教育部门和学校事务办公室将汇总评估结果并计算平均分数。

4. 评估结果的应用和反馈

该大学教师教学评估会负责评估结果的应用和反馈工作。

5. 评价体系的主体

该大学教师的教学质量评价体系是基于学生评价、同行评价和监督评价三种评价方法。这三种评估方法似乎是相互独立的，但它们相互联系、相互影响、相互配合和共同促进，形成了整个大学当前的教学质量评估体系。

学生评价、同行评价和监督评价这三种评价方法在时间和空间上几乎没有重叠。每种评估方法都有独立的评估指标体系、评估过程和结果处理方法，并且评估主体具有不同的侧重。

相互联系和影响体现在以下事实：尽管它们各自有各自的系统，但它们的评价目标是相同的，而且评价指标是相辅相成的。从学生、同事和督导的角度进行评估可以很好地涵盖多个角度，使评估结果更加全面、充分。

学生评估、同事评估和督导评估这三种评估方法相互独立，充分保证了每种评估方法的客观性和完整性。同时，它们是相互联系和互补的，共同促进大学教师教学质量提升的持续发展。

6. 评价系统的结果处理和反馈机制

信息处理和反馈是该大学教师教学质量评价体系运行的最终环节。同时，它影响评估系统初始环节中评估规则的制定。具体而言，结果的处理和反馈可以充分说明评估系统的功能是否得到了最大化，还可以指导组织修订和改进评估系统。由此可见，整个评估系统的运行构成了一个“闭环”。要素的组成越合理，协作越顺畅，信息传递的速度就越快，整个评估系统就越趋于完美。因此，除了不断改善要素构成之外，确保评估信息传输和反馈通道的流畅也是评估系统发挥最大功能的关键。目前，高校教师的教学质量评估结果主要由学校教务处执行，但这一职能逐渐转移到第三方评估机构：教育和教学质量监测与评估中心。最终结果反馈包括两个过程：学生评估的结果将直接从学校事务办公室反馈到教师的个人教育管理系统；同行评估和监督评估的结果将从学校教务处反馈到教师本人。

7. 评价体系运行的保障机制

在高校的实际工作中，大多数人更加注重教师教学质量评价体系的建立，而对评价体系运行的保障体系则不够重视。目前，高等学校教师教学质量评价体系运行的保障机制包括系统保障、组织保障、机制保障、经费保障和条件保障五个部分。

系统保障主要是指政策层面的保障。具体来说，该大学的领导和决策部门对教师教学质量评估体系的建设给予了足够的重视，并不断完善了监督管理条例、学生评估体系信息系统等，以确保系统的平稳运行。评估主体和监管机构的责任和权利是有充分根据的，并且要遵循一些规则。组织安全主要是指评估机构人员职责和福利保障的调整，例如，作为学校级督导员的教师根据工作量收取一定的劳务费。机制保障是指评估机构的调整和完善。例如，建立第三方评估机构——教育和教学质量监控与评估中心，其目的是更科学地评估教师的教学质量。经费保障和条件保障为教师提供机会和支持，以提高教学质量。经费保障是每位教师每年有固定数量的经费作为教学技能升级的培训费。条件障反映在对大学教学活动的保护中，为了实现这一目标，该大学正在进行师资调整，以确保教学学院有足够的办公空间以及教学和研究空间。

8.2.2 现状调查与分析

1. 学生评估

由于只有学生才能参加在线教学评估，因此教师和管理人员对此并不太了解。学生评估主要分析问卷调查和学生访谈的结果。

关于学生的教学评估目的，47% 的学生表示他们了解教学评估的目的和意义，53%的学生不了解，差异很小，表明近一半的学生之前有一定程度的对教学评估的理解和掌握，但这并不能反映学生对教学评估目的和意义的理解。因此，在采访中再次提到了这个问题。三名受访学生表示，他们认为在线教学评估的目的是评估教师的课堂教学，以便学校能够了解学生对课堂的想法和教师的课堂状况。可以看出，学生对教学评价目的和意义的理解停留在教师教学状况的“表面”上，而没有深入到提高教师教学能力和促进教师专业发展的水平。这表明学生不理解教学评估的实质性含义。

有79%的学生表示他们在接受教学评估之前没有得到详细的教学评估指导，只有21%的学生表示他们已经接受了指导。其中，学生提道：“得到的指导评估指南是，辅导员告诉我们，打分时不要太低。”严格来讲，这并不是指导学生根据评估前的教学评估内容和过程进行打分的方法，因此，学生只能在网上选课通知书中简要了解教学评估程序，然后根据自己的理解进行评分，缺乏客观依据和统一标准。

根据学生对教学评价目的的理解，问卷第4题的结果表明，有56%的学生希望尽快参加教学评价以选择课程，有36%的学生拥有自己的教学选择。关于教师教学的想法，有8%的学生选择其他。换句话说，超过一半的学生没有将教学评估作为目的，而是将其作为选课的必要手段。这与学校在选择课程之前评估教学的要求有关。在采访中，一位学生提到为了选择自己喜欢的课程，他基本上在2分钟内完成了教学评估，没有时间仔细阅读内容。进行评估时没有清楚地看到指标的内容，因此获得的结果无法经受审查。一些同学甚至在采访中说：“参加在线教学评估的意愿是因为必须评估教学才能选择课程。”以这种方式得出的分数和结论在有效性和可比性方面受到很大的损害。

根据学生对教学的评价效果，问卷第5题的结果表明，有15%的学生认为教学评价对提高教学质量有显著效果，有38%的学生认为效果是中等的，有34%的学生认为效果很小，有13%的学生认为效果很大。这个问题主要反映了学生对教学评估目的的期望水平。超过一半的学生期望水平较低，认为效果不明显，甚至有少数学生认为无法达到教学评估的目的，这意味着大多数学生认为教学可以提高学生的教学质量。造成这种情况可以归因于两个问题：第一，学生对教学评估目的缺乏理解；第二，学生缺乏在线教学价值评价。在此基础上，学生自然对实现评估目标的程度没有期望。在学生评价指标方面，问卷第 10 题的结果表明，有 89% 的学生不了解评价指标的设计过程，只有 11% 的学生表示了解，而采访的三名学生说他们不理解。不理解的原因是学生没有机会和手段参与学生评估指标的设计。

2. 同行评价

从整体实施情况来看，由于同事之间人际关系的复杂性，同行评价的实施过程比较草率，评价偏见是主观的，评价标准是不同的、是形式化的，具体情况可以从教师的访谈内容中看出。

教师 1：“每个教师在同行评估中都有不同的标准，而且非常主观。一般来说，很难说好，因此很难学习如何通过同行评估来改善课堂教学。”同行评估有不同的评估标准。每个教师对于教学质量都有自己的理解和衡量标准。评分时，他们还将基于自己的考虑，这可能会导致同一位教师的最高分和最低分分数差距很大，也可能使同级别教师的分数有所不同。

教师 2：“由于教师之间的想法和其他方面的差异，同行评估很容易形式化。”由于高校教师与基础教育阶段的教师不同，因此没有统一的教科书和班级安排，他们基本上是个体劳动。因此，教师之间在知识类型、教育观念和教学方法选择上存在差异。

教师 3:“同行评估非常重要，但是在这个过程中几乎没有实施。原因是，首先，教师不希望同行参加课程；其次，同行评估有时缺乏专业水准。”如上所述，高校教师之间存在很大差异，不同专业和领域的教师相互评价的结果难以令人信服。

教师 4：“只要对方之间的事实情况没有错，分数就会更加随意，因此无法确定信息是否能够真实反映出来，即使信息是真实的也不会准确地反映出来。”高校教师碍于复杂的人际关系，评估时往往会根据事实选择高分，最终的总分是不可比的。

就同行评估指标而言，指标的五个维度基本上涵盖了教师教学的各个方面。指标中对教学态度、教学内容和教学方法的强调使评估结果具有代表性，但教师普遍反映同行评估在指标方面，过分强调常规和定量指标，例如课程计划和学前教育。课堂准备中，仅靠某些指标无法更深刻地反映教学质量，例如学生的课堂学习成绩和学生的教育信念。例如，有教师认为同行评估仍然停留在更广泛的评估方法上，内涵的评估则是学生已经开创或教育他们的想法，相对缺乏信念和教学能力等评价指标。这样的指标体系虽然可以保证教师教学的底线，但对教师专业能力和教学技能的进一步发展影响不大。

另外，由于评估指标太细，指标权重也太绝对，教师必须严格遵循指标，这限制了教学风格，降低了课堂灵活性。但是存在一个问题，就是作为评估者的教师没有参加指标设置，另外，还有一个班级的评估指标存在太细和太多的问题。这使得评估人员很容易严格遵循指标，导致课堂过于僵化。

在评估结果的处理中，所使用的方法是获得评估者得分的平均值。评估结果是绝对值。绝对值的优点是比较直观且方便，但同时也使人们怀疑分数是否足以反映教师的教学质量。与基础教育阶段相比，大学教师的教学不仅要传授知识和方法，而且要以微妙的方式教给学生思维方式，开阔视野，传达教育信念和理想。因此，以绝对值总结教师的教学质量始终是一个方面。

3. 监督评估

为了进行监督评估，采访了两个大学级别的监督者，即D教师和H教师，以及一个学校级别的监督者W教师，其他教师则是监督评估的评估者。在访谈中，W教师谈到了建立监督评估系统的初衷。高校扩招后逐步建立了监督评估体系。在扩招之前，大学生人数较少，教师的薪水较高，因此教师可以全力以赴进行教学。扩招后，学生人数急剧增加，教师任务艰巨，工资相对较低。因此，一些教师分散了精力。在这种背景下，监督评估体系应运而生。

在全面实施监督评估方面，W教师作为学校级监督，详细阐述了监督和选拔听课教师以及日常监督工作。首先，学校监督主要是由具有丰富教学经验，退休或即将退休的学校领导、老教师代表进行的；授课教师主要有两种，一种是新聘的青年教师，另一种是学生反映课堂教学中存在一定问题的教师，此外，督导人员还将根据专业能力选择一些听众。其次，日常监督工作主要是对学校的教学工作进行监督检查，并与教师进行沟通。

大多数教师表示了对督导评估方法的认可。原因是：首先，督导随机聆听增加了教师在课堂教学中的重要性。其次，督导可以监督教师的教学计划，如课程计划的编写、课前准备、功课纠正标准等，为评估本科教学质量打下良好基础；第三，督导人员大多是经验丰富的教师，为教学教师提供了很多教学建议，帮助教师提高教学质量。但是，由于督导人数少，不可能完全覆盖每位教师并跟踪和聆听教师。因此，监督和评估的结果通常是“一次性的”，无法归一化。

在评价指标上，监督评价的评价指标与同行评价相似。它们也分为五个一级指标。从 2016 学年开始，相同的评估表将用于监督评估和同行评估。更不用说监督评估和同行评估的指标存在类似的问题。从评估结果的有效性角度来看，评估指标的相似性使两种评估方法彼此缺乏独立性，最终可能导致结果的差异，并且功能趋于一致。此外，针对监督评估指标的变化，W 教师在接受采访时说：“近年来，监督评估指标已作了修改，但总体变化并不大。一直在不断尝试修改指标体系，以适合实际情况，但始终不尽完美，原因是教学方式差异很大，专业、学科、教师和班级的不同会影响评估，因此没有一个评估指标体系可以照顾到所有方面。”也就是说，在监督评估中，它是通过指标体系获得的。分数只能部分反映教师的教学质量，更重要的是监督课后提供给教师的教学建议。

在本科教学评估等特殊时期，将根据本科教学评估的要求对监督评估指标体系进行相应调整和完善。例如，本科教学评估更加重视教学常规，监督评估指标将增加该领域的比例。上课前，需要准备课程计划、教学大纲和参考书。

在评估结果处理方面，对监督评估结果的处理方式与对等评估相同：首先，督导对他们所听课程分别评分，然后求出所有得分的平均值。同一课程，学校的监督评估水平有所不同。由于学校级督导人数很少，因此很少有教师让多名督导参加课程，而且没有获得平均分数的步骤。另外，如上所述，监督和评估的超常规方式存在问题。也就是说，监督实际上不能完全理解教师的教学过程和内容，因此不能准确地判断教师的教学质量。它可以针对班级中教师的教学表现，而不是进行全面而结论性的评估。综上所述，监督评估的结果具有参考价值。对于教师来说，与同级评估一样处理监督评估的结果是不公平的。

4. 评估结果的应用和反馈

关于评估结果的应用，评估结果主要与学生问卷中教师的表现、职称评估和奖励评估相关。对于评估结果的应用，问卷的问题 18 显示 80% 的学生不理解评估结果。

可以看出，学生对教学评估结果的使用不了解。采访中，学生说："学校要求每学期进行在线教学评估，只是知道结果肯定会影响教师，尚不清楚影响是什么，影响到底有多大。"也就是说，在整个教学评估过程中，学生仅参与评估表的填写和评分，而其他环节则主要由评估管理部门负责协调和执行，而学生则缺乏参与。

有教师在接受采访时说："评估结果与教师对职称的评估和第一次评估有关。就职称的评估而言，五年内必须有一个优秀。其他对教师的影响很小。"其他教师尚不清楚，在教师职称评估表中是否反映了教学质量评估，包括过去几年教师的同级评估和学生评估的最高和最低排名，以及大学给出的总体评估。校级督导教师在督导评价结果的应用中提道："督导评价结果对教学特别优秀以及教学有明显问题的教师有相对的影响。例如，督导会推荐优秀的教师，希望该校将重点放在对其的培训上，并且还将向学校报告有明显问题的教师，这对平均教学水平的教师影响较小，但也将起到监督作用。"可以看出，督导评价在成果的应用中起到了一定的作用，特别是对于新任教师和教学有问题的教师，可以通过督导的专业建议得到极大的帮助。同时，监督的推荐也可以为优秀的教师提供更多的机会。

学院教务处的教务管理人员在采访中提道："学院教务处仅负责评估材料的整理、汇总和提交，成绩的处理和运用属于学校学术事务办公室的工作。"也就是说，学院的学术事务办公室几乎无权参与结果的使用。

综上所述，该大学教师的教学质量评价体系在评价结果的运用上缺乏一定的开放性和透明性。除了学校的监督外，几乎所有的教师们都说他们不了解使用评估结果的方法和过程。这种情况使评估人员很容易质疑评估结果的真实性，然后对整个评估系统缺乏信任。

关于评估结果的反馈，相关政策文本中有规定。三种评估方法有不同反馈方法。同行评估和学生对教学的评估结果将以特定的分数和排名的形式反馈至教师的个人教育系统，以监督评估。课后，督导评估会直接与教师沟通。

在回答反馈时，学生在访谈中提道："在填写评估表后没有对此事给予太多关注，并且在这方面没有收到任何反馈，所以不太了解。"有两种情况：一种是学校的教务处未提供反馈，另一种是学校的教务处本身有反馈，但学生并不关心。但是即使在第二种情况下，学生也无法从公共渠道获得反馈结果，这也表明反馈方法存在某些问题。

学院教务处的某教务管理人员在接受采访时说，学校教务处的管理者详细说明了评估结果的反馈过程："学生对教学的评价结果是从学校教务处系统到教师的教育管理系统的反馈。反馈表是评估结果，大学领导将获得教师的排名，监督评估的结果通常会反馈给当场的个别教师，同行评估的结果首先反馈给学校的学术事务办公室，经过学校学术事务办公室的统计处理后，反馈给教师。"可以看出，该大学评估结果的反馈机制较为平稳，但经过仔细考虑，仍会发现联系不明确，如反馈周期的不确定性、教师无法确认反馈结果是否可以上诉等。

在对教师的采访中，有教师说他几乎没有收到任何反馈："自从来到这所学校，还没有收到关于如何上课或如何评估自己的教学的任何反馈。"有教师说他已经收到了有关评估结果的反馈："评估反馈需要研究三种评估方法：第一，如果同学们听课，他会当场给教师反馈，以便改进。第二，监督评估是最正式的，是向学院提出意见，然后学院根据教师反映的情况考虑如何提升教师或称赞教师。第三，学生评估，教师可以登录管理平台查看学生的教学评估结果。"可以看出，并不是所有的教师都会收到反馈信息。关心程度更高的教师会主动查询他们的评估分数和排名，但是大多数教师仍然说结果缺乏反馈。在访谈中，只有一位教师说他已经收到反馈，并且可以更详细地解释反馈的方法，而其他教师则说没有收到反馈。

因此，不可否认的是，高校教师的教学质量评价存在着结果反馈信息传递不足的问题。尽管以上内容中存在一些反馈，但此时无法实现结果反馈的通用性。这也与教师主动获得评估结果的意识减弱有关。此外，分数和排名能否单独反映出教师的教学质量？

一般适用于大学教师的教学质量评价体系，评估主题涵盖学生、教师和监督，足以充分反映评估情况；实施过程中的所有环节均正常运行，链接流利且可行；评估结果直观简洁，对教师有一定影响，是有效的；在最终反馈链接中，教师可以从教务管理系统中查询自己的分数和排名，还可以及时从监督意见中获得反馈。但是，在此之后，高校教师教学质量评价体系存在的问题和原因不容忽视。接下来，将从权重比例、评估指标、评估反馈和评估过程四个方面解释评估系统中存在的问题，并分析其原因。

8.3 评估系统中存在的问题及原因分析

8.3.1 评估系统中存在的问题

1. 评价权重比例不合理

目前，在该大学教师教学质量评价体系中，学生所占比例略大，其次是同行评价和监督评价。这三种评估方法可以在一定程度上反映教师的教学状况，但由于权重分配不合理，对学生的评估过多，影响了教师教学水平的正常表现以及同事作用的发挥。评估和监督评估不可能达到最大化的绩效，存在一个问题，即同行评估是形式化的，但是监督评估却没有规范化。

学生评价是该大学教师教学质量评价中的主要评价方法。作为教师教学的直接参与者，学生对教师的教学能力、专业水平和教学效果有最直观、最真实的感受。他们无疑有发言权。但是，将学生评估作为衡量教师教学质量的最重要部分是不合适的。原因是尽管学生是课堂教学的直接参与者，但由于缺乏专业的理论和实践，学生有时无法充分吸收课堂教学的内容，在教学评估过程中，学生容易使用情绪而忽视客观条件。正如有位教师所说：“毕竟，学生是发展中的人，他们要注意教师是否有亲和力，课程是否相对容易，即充满情感。”也就是说，学生评论教学是主观的和非专业的。在调研中，一些教师担心学生的评价过于主观，不够认真，导致评价结果缺乏客观性。

此外，学生在教学评估中的重要性过高，使得教师很容易根据学生的喜好改变教学方式。最明显的表现是，教师故意减少了课程难度，并增加了更多的互动链接，课后作业和考试变得简单轻松。以获得学生高分。这实际上与教学的初衷相反。喜欢上课，但不能真正学习知识。这里必须强调的是，学生对教学的评价应成为师生交流的渠道，是促进教师专业发展的途径，而不应成为教师管理的手段。引用教师的观点，学生的意见不具有对教师进行评分的功能，因此学生对教学的评价结果只能作为教学研究的基础，不能作为对教师采取任何管理措施的依据。因此，将学生的评价与教师的管理联系起来并过分权衡只会阻碍教师的教学，最终导致难以在适当的氛围和情绪中进行正常教学。

2. 评估指标体系存在的问题

评估指标体系存在三个问题：内容过于统一，更新不及时，指标缺乏可操作性。

（1）内容过于统一。目前，该大学教师教学质量评价指标的内容过于统一，主要表现在对专业差异的忽视和对学科差异的忽视上。忽略专业的差异，所有学院和专业都使用同一套教师质量评估指标体系。但是，不同的课程和教学内容具有不同的教学重点和要求。例如，有些课程理论性更高，对学生的互动性和实践性要求较低，而有些课程则更具实用性。因此使用统一的评估指标来衡量各个领域和专业的教学实际上是非常不准确和不科学的。尽管统一指标体系更易于操作，更标准化，而且结果似乎更为客观，但它并未反映不同学科和专业的特征，削弱了教师教学的专业性，并导致评价结果缺乏可信度。例如，有教师在采访中说："从教育中学到的评估指标应该与其他专业不同，因为培训的大多数学生必须走到教育的第一线，他们的教学技能、专业水平、教学实践，最重要的一点是，教育信念是评估教学质量的重要指标。"忽略主要差异主要反映为两点：第一，忽略被评估教师的个体差异。大学教师是一个需要专业性和创造力的专业。不同领域、不同年龄、不同个性的教师将有自己独特的教学方法。但是，该大学教师教学质量的评价指标不能反映教师教学风格的差异。教师的个体差异和学科教学差异的要求不利于建立具有学科特色的教学方法，甚至不利于教师的专业发展。第二，它忽略了评估主体角色的差异。学生、同事和督导的三个评估主体代表了不同的评估目的和需求。例如，学生作为课堂教学的直接参与者，他们看到了教师最真实的教学状况，他们的需求是获得实践知识和思维训练方法，因此学生的教学评价指标的内容需要体现教学教师的情况和教学效果。这涉及学生面谈。

学生曾经说过："对教师的其他方面并不了解，但是在教学中，希望教师的态度首先是正确的，真的很喜欢教师想传授的知识。另外，希望教师传授的知识将来会派上用场。"同行和监督者也有不同的职位和评估目的，他们的评估指标也应该能够充分体现其特征。

（2）更新不及时。可以看出，该大学的评价指标主要集中在教学水平上，整个指标体系反映了教师的底线水平。也就是说，目前该大学的评价指标只能评价教师的基本教学状况，而不能反映更深层次的内涵。此外，尽管不能说整个评价指标体系都保持不变，但自其建立以来尚未对其进行完全更新。偶尔的更改是在一定水平的索引下对特定内容的修订和改进。但是，随着社会需求的变化，地方高校的学科和专业不断调整和发展，课程体系、教学内容和方法不断更新。如果继续使用原始的评估指标而未反映新的更改，则评估结果将缺乏可信度。此外，新课程和教学还处于探索阶段，需要更多的空间和时间来不断调整和适应。对于此类课程和教学，应使用突出发展和过程的评估指标，与成熟课程相同。评价指标可能会损害教师使用新课程和新教学的热情，这不利于当地大学课程体系的改善和先进教学理念的引入。

（3）缺乏可操作性。在教学质量评价的实际工作中，该大学的评价指标缺乏一定的可操作性，这主要体现在对指标内容缺乏清晰的描述上。简而言之，评估指标中有许多定性描述的词，例如"激情的演讲""精神饱满""全神贯注"等。这些词包含大量的主观因素，容易产生理解上的偏差并导致评估结果不够客观。实际上，应该在评估指标中添加更多的操作定义，以便评估者可以具有统一的评估标准。

此外，评估指标中仅明确定义了一级指标及其权重。对于如何将特定指标划分为第一级指标以及得分结果如何构成第一级指标，没有明确的规则。因此，在对评估对象进行评分时，要根据他们的主观判断来增加评估的随意性。

3. 评估反馈不够透明

详细说明了该大学教师教学质量评价反馈的具体情况。总体而言，评估反馈机制可以发挥一定的作用，尤其是监督评估反馈结果，为教师提供了有效的教学改进意见。但是，当前的反馈机制仍然不够透明，反馈过程、反馈时间和反馈结果中存在歧义，可以粗略地归纳为不良反馈渠道和模糊反馈结果。

（1）反馈渠道不良。不良反馈渠道主要包括异常反馈和接收反馈的对象有限。

关于异常反馈，同事评估和学生对教学的评估遵循常规程序。评估结果应在每个学期末反馈至教师的教育管理系统。但是，教师通常报告说他们没有收到反馈信息，他们不了解反馈的方式和方法。在采访学院学术事务办公室的行政管理人员时，行政管理人员说："有一个反馈过程，但是对于学生评估的结果，教师们只收到一次反馈。"这足以表明在同行评估和学生评估中存在反常反馈的问题。监督评估不能涵盖所有教师，因此反馈不能涵盖所有教师，监督评估的反馈主要针对两名优秀或有问题的教师。对于教学秩序正常的中级教师反馈不多，因此监督评估的反馈还不够正常。

关于收到反馈的主体有限，目前该大学教师教学质量的评估结果主要反馈给教师的个体教学管理系统。即使是学院的教务处也无法准确掌握每位教师的评估结果。其他评估主体，例如督导和学生，无法获得评估结果。尽管这种方法保护了教师的个人隐私，但不利于培养被测者主动参与评估的意识。以学生评价为例，学生对评价过程、评价结果的处理方法、评价影响等不了解，评价后如果没有反馈，就很容易质疑评价的目的和用途。他们认为整个评估只是要经历整个过程。但是，如果在评估后给学生反馈，他们就可以充分理解评估对教师的影响。相信评估可以改善教师的教学，当然可以调动学生的评估热情。

（2）反馈结果模糊。反馈结果的模糊性体现在两个方面：第一，不公开结果的处理和影响。第二，缺乏指导。

在第一方面，该大学教师教学质量评估结果的处理和影响是非公开的。政策文本仅提及评估结果以平均分数的形式表示。结果将影响教师的任职、职称等，但具体算法无法反映结果影响的细节，并且评估对象也无法了解。这严重影响了评估主体对评估系统本身和结果的信任。

在第二方面，该大学评估结果的当前表示方法是绝对分数和排名。但是，由于评分标准因人而异，因此绝对评分仅具有相对含义，缺乏可比性。另外，分数和排名只能反映结果，而不能反映过程。教师无法理解自己的弱点，也无法进行有针对性的纠正。

4. 评估过程缺乏动力

目前，该大学对教师的教学质量进行静态的横向评估，即基于分数来判断教师的教学质量，但缺乏动态的纵向评估。评估过程侧重于诊断，不能反映教师的发展和教学的改进。具体地，评估过程中缺乏动力主要反映在对评估主体的积极参与缺乏认识上，并且评估过程侧重于诊断功能。

（1）评价对象缺乏积极参与的意识。由于对评估指标、实施过程和结果程序缺乏了，该大学教师教学质量评价中大多数教师缺乏积极参与评价的意识。以学生评估为例，在评估过程中，学生必须进行评估以参与在线课程选择，而同行之间的评估也归因于大学规定，这实际上是一项强制性评估。尽管该方法允许评估对象参与评估，但是缺乏参与程度和参与意愿。大多数教师们被迫参加，然后采取应对的形式。以这种方式得出的结论缺乏准确性和有效性。

（2）评估过程侧重于诊断功能。由于该大学目前使用静态水平评估，所以评估过程和结果主要是用于诊断教师的教学质量。不可能用动态和发展的观点来系统地评价教师教学的全过程，而对教学质量的评价只能在学期末进行，评价结果是“一次性”，不能反映教师教学的发展和完善。因此，这种诊断性评估无法让教师通过评估获得信息并了解自己的优缺点，从而提高他们的教学水平和发展其专业能力。

8.3.2 原因分析

1. 评估教师之间的矛盾

大学教师质量评估的目的是提高办学水平和质量，以期获得更大的社会回报率。因此，追求社会效益最大化是大学的组织目标。对于教师而言，他们追求的是个人发展，个人发展不仅包括经济收入目标，而且还包括促进社会地位提升和实现自我价值。对于学生而言，作为高等教育机构的当事方，他们当然可以在课程设置和教师教学质量评估中拥有发言权。但是作为非专业教学人员，学生通常要求教师在教学中要有乐趣和中等难度，并希望教学能够帮助他们尽快适应社会需求。从长远来看，学校、教师和学生的需求是相同的，但是从短期来看，不可否认的是，不同评估主体的需求之间存在矛盾。发生冲突时，学校可能为了集体利益而牺牲个人利益，而教师也可能为了实现个人发展而牺牲其他学科的利益。正如有教师在采访中所说的那样，在扩招之后，由于学生人数的大量增加，教师的压力太大，薪水水平不能满足满意的生活，所以教师会选择牺牲质量教学并转移他们的注意力以带来更多的经济工作。而且由于学生对教学的评价往往占很大比例，因此满足自己需求的评价结果将对教师的教学产生更大的影响。因此，自古以来就有声音说学生不应享有与高等教育专家相同的地位，正如霍尔曼所说："大学不是平等社会，而是等级制社会。"

从教学的角度来看，学校要求教师提高教学质量，采用严格的教学质量评价体系，但不能提供更优化、有效的教师激励机制。教师不能获得与教学工作相同的报酬，无法实现个人发展，他们将只能应付教学和教学评估。学生对教师教学的期望缺乏前瞻性，其结果往往不利于教师的发展和教学质量的提高。在这种情况下，不同的评估对象无法获得任何好处。最后，教师可能会完全丧失教学和评估的主动性，实现个人目标是最终的诉求，这无助于教师教学的发展。

2. 教师们的兴趣需求与标准制定过程的有效性之间的矛盾

建立以质量为核心的中国本科教学工作水平评估教学评价体系。总体评估是被评估者和评估者共同建构意义的过程。评价过程是民主参与、协商、沟通的过程。也就是说，在教学质量评价中强调民主化才能真正实现评价的意义。评价标准的独特性将使评价体系无法突出不同学科的意图和需求，而且学科也缺乏对评价体系的认同感和信任感，总体而言，评价标准的制定需要多个学科的参与。只有实现主题的多样化和民主化，评估才能更加准确和科学。

但是，评估标准的制定是一个复杂的过程，涉及多个利益相关者。它不仅需要考虑评估对象的意愿和需求，而且还需要考虑学校利益的实现以及评估程序和结果的最大效率；此外，为了实现每所大学的职能专业化，学校管理机构必须由专家和编外人员组成，学术自治将是切实有效的。也就是说，学校在决策时不仅考虑教师和学者的利益需求。更重要的是，决策的可行性和有效性。但是，当学校的利益和程序的有效性成为评估标准的"主要旋律"

时，将不可避免地影响主体意志的体现。例如，如果过分强调评估结果的直观性，则最直观的绝对分数实际上无法反映多少实际内容。或者以一个评估科目的需求为标准制定的参考，那必然会损害其他学科的利益，例如，以学生的需求为评估标准的核心，则最重要的是“情感”。对学生来说，能力和教学水平的体现是最小的。

如何在考虑程序有效性的同时平衡不同主题的需求只有明确权重，从第三方的角度客观地分配评估主体的比例，然后按照评估主体的意愿进行比例分配，最终确保整个评估秩序的正常进行。

3. 评估程序的有效性与评估结果的准确性之间的矛盾

效率是程序操作的基本追求。高校教师教学质量评估涉及广泛的评估主体，评估标准和方法多种多样，结构很复杂。因此，只有通过提高效率，才能控制评估周期以确保评估系统的正常运行。以学生评估为例，学生是课堂教学的直接参与者，他们对教学评估的反馈不能马虎。同时，作为最大的大学群体，每个学期末的在线教学评估工作量很大，而且工作烦琐，因此，学校的学术事务办公室首先要保证评估程序的高效运行，并在制定教学在线评估规则时，保证评估结果的直观性和有效性。

但是，强调有效性并不能考虑结果的准确性，因为准确性要求评估结果能够充分反映不同主体的意愿，然后从确定评估目标开始就充分调查不同主体了解“良好的教学”的程度。规则的制定吸收了不同的声音，并且在教学的各个阶段，在教师的评估过程中采用了后续评估方法。最后，评估结果的处理必须平衡教师们的权笔，这意味着可以建立非常准确的评估。该系统需要大量的时间成本和人力资源。

一个完善的教师教学质量评估体系也需要长期修改和完善。因此，在权衡程序的有效性和结果的准确性时，首先要确保评估程序的正常运行，其次要考虑一定的准确性，最后要保证效率。

4. 评价结果的公开性和透明性与保护教师隐私之间的冲突

这里要强调的是，信息的公开性和透明性是评估程序公正性的体现。在法理学概念的帮助下，程序正义是指诉讼程序本身的合法性和公正性，是一种程序正义。教学质量评估中的程序正义是为了确保所有利益相关者的权利，并公开评估信息和结果。原因是评估中的所有主体都有知情权，学生、教师、主管甚至其他人都参与了教学质量评估。所有相关方都应该并且需要了解评估结果。另外，评估信息的公开有助于教师了解整个评估情况，不符合事实的评估也很容易暴露。从这个角度来看，评估信息的透明度似乎是理所当然的。

但是，大学教师很特别。首先，大学教学的复杂性决定了评估结果不能完全反映教学质量。其次，高校教师作为社会上的高才智和精英人士，他们通常具有很强的自尊心和极其严格的自我保护意识。由于评估信息在一定程度上反映了等级和价值的判断，过于公开和透明将不可避免地损害一些教师的自尊心和荣誉感。同时，评价结果作为个人信息，过于公开也侵犯了大学教师的隐私权。

因此，对高等学校教师的教学质量评价应该能够为评价结果提供公正公开的反馈，还需要保护教师的尊严和隐私，以激励教师，确保评价过程的公正性。为了在两者之间取得平衡，重要的是强调参考而非评估结果的决定性，同时建立一种特殊的通知机制，以定性和中立的方式向评估主体展示结果。优化该大学教师教学质量评估体系的建议。

8.4 评估中应注意的几个问题

8.4.1 被评估者的权重应保持平衡，评估方法应突出被评估者的特征

作为教师教学质量评估的直接参与者，评估主体主要是反馈不同角色或阶层对教学质量评估的需求和偏向，也就是说，学生、教师和督导这三个评估主体仅代表需求和要求。

目前，尽管该大学教师教学质量评估的学科没有明确划分权重，但由于学生评估是最早、唯一的全校评估方法，因此，学生教学评估的参考价值在结果上的影响高于同行评估和监督评估。以该学校教师教学质量评价模型为例，教师自评价占 15%，学生评价占 40%，专家评价和同行评价各占 15%，教师教学档案质量评价占 15%。换句话说，在评价中，学生评价所占比例通常高于其他评价方法。但是，已经讨论过，作为评估对象的学生会遇到诸如主观评估和缺乏专业素养的问题。同时，强调学生对教学的评价容易影响教

师的行为选择，迫使教师改变课堂教学方式来满足学生的偏爱，却削弱了教学质量。因此，如果评估系统在提高教学质量方面确实发挥了作用，则必须在保持科目权重平衡的基础上反映不同科目的评估特征和功能。

保持教师们权重的平衡意味着评估系统中不同教师们的比例之间的差异不应太大。重要的是要了解每个主体的评估特征，并基于此设计不同的评估方法，以使评估效果最大化。以麻省理工学院（MIT）的教学评估系统为例。作为一所私立研究型大学，麻省理工学院的评估方法与美国其他大学相同。它采取了包括学生和教师在内的多元化方法，如学生、社会人物、研究人员等。学生评估采用学生等级量表、笔试评估和学生成绩测试等方法；同行评估以匿名评估组为单位，决策采用匿名投票，强调评估的机密性。此外，还包括教师自评估，主要采用教师本人制作的档案袋的方法，内容包括课程计划、自评估和教学相关材料。可以看出，麻省理工学院在制定教学评价方法时并没有过多地强调某一学科，而是着眼于不同学科的特点和功能。学生评估的特点是学生具有课堂教学的直观体验。设计更多地遵循了学生的直觉体验，例如，麻省理工学院的评估指标包括“教授是否给了清晰的解释”“教授是否鼓励积极参与自主学习”“教授是否可以在课后任何时候回答学生的问题”等。描述是从学生的角度对教师的教学的直观反馈。同行评估更注重专业性，同时强调保密性，以避免同事之间的私人关系影响；教师自评价的重点是反思性的。应借鉴国外大学的实践，重点改进针对不同评估主体功能的评估方法。学生对教学的评价可以最好地反映教师的教学态度和教学理念，例如课堂上教师的教学是否认真，是否有传达教育信念的意识或教学中应坚持的教学质量，因为学生是最直接的课堂教学的参与者和观察员；另外，同行评估最能反映教师的专业知识，因为同一个学院的教师彼此了解得更好，所以可以评估传授的知识或思维方法是否正确和适当；最后，监督评估可以最好地反映教师的教学常规和方法。由于督导经验丰富，所以有绝对的权威。

8.4.2 评价标准中规定的参与权应根据专业特点下放

目前，该大学教师的教学质量评价指标主要是由教学中的决策机构确定的，并有两级的学术委员会参与评审。制定评估标准后，学校的教务处将在学院单位中收集有关标准的意见，师生可以参加。也就是说，大学评估标准的决策权主要掌握在学校一级的决策组织手中。教师有权提出建议，但是推荐渠道是否畅通和推荐采用率不是硬性标准。期望学校级决策组织制定的标准能够反映不同专业、领域和学科的特征。从中国其他地方大学建立评估标准的情况来看，上海师范大学的评估标准、评估运作过程和规范主要由教务处制定。一所学校在其教学质量评估模型中明确指出："教务处有权组织相关人员根据评估工作时间修改评估方式、评估指标和评估权重。"情况几乎与该大学相同。就是说，目前，地方高校教学质量评价标准的制定权基本上是由校级评价决策机构、校级评价机构控制的。

如何使索引标准具有识别和区分的程度，可以以美国加州州立大学北岭分校的实践为参考。加州州立大学北岭分校主要采用同事评估和学生评估两种方法。同行评估不是使用统一的同行评估表，而是根据部门和学院的情况设置的。反馈能力和教学问题，作为教师晋升和终身教学应用的基础；学生评估由学校同时发布，旨在评估教师的课堂教学内容和状态。可以看出，加州州立大学北岭分校在指标制定方面分工明确。针对不同学科和领域的专业特征的评估标准必须以专业人员为基础，而对教学过程的普遍评估则需要统一的标准以促进结果的恢复。基于中国地方大学评估规则的统一特征，以及评估程序和评估结果处理的正常运行，不可能完全将标准制定权下放给大学，而是根据专业特点，参与制定该些标准的权利是适当的，权力下放是可行的。具体而言，各学校可以在学校统一制定的评估标准中增加、减去、修改和改进针对大学教学和专业特点的评估标准的具体内容，以适应专业能力和方法。在教学发展方面，认为从评估结果的准确性和促进教师教学发展的角度来看，这样做更为有益。

8.4.3 应在保证教学、促进教学的基本环节上突出评价指标

目前，该大学教师的教学质量评价指标主要包括五个方面：教学态度、教学内容、教学方法、教学效果和教学育人。它们基本上涵盖了教师的整个教学过程，并结合五个维度对具体评估内容的描述，发现评估系统强调了教学的基本联系和程序。在本科教学评估中，由于国家教学评估强调合格，因

此评估标准的重点进一步转移到了教学常规上。教师教学和研究能力的评估仅在 2015—2016 学年使用。量表中的“教学态度”一词简要提到，“重视教学研究和发表教学研究论文”，仍缺乏真正反映教学和科学研究水平的指标。其他地方高校在这方面也有一定的不足。例如，上海师范大学的教学质量评价标准包括教学目标、教学内容、教学态度、基本教学技能、教学组织、教学效果和教学纪律，但都强调教学联系和过程的基本指标。

完成基本评估后如何进一步评估教师的教学和研究能力？首先，有必要弄清楚什么是“教学学术”。在这里，引用舒尔曼的观点，他认为，“教学就像另一种学术形式。这是一项成就。当教师开放工作并接受同事评估时，这种交流将反过来加强其教学工作，使教学学院更具教学意义。”也就是说，教学是学术性的，是一项具有研究性质的活动。在教学过程中，教师应将教学视为研究者，并利用发现和创新思维来设计教学环节和研究教学内容。此外，地方高校在教学质量评价中还应重视对教师教学科研能力的培养。在具有专业知识的基础上，设计更苛刻的评价指标，如对教师教学能力的评价和对教学方法能力评价的选择等，以追求更好的教学质量。

8.4.4 在教学评估中应强调教师的力量，并调动教师的积极参与

目前，在高校教师教学质量评价体系中，教师就像“局外人”。除了按照程序进行评估外，对目前的评估体系几乎没有概念，没有认同感和参与感。原因很明显，教师缺乏对评估体系制定的理解和参与。他们总是被动地进行评估，自然不能主动地融入教学评估中。在上海师范大学的教师教学评估模式中，学校教务处评估办公室是制定质量监控标准、操作程序和规范的主要机构，仍然没有提及教师在此程序中了解和提供建议的权利。因此，重庆的一所师范学院具有更多的知情权体现，并提出了教师教学评价的建议。学校建立了一支由各学院领导、专家和教授组成的教师教学质量评估小组，主要根据各学院的目标和要求，为专业教师的教学制定具体的评价方法。另外，学校的教学检查系统还要求大学定期举行研讨会，以听取教师和学生的意见。综上所述，从教师激励的角度出发，确保在制定评价规则时能够听取和采纳教师的声音，并且评价标准能够更加反映教师的需求，这是教师积极参与评

价的第一步。

教师除了具有评价的能力外，还应具有一定的教学能力，包括学科领域的决策权，并可以选择自己的教学内容和教学方法。他们可以基于课程的创建来调整自己的情况，例如，在学期方面，根据情况调整课程类型和数量；可以使用自己的方法来评估学生和其他能力。就像在访谈中，有教师谈到了外国大学教师对他所负责的课程拥有绝对的自由裁量权，他可以自由选择和决定自己的教学内容、难度水平、教学方法以及学习后的方式。

在评估反馈部分，教师应有权对结果提出质疑和申诉。由于反馈本身具有双向性质，因此对结果保持怀疑态度表明教师已开始从被动评估转向主动参与，并且可以无障碍地表达自己的观点。从评判到发展是发挥教师教学质量评价功能的关键。以加利福尼亚州立大学诺斯里奇分校为例，学校在反馈系统中明确强调："教师可以在收到反馈后的 20 天内提交申请，讨论反馈的结果，也可以在 10 天内提交反驳声明，提供有关结果的书面反馈的方式。"这一规定充分体现在教师的反馈权中，而保护教师权力是教师激励机制的重要组成部分。同时，教师的提问和申诉权也可以更好地促进教学评估的发展。

8.4.5 评估过程应是动态且定期的

教学质量评估本身是一项复杂的任务，评估结果必须反映被评估者的真实情况。如果始终采用相同的标准来评估不同的教师，并强调评估过程的诊断功能，则很容易损害教师评估的主动性和积极性，并且评估结果会失真。因此，对教学质量的评价应借鉴发展评价的概念，结合动态和先进的思想，实施分类评价和分类指导：即根据不同大学的特点和定位，根据不同的评价目的进行。教师的客观差异决定了教学质量的评估指标。同时，教学质量评价指标的制定和修改应具有与时俱进的意识，并根据社会需要不断调整指标的内容和构成。只有这样，评价指标才能充分体现普遍性和特殊性的结合，使定量和定性、结论和过程、静态和动态达到合理范围，才能充分体现地方高校的独特特色和优势。

除了进一步优化评估指标外，实施定期评估系统也是将评估过程从静态转变为动态的重要措施之一。目前，在大学中实行“一次性”评估的方法，特别是在每学期末打包学生评估、同事评估和监督评估，尽管政策文件中规定每学期的每位教师和监督都需要上课，但是这种上课方法并不规范，也没有严格的监督机制。这些评估方法大多数是结果评估，并且评估结果无法反映过程变化。那么如何突出程序评估呢？首先，结合国外大学的教学评估经验，麻省理工学院教师的教学评估通常需要两个星期的周期。在两周内，学生可以登录到教学评估系统进行评估，并可以随时修改其评估结果。教师和管理员可以登录评估系统，实时观察学生的反应速度，以收集越来越多的综合信息。宾夕法尼亚大学对学生的评估将在每个学期的中期和末期进行，所有评估结果都将存储在教师成绩文件中。也就是说，大多数外国大学都放弃了一次性评估的形式，而是选择使用多个或设置评估周期来给评估主体更多的思考时间和机会，从而提高了评估过程的严谨性。同时，评估结果可以修改此点，以反映教师们评估的心理过程，并为教师和管理人员提供更多参考。其次，结合对教师的访谈内容，对教学进行持续的跟进，使用支持系统或指导系统，优劣配对，一对一配对，由教学质量相对较高的教师与教学水平较低的教师进行配对，定期进行评估和监督，有针对性地提出问题和建议。总之，为了追求评估过程的周期性，除了改进评估标准和结果处理方法外，还需要在评估过程中给教师们更多的空间。

8.5 关于地方高校教师教学质量评价体系的思考

以地方高校教师的专业为评价教学质量的主体不容忽视，他们首先具有大学教师的特点：工作属于个体劳动，但必须参加学校的教学质量评估；知道教学的基础性和重要性，但由于各种原因将重点转移到其他地方；要求结果的准确性，但厌倦了处理烦琐的评估程序。其次，根据地方高校发挥优势、培养专业人才、促进区域发展的特点，教学对地方高校教师的意义不同。综上所述，决定从教师的角度出发，结合理论分析现状的深层原因，思考是否可以准确评估地方高校教师的教学质量？谁能最好地评估他们的教学？如何在当地高校背景下保护教师的尊严并鼓励教师参与评估？如何在确保结果准确性的同时简化评估程序？

8.5.1 是否可以准确评估当地大学教师的教学质量

教学是地方院校彰显自身特色、培养高素质专业人才的重要手段。质量评估是当地高校日常工作的重要组成部分。但是，能否准确评估当地大学教师的教学质量？关于这个问题，在采访6位大学教师时也提到过。其中，有5位教师说很难准确评估，只有1位教师说可以评估。如何澄清这个问题的答案？关键在于如何理解教学质量。

教学质量的概念是人们对教学质量的全面理解和对教学质量的概念描述。从传统到现代，教学质量观经历了从知识素质观、能力素质观到以人为本的现代素质观的转变。每个时期的教学质量观念都有自己的特点，也可以反映该时期教师教与学的评价意识。顾名思义，知识质量概念强调使用知识转移作为衡量教学质量的手段。它强调在教学方法上对教师的教学和培训。在教学内容中，以知识质量观为指导的教学质量评价通常以学生的成绩为依据，以鉴定教师的功绩。自20世纪初学习理论和认知心理学兴起以来，学生已成为教学的核心，能力素质逐渐形成。能力素质的概念以学生认知结构的形成为教学目的，教学方法以学生研究为基础，教学内容主要是活动。在教学评估中，强调教学过程和学生，而忽略了教师的主导作用。

知识素质观强调教学过程中的“教学”，能力素质观则强调“学习”。两种质量观都偏向教学过程的某个方面。但是，随着人们对可持续发展的日益重视，单方面的“教学”和“学习”已不能满足一个人的全面发展需求。因此，要将传统的教学质量观结合起来，构筑师生之间“以人为本”的共同发展，即现代素质观。这意味着现代教学质量不仅需要强调知识和教学过程，更重要的是要实现教学中师生的共同成长。术语“增长”在不同上下文中有不同教学含义。在高等教育中，教师的成长包括实现双方的价值，掌握真理和培养理性思维（研究能力）。价值的实现还包括自我价值的识别和他人对自己价值的确认；真理的掌握是对通用知识的掌握；理性思维（研究能力）的培养是研究意识的培养以及思维方法的训练。在当地大学为该地区的经济和发展服务的背景下，增长还包括完成专业技能培训和公民教育，以便将来在社会中生存。最后，从师生的角度出发，需要在情感层面上满足成长。

现代教学质量理念主导的地方高校教学质量评估中需要体现的评估内容包括建立学生价值观、掌握知识、培养思维方式、评估专业能力、完成公民化和情感满意度，此外，评估还将涉及教师在教学中的“成长”。由于教师本人是其教学学科的权威，所以他最了解高级学习的内容，会深刻地选择知识。其他人很难判断教学设计的质量。至于教师在教学中的发展，甚至不可能使用指标来指定。因此，可以评估的教学质量部分仍然属于表面层。开发和改进更深层的评估指标或内容以反映准确性需要很长时间。

8.5.2 谁能最好地评估当地大学教师的教学质量

结合以前的内容，地方高校教学质量评价标准是多维、复杂的。因此，在谈论谁可以最好地评估他们的教学质量之前，认为应该先解释一下必须具备什么素质或能力才能准确评估当地的大学和学院教师的教学质量，再根据评估对象的实际状况与评估对象的特征进行一一对应，从理论水平和实践水平来衡量不同学科在评估中的优缺点，假设当前的评估主题包括：学生、督导、同事、教师本人。

目前，地方高校教师教学质量评价中的价值取向要求评价主体对被评价的教师有一定的了解，并能明确教师价值指导的正确性。为此，该学科首先是同行，其次是学生。有很多同事的身份没有差异，交流会更加随意和频繁。师生之间的交流基本上仅限于教室，并且由于角色身份，师生很难敞开心扉。

从知识转移、研究能力训练以及地方大学对专业人才的培养的角度来看，评估对象需要在该领域具有专业知识和研究方法。首先是监督，其次是教师本人，然后是同事。因为同一个行业的主管通常是具有该领域专业知识和丰富教学经验的老教师，尽管同行之间在专业上存在一些差异，但研究领域是相似的。

在职业技能培训和公民教育方面，要求评估主体对专业和社会需求的未来发展有更好的了解。首先是教师，其次是同事或主管，最后是学生。作为职业的权威，教师本人对职业的未来发展和社会需求具有最佳的了解。其次，由于专业和同龄人的不同，对社会需求的控制不够准确，作为未参加社会发展的个人的学生没有了解社会需求的渠道。

在课堂控制方面，评估对象必须具有丰富的教学经验，并且必须是课堂教学的直接参与者或旁观者。在监督方面，首先是教师本人，然后是学生。督导作为经验丰富的教师，可以参加课堂听课，可以准确判断教师的讲课水平；教师对课堂教学有很强的主观判断力。所谓旁观者清，教师们自己可能很难找到答案。自己的教学存在的问题是学生缺乏教学经验，对课堂的控制把控较少。

基于不同学科评估能力的可获得性，从理论水平上，最准确地评估教师教学质量的学科是同一专业的监督。该主体具有出色的专业知识和研究能力，具有丰富的教学经验，并且是课堂教学的旁观者，因此他们的评估结果和意见具有最大的参考价值，正如有的教师所说："如果督导是专家，并且他是课堂教学的专家，这种专家监督提供的评估意见应具有最高的分量。"但是，由于督导人数有限，日常工作太忙，使得评估无法涵盖所有教师，评估方法也无法跟进，因此评估结果只能反映出教师教学中的明显问题。其次是教师自我评估，但教师自我评估具有较强的主观判断力，教师自我评估机制难以控制客户的主观性和准确性，因此，教师自我评估是参考自我反思的最佳方法。从实践的角度来看，尽管学生评估缺乏专业知识、研究方法和教学经验，但他们是课堂教学的直接参与者，对教学有自己的看法和要求，并且是唯一覆盖整个学校课程的。在常规评估方法中，如果进一步改进学生评估程序，则将一次性评估更改为定期评估，评估指标中的质量成分增加，并且评估过程突出，那么学生评估的结果将具有很高的代表性。

8.5.3 是否可以考虑隐私保护和教师动机

在谈论这个问题时，一定会有关于为什么教师动机与教师隐私保护之间存在冲突的问题。这始于大学教师的角色和教学的特殊性。由于大学教师致力于实现难以确定价值的长期目标，因此无法像企业或业务人员那样计算其价值。遵循高等教育的特点，高校教师的教学主要以传授先进知识为基础，这个过程可以是对深奥知识的简单讨论或针对实际目的的专业技能培训，这取决于教师本人。正如威尔逊所说，教学和学术研究的目的是促进社会服务，而不必提供这样的服务。换句话说，基于大学的独立性，大学教师的教学不需要通用的教学目的。例如，由于学生未来的就业趋势，大学教师不会轻易改变他们的教学观念。因此，教学评估本身对高校教师来说没有实际意义。

但是，作为地方大学，其建立的目的是为区域经济和发展服务，并培养区域所需的高素质专业人才，也就是说，地方大学本身是在社会需要的指导下发挥作用的。这里的教师学术自主性受到社会现实的限制，学校还需要教师的教学质量评估系统，该系统可以反映社会需求以规范教师的教学活动。为了激发教师参与教学评估的积极性，最直接的方法是根据公正、透明的结果披露教师教学质量评估的排名，以鼓励教师努力提高他们的评估结果。

此外，评估主体还需要对学生的需求有一定的确定性。对此最满意的必须是学生。最后，对教师进行更全面，准确的评估需要一定的时间和成本，而这种情况主要是学生。

实际上，每个评估主体都是必不可少的。关键是要弄清评估对象的优缺点，选择合适的评估程序，评估方法独立并相互补充。

8.5.4 如何在过程评估与教师动机之间取得平衡

过程评估是相对于静态评估的动态评估方法。它强调周期性，需要评估教师的各个教学阶段，例如学期开始，中期继续，期末结束，甚至任何时间、任何地点；它强调评估指标和评估方法，不断更新以适应教师教学和学生个人发展的需要。过程评估的结果确实比静态评估更准确、更全面，但是评估程序也更加复杂，需要更多的人力和物力。这不仅增加了评估成本，而且给教师带来了无形的压力，增加了工作量。因此，尽管过程评估更加科学，但在实施过程中却遭到了教师的抵制。例如，有教师对过程评估的看法是："过程评估确实可以更好地检查教师的教学，但是评估过程太多了，计划外的检查也厌倦了，而且也没有条件处理此类检查。例如，没有自己的办公室，教学计划是在回家后完成的。这也增加了看不见的工作量，希望评估过程可以更简单。"可以看出，追求更科学、更准确的评估结果无意间成为教师的束缚。教师已经厌倦了应付各种计划外的检查和讲座，这很容易引起对教学和教学评估的厌烦，不利于教学质量的提高。

如何使过程评估发挥其优势并激励教师，实际上是一个如何控制"学位"

的问题。首先，正如布鲁贝克在《高等教育哲学》中所说的那样，“学位”的控制涉及教师类型的区别：“如果大学不可避免地卷入一个复杂的社会，那么既需要高级专业知识又需要高级研究知识经验。历史表明，当这两个方面相互结合时，它们便相互繁荣发展。”就是说，大学教师本身是有类型的，有的教师讲究研究，不善于教学，有的教师致力于教学，对全体教师采用一套相同的评估程序，既不公平，也不利于学习及促进教学发展。其次，将过程评估带来的程序负载控制在教师的承受能力之内。如何尽可能简化评估程序是最大限度地提高过程评估功能的关键，并且并非不可能做到这一点，例如，将不定期的讲座更改为中期，在评估结束时进行两次固定评估，在评估中添加更多定性指标，并对指标进行开放性提问，以试图了解教师的教学状况和不同学科的观点。最后，敦促教师提高教学质量，不要忘记为其提供条件。盲目地要求教师提高教学质量，不断强迫教师参加教学评估，而没有为教师提供硬件和软件条件，结果只会适得其反。例如，要求教师与学生进行更多的交流和互动，但是教师甚至没有办公室。要求教师增加教学投入，但上课费用很低。在这种情况下，如果教师不关心教学，则会被宽恕。综上所述，在支持评估的同时，使教师不会孤立和无助，这就是过程评估的内涵。

8.6 本章结语

“每个大型现代社会，无论何种政治、经济或宗教制度，都需要建立一个机构，以提供深奥的知识分析，批评现有的知识并探索新的学术领域。”这是大学存在的基本含义，也就是说，无论年龄多大，人们都需要一个可以被合理地分析、识别和解释的地方，而该地方的高校教师都是自然地先进。作为理性思维的研究者和传播者，他们对真理的责任不应因社会动荡或发展而转移。例如，西南联合大学，即使在战争期间，仍然是思想自由和学术自由的净土。

如今，在高等教育从社会边缘向社会中心转移的趋势下，大学需要通过适应社会需求来体现其生存价值，甚至外部因素也已成为决定其存在的关键因素。本地高校正是基于这种背景，得到政府的财政支持，管理权属于地方。

在地方政府的支持下，该大学逐渐发展自己的特色，增强了区域高等教育的实力。同时，培养该地区的专业人才和促进经济发展已成为该大学不可或缺的功能和责任，这也反映出社会需求是当地大学发展的决定因素之一。

尽管目的是为区域经济和发展服务，但高等教育的内在本质仍然是其底线。地方高校的教师也是如此。尽管教授实践知识和适应社会需求已成为关键，但一旦缺乏学术自由，高等教育将不再存在。因此，在该大学作为一所本地大学的背景下，如何理解教学与评估之间的关系，以及如何理解高校教师与教学评估之间的关系是本书研究的根本问题，并且最后需要明确的两点是：第一，评价不能决定教学。第二，教学评估不能区分大学教师。与其花所有精力在如何建立最完整、最科学的本地大学教师教学质量评估体系上，不如从源头上考虑教学质量评估对大学教师乃至大学的重要性。

研究源于课堂教学评估与评价，以及教师对学校教师教学质量评估的理解和看法。另外，作为学生教学评估的执行者，根据经验和对该大学教师教学质量评估体系的初步了解，决定以该大学为样本，首先是对该大学进行评估和分析。研究政策和现状，明确制度和实施之间的差距，显示了该大学教师教学质量评价体系的真实面目。其次，总结评价体系存在的问题和成因，并根据地方高校的特点，结合其他地方学院和外国教师在教学质量评价中的经验，提出优化建议。最后，从教师的角度出发，思考如何在评估系统中平衡科目的权重，如谁可以最好地评估教师的教学质量，教师在教学评估中应具有什么样的力量，如何协调教师的激励机制和评估过程等。

该大学教师的教学质量评价体系目前存在着主体权重不明确，评价标准不能准确反映教学质量，评价反馈含糊不清，缺乏动态评价过程等问题。产生这些问题的原因可以概括为四个矛盾，即评价主体的要求之间存在矛盾，主体的利益与制定标准程序的有效性之间存在矛盾，评估程序的有效性和评估结果的准确性之间存在矛盾，评估结果之间存在矛盾。这些矛盾的存在是不可避免的，甚至一些矛盾，例如结果披露和教师隐私保护，也都具有不可调和的部分。因此，评估体系的优化并非旨在消除矛盾，而是最大限度地平衡每个评估主体的利益，呼吁最大限度地发挥评估系统各部分的功能。最后，从教师的角度出发，对教学质量评价体系本身进行了反思，得出的结论是，很难准确地评价高校教师的教学质量。每个评估主体在评估中的作用不能相互替代，因此发挥了教师教学质量评估的作用。关键不是建立最科学的评估系统，而是平衡评估系统各部分之间的关系，削弱评估结果的诊断功能和决定性作用，增强其参考价值，并在教学中给予教师支持，这样才能最大限度地提高高校教师的教学质量。

第9章 国际视角下我国研究生教育质量评价与保证

9.1 引言

进入21世纪，随着全球化和信息技术时代的到来，社会各个领域的快速发展越来越依赖高级专门人才。融汇东西方文化，社会对具有国际视野和创新精神的综合型人才的需求逐步增加。作为高等教育的重要组成部分和最高水平，研究生教育无疑是必不可少的环节。近年来，我国的研究生教育发展迅速。在研究生教育规模已经大力发展，学位类型和培训模式日益多样化的情况下，如果不能控制和保证质量，将严重影响我国研究生教育的可持续发展。

本章通过对国内外研究生教育质量保证体系相关研究文献的分析和比较研究，进一步探索了我国研究生教育质量保证中存在的问题。此外，利用比较研究法比较美国、英国、法国和日本等发达国家的研究生教育质量保证体系，并研究了其对我国研究生教育质量保证的启示。然后，从全面质量的概念出发，提出了适合我国国情的研究生教育质量保证体系的建设，以有效提高我国研究生教育质量。

发达国家研究生教育质量保证管理的经验告诉我们，要强调内部保证和外部保证的结合。强调学校的内部质量保证机制，并特别注意外部社会力量如社会组织在研究生教育质量保证过程中所起的重要作用。在研究生的招生、培训和产出过程中，必须不断加强和完善研究生的质量管理体系。建立由政府、社会和大学三个评估主体组成的多层次、共同治理的研究生教育质量评估体系。建立有效的研究生素质反馈体系，使研究生教育持续、快速、健康发展。

9.1.1 研究内容

主要研究如何建立适合我国国情的研究生教育质量保证体系。通过结合国内外相关文献，分析我国研究生教育质量保证体系的现状，从教育理念、传统文化、教研投入、培训等四个方面总结了我国研究生教育质量保证体系存在的问题。

从研究生的入学、教学和评估方面介绍了美国、英国、日本和法国这四个发达国家的研究生教育质量保证体系。许多突出方面值得我们研究，为我国教育质量保证体系的建立提供了有益的补充和参考。

运用工商界常用的过程管理和全面质量管理的思想，建立研究生教育质量保证体系，全面贯彻全过程、全员的指导思想，推进研究生教育质量保证体系。从投入、过程和产出质量三个方面解释了如何在我国建立研究生教育质量管理体系。通过讨论政府、社会中介机构和大学之间的关系，以及研究生教育质量保证体系中必须履行的权力和职责，建立了我国研究生教育质量监督体系。做好质量反馈体系，以完善我国研究生教育质量保证体系。

9.1.2 研究方法

1. 文献分析

文献是指记录了相关知识的所有载体，具有一定的历史价值和科研参考价值。本章结合了快速便捷的网络资源，收集了大量相关材料并进行了整理，审查和介绍了近年来公开发表的研究生教育质量保证文献，研究了相关领域的前沿信息和发展观点，充分了解了研究生教育质量保证的研究现状，并为研究工作积累了一定的理论数据。同时，通过对文献深入、全面地分析，我们可以进一步发现和挖掘我国研究生教育质量保证过程中存在的问题，探索解决这些问题的新方法，并希望为其提供有价值的参考。

2. 比较研究

探讨了发达国家研究生教育质量保证的发展历程和经验，并分析了研究生教育发展中值得借鉴的经验，以对我国研究生教育的发展产生指导作用，并总结了提高适合我国国情的研究生教育质量的策略和途径。

3. 创新与特色

将过程管理和业务管理中的全面质量管理理论应用于研究生的教育质量管理体系，以指导我们采取措施提高我国研究生教育的质量。针对我国研究生教育发展的现状，结合发达国家先进的研究生教育质量管理体系，提出了适合我国国情的提高研究生教育质量的策略和方法，以建立我国研究生教育的质量保证体系。

9.2 相关概念的定义和理论基础

9.2.1 相关概念的定义

1. 质量

“质量”一词最初是经济学中的一个技术术语。中文字典中“质量”的定义是：（1）质量是衡量物体惯性的物理量；（2）质量也指产品或工作的质量。在经济学中，质量最初定义为产品质量或服务质量。“传统产品质量是指产品的适用性，即产品的使用价值。该产品适用于特定目的，并具有可以满足人们需求的特征。”可以看出，产品质量具有需求、独特性和实用性等属性。质量是组织生存和发展的基础，在企业中尤为突出。近年来，随着经济全球化进程的加快和科学技术的飞速发展，各组织意识到社会对质量的要求越来越高。因此，质量的内涵也必须与时俱进。人们不仅追求产品或服务的“数量”，而且关注其“质量”和客户满意度。

“质量”也是管理中极为重要的概念。美国学者巴特曼和其他学者在“管理：建立竞争优势”一文中指出：“质量可以通过性能，附加功能，可靠性（故障或故障），是否符合标准，耐用性，服务水平和美观性来衡量。”可以看出，经济学和管理学对“质量”概念的理解和分析是不同的。经济学中的质量强调“最大化”和“最小化”，而管理质量则强调“优化”并包括一种卓越性。

2. 研究生教育质量

质量是人们对企业内在属性的衡量标准。教育质量是对教育质量和教育水平的评估。教育质量在“教育词典”中定义为“教育质量是教育质量的程度和教育水平”。培训目标和教育目的是衡量教育质量的标准，并强调“教育质量主要体现在培训对象的质量（即受教育者的质量）上。”《中国学位和研究生教育发展战略报告（征求意见稿）》对研究生教育质量的定义如下：研究生教育质量是指研究生教育体系提供的服务满足社会需求的程度。研究生教育包括科研成果质量、人才培养质量、创建和服务社会的研究生培养单位质量三个方面，研究生教育质量这三个方面构成了研究生教育的质量内涵。

研究生教育质量已成为研究生教育的支点。《中国学位与研究生教育发展战略研究报告（征求意见稿）》还指出，研究生教育质量的基础是研究生培养单位根据科学发展逻辑和自身的要求对学生进行知识培训，并且提供的服务程度可以满足当前和将来的学术需求、学生个性发展需求和社会需求。从整体质量的角度来看，研究生教育的质量包括教育产品和服务的质量，以及影响研究生教育的关键质量因素，如导师的质量、科研资源、课程质量、研究基础设施等。或者，可以将研究生教育的质量广义地解释为研究生教育固有的一系列特征或特征的总和，这些特征可以满足特定背景和环境下研究生个人、社会和学科发展的明显或隐含需求。

3. 研究生教育的质量保证

“质量保证”一词起源于工业和商业领域，表示“制造商或产品制造商保证用户提供产品或服务继续达到预定目标以满足用户的过程。”从本质上讲，这意味着组织可以提供足够的产品和服务信任，以表明它可以满足客户和服务目标所期望的质量满意度标准。在 20 世纪 50 年代，质量保证的思想起源于美国，美国也是世界上第一个将该思想应用于实践的国家。

在 20 世纪 80 年代中期，“质量保证”的概念首先由英国政府正式引入该国的高等教育管理领域，这引发了一场世界范围的高等教育质量保证运动。从概念上讲，它是质量管理的一部分，它提供信任以便满足某些质量要求。更具体地说，它是指在质量体系中实施的完全系统化和计划性的活动，目的是使实体在一定程度上依赖于满足质量要求，并且需要进行验证。

教育质量保证是指评估和评估过程以及由此产生的与实施质量有关的一系列行动，以确保提高期望的教育质量水平。

研究生教育质量保证的目的是使外界相信，研究生培训的整个过程和最终结果都可以达到预期的标准，并确保研究生自身和外界能够完全信任研究生的素质。因此，在培训过程中，有必要组织和控制相关的组织结构、过程、职责和资源，以达到确保研究生达到要求水平的目的。

研究生教育质量保证体系是由与研究生教育质量保证有关的一些基本要素组成的有机整体。它主要包括教育质量保证机构开发的各种评估指标体系以及围绕评估指标体系的一系列教育质量保证活动。一些国家还以立法形式为高等教育质量保证体系提供法律保障。

由此，可以得出研究生教育质量保证体系的概念：在不断追求以研究生教育质量为核心，以政府、社会为基础的质量文化的基础上，为全面保证和提高研究生教育质量，各个研究生教育单位共同实施通过持续有效的质量控制建立的管理体系。

政府、社会和各种培训单位是研究生质量保证的共同主题。只有这三个主体有自己的实力，相互配合与合作，才能在保证和提高我国研究生教育质量中发挥作用。此外，它贯穿了教育活动的整个过程。这不是一个简单的机制，而是由诸如质量基准系统、执行系统和评估系统之类的子系统互连而形成的有机整体。

9.2.2 理论基础

1. 流程管理理论

流程管理相对于传统的目标管理。目标管理和以结果为主要评估对象的管理模型已不再适应扩展的研究生教育。“按目标管理”的概念最早是由管理专家 Peter F. Drucker 在 1954 年的《管理实践》一书中提出的。目标管理围绕着既定的管理目标，以实现所有以目标为出发点的活动，这是一个相对宏观的管理。目标管理的目的非常明确，方向单一。但是，按目标进行管理往往会使人们忽略流程的工作，并渴望获得快速成功。鉴于目标管理的缺点，将过程管理引入到生产管理中。通过这种管理模型，人们可以清楚地了解影响产品质量的一系列因素，事先进行仔细计划，并根据计划实施，包括提供资源、开展活动以及检查流程的执行情况，以检查是否符合要求。按计划提供资源和活动，检查是否达到计划中指定的目标。总结检查结果，包括有哪些缺点，未来如何改进。

2. 全面质量管理理论

全面质量管理（TQM）不仅是质量管理概念，还是完整的质量管理体系。全面质量管理（TQM）是一种商业领域的管理思想和管理实践。它是在经历了“以检查为主”的传统质量管理和“以预防为主”发展阶段的统计质量管理之后第三次形成的。全面质量管理理论的兴起和发展经历了很长一段时间。早在20世纪20年代，Harshut就提出了全面质量管理的概念，这是TQM的最初形式。随着世界工商质量危机的出现，人们开始探索提高质量的科学方法。全面质量管理通过强调“三全一多”来实现质量保证的目的，即全员、全过程、全组织和多种方法。这“三全一多”的重点是“有效利用人力、物力、财力、信息和其他资源来生产能够以最经济的方式满足客户需求的产品”。该组织的目标是TQM的基本思想。

全面质量管理是指“一种质量管理方法，其中组织以质量为中心，以全体成员的参与为基础，旨在使客户满意，并使组织和社会的所有成员受益，并取得长期成功”。根据国际标准化组织的解释，全面质量管理是指“一个基于全体员工参与，以质量为中心，并通过使组织的所有成员和社会受益并使客户满意而取得长期成功的组织”。它是自愿实施的，而不是强加的。在管理模型开发方面，其核心概念是“强调质量的持续改进”。这种“社会模型”从以泰勒系统为代表的“机械模型”和随后的以标准化管理为基本特征的“生物模型”演变而来。全面质量管理必须遵循三个原则：一切都从客户和其他利益相关者开始；普遍参与的原则（即质量管理）要求组织者的所有个人都可以参与质量管理，而不仅仅是管理者的业务；持续改进的程序原则，即质量管理是一个过程，而不是固定的模型，是一个不断变化的过程，是在变化中不断改进的过程。因此，全面质量管理的基本要求是全过程、全员和全面管理。刘易斯认为，通过全面质量管理建立的管理体系可以直接有效地实现组织设定的目标，从而确保投资者利益和客户满意度的最大化。费孝通在他的《全面质量管理》一书中明确指出：“质量体系是全面质量管理的基础，它规定了各种适当的渠道，与产品质量流有关的一些必不可少的活动。”

该概念强调以人为本，并且要使组织成功，在实施之前必须考虑以下先决条件：不仅必须充分降低组织和管理成本，而且还要考虑用户的需求。这为构建研究生教育质量保证体系提供了理论依据。研究生教育质量保证体系的建设还需要以人为本和以客户为导向（即学生自身的发展要求和社会对高素质人才的需求）。也就是说，全面质量管理理论在我国研究生教育质量保证体系中的具体体现，是基于全体成员的参与组织，各部门实现目标的全过程设计。如何在设计过程中进行偏差改进和控制？在过程管理中，管理人员和决策者需要在许多阶段实现目标方面建立长期目标。这些目标必须受到限制，并且可以在相对理想的状态下实现。严格控制研究生培训过程管理中的关键环节，确保研究生学习和科学研究活动有序进行。研究生过程管理的重点是根据不同学科、不同专业特点，严格控制培训过程中的关键环节，确保整个培训过程的有效运行，而研究生培训过程中各个环节的工作重点是提高研究生培训质量。

9.3 我国研究生教育质量保证的现状分析

9.3.1 我国研究生教育质量保证的现状

自 1978 年我国恢复研究生招生以来，我国的研究生教育取得了举世瞩目的成就。特别是，自 1999 年以来，中国的研究生入学规模有了实质性的增长。1998 年，有 72 500 名研究生入学。在 1999 年，有 92 200 名研究生入学。到 2010 年，研究生人数达到 538 200（与 1998 年相比净增加 465 700），其中硕士生 474 400。2018 年全国各类研究生（硕士，含在职研究生）招生人数为 84.5 万人；而 2017 年，全年研究生教育招生 80.5 万人。数量的增加对于一个国家的研究生教育的发展是非常必要的，也为我国研究生教育质量的发展奠定了基础。研究生教育大大扩大了招生规模，也带来了更加复杂和多样化的研究生来源。对于任何一所大学而言，这种扩招不可避免地会影响研究生的入学、培训和管理，例如学生的来源质量、学生的学习环境、教师的实力以及管理模式。发展规模与质量保证之间的矛盾是一个客观且不可避免的事实。

因此，多年来，政府管理部门和研究生培训单位一直在积极探索和努力，以确保和提高研究生的素质。

自20世纪80年代初我国实施学位条例以来，所有授予学位的单位一直在制定和不断完善有关的条例和制度，例如入学、培训和管理，以确保高等教育的质量。

我国研究生教育质量保证体系的建立始于20世纪90年代。由于世界高等教育质量保证趋势的影响和我国研究生教育质量下降的问题，提高质量已成为我国学位和研究生教育的核心问题。在加强质量管理的改革中，我国吸收和借鉴了发达国家的高等教育质量保证理论，探索了适合我国国情的学位和研究生教育质量管理理论和方法。近二十多年来，中国通过多次学位授权审查，建立了保障学位授予质量的学科范围比较完整的学位授予工作制度，并逐步建立了三级管理制度。上下都很重视研究生教育的质量管理。我国学位授予的质量评价在实践中已逐步规范化和科学化。如今，评价在研究生教育质量管理过程中已经广泛存在，并已成为最普遍、最有效的质量管理方法。其中，政府评价主体在研究生教育质量评价中起着至关重要的作用。政府评估的主体从宏观的角度严格控制研究生教育的整体质量。政府通过国家权力、财政拨款等方式干预对研究生教育质量的评估，集中管理和控制研究生教育，直接参与各种评估活动的组织、实施、管理和领导。评估活动的每个环节均由政府控制，并直接反映政府的意愿，例如，审查评估计划，直接组织评估小组人员，监督和审查评估结论，从而促进和保证毕业生的素质教育。这将有助于从整体上把握研究生教育质量存在的问题，对全国的研究生教育质量进行检查和评估，以作统筹安排和统一措施，从而达到提高整体素质的目的。

当然，除了政府评估之外，还有社会组织的大学排名。尽管政府不支持其排名，但自中国管理科学研究院科学研究所对大学的首次排名以来。截至目前，已有10多个非政府组织发布了30多个大学排名，引起了社会的广泛关注。此外，近年来，中国大学还进行了一些自我评估，以加强自我管理和提高质量，例如论文评估和教学。自我评估的主要形式有两种：一种是由培训单位独立开展的自我评估活动。评估的内容、方法和时间均由培训单位独立安排。另一个是培训单位为配合政府评估而进行的自我评估，或者是接受政府评估的准备，或者是政府评估的一部分。这些大学的自我评价活动对提高研究生教育质量起到了一定作用，但也有很多不足之处。由于大多数评估活动都是从政府自上而下的自我评估命令开始的，所以大学通常只是被动地对评估做出反应。因此，在评估过程中，高校不能从自身发展的角度选择评估，只有自我反馈才能满足政府对教育质量的要求。结果，大学的自我评估一直没有发挥作用。

总体而言，我国研究生教育质量保证尚未形成较为成熟的过程和体系，研究生教育质量保证的实践和理论研究仍在不断探索和建设中。从政府部门的角度来看，还需要建立一套操作流程和标准化的研究生教育质量标准，以便每个培训单位都能获得合理的质量保证和质量监督模型。每个培训单位还需要建立一个系统，集一套符合其自身特点的标准化的研究生教育质量保证体系。其中，有必要借鉴国外的成功经验，并与国际公认的质量标准保持一致，以便我们的研究生教育能够与国际标准接轨并具有国际竞争力。同时，必须结合自身特点和办学经验，探索建立适合我国特点的研究生教育质量保证体系。

9.3.2 我国研究生教育质量保证中存在的主要问题

质量是研究生教育的生命线，是研究生教育发展的重要指标。在新时期的科教兴国战略中，扩大研究生教育规模是对高层次人才需求不断增长的要求。但是，面对科学技术的飞速发展和知识经济的严峻挑战，国家和社会对研究生的素质提出了更高的要求。

中国现已成为研究生教育的主要国家，追求非凡的飞跃发展是为社会发展提供更大的空间，但经过连续几年的扩展，研究生的教育资源有限，原有的精英研究生教育模式质量问题日益严重。这主要体现在以下几个方面：

1. 单次录取选择机制

如果将培养研究生视为教育产品的生产过程，那么招生工作就是选择原材料的过程。这里的“原材料”在教育意义上没有绝对的区别，只是相对于研究生“生产过程”和相应的“培养目标”所要求的特征而言。

近年来，随着我国高等教育大众化的不断深入，研究生的招生规模也大大扩大，这也使得研究生的情况更加复杂多样。虽然高校越来越重视研究生的素质，但随之而来的是忧虑。学生资源的质量已成为限制研究生人数增长的重要因素。从宏观的角度来看，目前中国所有高校的招生规模都是由教育部制定的。内部招生单位的招生规模是由高校安排的，发给专业和导师的具体指标是根据学校来确定分数的规模。这种确定毕业生入学规模的方法是自上而下的模型，其缺点是不利于调动高校的积极性，因此不是高校招生的最佳模式。从微观的角度来看，虽然大学根据自身情况，推荐的免试，单独的考试和资格的保留采取了全国统一考试，但“终身考试是固定的”的选择方法正在逐步改变。研究生招生的基本程序是先参加全国统一的研究生入学考试的“初试”，然后按一定比例进入复试阶段，再确定最终候选人。初步检查的结果在入学率中占很大比例。入学考试侧重于参加考试的能力，而忽略了学生实践经验和科学研究能力的整体素质。即使进行了调查，还远远不够。在决定是否被录取时，这个考虑还远远不够。这样，专心准备考试的考生也可以通过考试并变得幸运，而考试成绩不佳或未达到考试标准的考生经常被拒绝，因为他们的分数不符合要求。在研究生院之外，并且在这些候选人中，将有一些具有强大能力和创新精神的人才。在这种选拔制度下选拔的研究生通常不是“胜任”的优秀学生，而是“考试类型”的学者，这不利于人才培养。

因此，可以说目前的招生选拔机制从入学方面就已经直接危害了研究生教育质量的提高。必须采取有效措施，消除这些不利因素，改革现有的研究生招生制度，制定一套严格的管理制度，规范管理程序，这是我国研究生教育亟待解决的问题。

2. 过时的教学内容和单一的教学方法

1981 年，国务院颁布实施了《中华人民共和国学位制度实施暂行办法》，规定了硕士学位和博士学位课程。

在研究生培养过程中，研究生课程是基础，课程创新是培养研究生创新能力的必然要求。因此，课程教学和课程创新必须引起我们的重视。但是，目前对研究生课程的教学还没有给予足够的重视，管理体系还不完善甚至落后。中国现有的研究生教育缺乏基础理论知识，缺乏完整的课程体系，课程过于单一，课程侧重于研究方向，专业课程仅仅是形式，选修课程体系不够灵活，缺乏知识整合，并且有明显的重叠。一些课程在讲课之前没有提供文件清单，这不利于跟进学术动态和拓宽学术视野。长期以来，许多高校研究生课程与本科课程之间在教学模式上没有区别。课程内容非常陈旧，教科书无法及时更新。这样会阻碍研究生掌握该主题的最新知识和前沿知识。无法及时理解和研究科学技术发展的前沿问题，极大地影响了研究生创新能力的充分利用。在教学方法上，以灌输为基础的知识传授的教学模式仍在很大程度上应用在研究生课程的教学中。其单一的教学方法不可避免地会产生不好的教学效果，显然不能满足我国目前研究生教育的需要，不利于学生主观能动性的发挥，也不利于课程的创新。实际上，即使是发达国家的本科教育，教学方法的改革也早已超出知识转移的水平。因此，我国研究生课程的教学应尊重学生的个性，促进学生的个性发展。研究生教学应改变传统的灌输教学模式。因为一般来说，一个人进入研究生阶段学习时，已经具有相关学科的基础知识，并且还具有一定的知识探索经验和基本的自学能力。因此，进入研究生阶段后，应根据情况推广研究性教学的新教学理念，改变研究生教学中过时的教学模式，将传统的以人为本的教学模式转变为以教师为主导的教学模式。例如，在专题讲座的基础上，教师可以预先准备一些前沿的文学阅读材料，并设计一些专门供学生在学习时进行思考和研究的主题，然后召集研究生进行定期讨论，结合案例进一步深入分析。也可以允许研究生参加其主管的研究工作，以培养他们的研究精神和独立学习能力。

另外，我国的研究生教育相对缺乏与国外的合作与交流。国际化是高等教育实现自身发展的有效途径。自20世纪80年代以来，高等教育的国际发展趋势进一步加速。但是，就我国的研究生教育而言，大多数都是采用封闭式培训模式，学校与国外其他研究机构之间缺乏合作与交流，一些世界一流的大学经常派专家作为访问学者去其他大学交流。通过交流需求和相互学习的方式，可以通过访问学者为他们的祖国带去不同的思维方式、新思想以及对新领域的认识。同时，其他国家的大学也可以学习访问学者带来的新思想、新方法和新思想。但是，就中国的情况而言，由于资源的限制，许多大学将访问学者转移到国外的能力和机会非常有限。即使是在该国进行大规模的海外学习，这种机会也为零，从而减少了研究生的数量。信息渠道和来源交流与教育资源的利用不充分，使研究生无法充分掌握前沿学术信息，制约了研究创新的广度和深度，以及科研能力的培养。同时，我国的大学缺乏与社会和企业的合作与交流。由于不良的社会风气的影响，我国许多大学在进行科学研究时过于功利，难以形成浓厚的学术研究氛围。尽管一些大学还在科研方面与社会或企业合作，但它们仍在整合科研成果，及时转换为实际生产力还远远不够。

3. 强调结果却忽略过程的评估方法

首先，在我国研究生教育的质量保证中，存在着一种强调结果而不是过程的评价现象。目前，在我国的研究生教育中，主要通过学生的学习成绩、发表论文数等标准对学生进行评估，通过教学工作量、科研经费等标准对教师进行评估，以实现目标，控制教育质量。但是这些方法不能从根本上保证研究生教育的质量。中国高等教育评估工作的原则是通过评估促进改进，通过评估促进建设，将评估与建设结合起来。重点在于构造原理。本质上，希望通过评估工作，大学可以达到运行条件方面的基本质量标准，并不断提高中国高等教育质量的标准。因此，随着研究生教育规模的扩大，成果评估的质量管理方法已不能满足研究生教育发展的质量要求。在这种情况下，一种有效的解决方案是将公司质量管理的观点引入研究生教育质量管理体系，从而使研究生教育的质量管理从关注教育成果的评估转变为过程的控制，从重点检查结果转向中间过程控制。

其次，过分强烈的行政色彩是我国研究生教育评价的一大特点。作为一个中央集权国家，政府在研究生教育质量评估中扮演着重要角色。国家权力在高等教育领域具有强大的调控能力。中国对教育的长期投资主要来自政府。研究生招生计划和学位分数的授予均由国家控制。研究生教育质量评估符合政府发展研究生教育的目标。国家通过研究生教育评估促进研究生教育的发展。它的主要评估机构由政府赞助，政府领导管理和组织评估工作的各个方面，包括评估指标体系的开发、评估程序的开发以及评估专家的安排。这些都反映了政府机构自上而下的直接行政控制行为对研究生教育质量的保证。特别是，从《普通高等学校评估暂行规定》的有关规定可以看出，我国目前的高等教育评估的法律主体仍然是各级政府，中国的高等教育评估工作已经完全从上到下垂直完成。中国的行政评价网络还没有留下一定的社会评价空间。特别是《高等教育法》还明确规定，对高等学校的教育水平和教育质量进行评估必须接受教育行政部门的监督，并参加其组织的评估活动。因此，我国对研究生教育的质量评价也是政府强制性的。由于政府机构的外部评价受到高度重视，而高校内部的自我评价被忽视，被视为质量评价的对象，而不是整个质量评价活动的基础，因此，高校通常只能被动地应对评估，不能向自己学习。从发展的角度选择评估只是满足政府要求的自我反馈对教育质量的要求。结果是，高校普遍缺乏加强自我评价的内在动力，未能有效发挥大学自我评价的作用。这也导致中国大学缺乏自我评价意识，并且还没有形成评估和促进学校研究生教育质量持续提高的系统。因此，随着教育市场的开放和教育的国际化，大学面临的竞争压力越来越大。在这种社会背景下，大学必须加强研究生教育的质量管理。有必要从以政府为主导的评估方法转变为结合外部监督和内部保证的模型。

要提高研究生教育质量，一方面，国家必须建立有效的宏观调控运行机制，从外部保证研究生教育质量。另一方面，有必要为高校建立自律和自我评价机制，从内部提高研究生教育质量。高校在现有评价体系的基础上，可以充分体现办学特色，在保证研究生教育质量、促进研究生教育发展的基础上，采用国际公认标准。

4. 导师团队建设不足

一支具有国际经验和学术热情的充满活力的研究生导师团队，可以直接促进教学和研究向国际化方向发展。因此，必须高度重视导师队伍的建设，为学科发展和学科组建设创造良好的软环境，有效地培养学术人才。但是，近年来，中国的研究生人数显著增加，研究生导师队伍建设中的许多紧迫问题变得越来越突出。这直接影响到研究生培训质量的提高。

首先，导师团队中的一些导师自身水平不高，专业性和科学态度明显不足，导致对学生的指导无效。一些导师是刚毕业的博士生，缺乏指导经验。由于入学人数的增加，一些高校的导师相对不足。有一种现象，导师指导十二至二十名研究生。为了能够增加一些硕士和博士学位课程，许多高校都盲目地扩大了导师队伍。结果，一些不足以指导研究生的人也成为研究生导师。有时，同一位导师跨越多个学科（专业）。结果，研究生论文的质量和科学研究水平急剧下降。

其次，由于学术或行政事务繁忙，一些导师没有时间照顾学生，从而忽视了研究生的指导，许多研究生无法从导师那里获得足够的帮助。一些导师在科研项目的应用上花费了更多的时间和精力，而对研究生的指导只是完成教学任务，势必影响研究生的教育和培训质量。

最后，由于某些培训单位吸引和培养人才的机制不够完善和其他客观原因，一些研究生导师缺乏与外界进行学术交流的机会，无法掌握最新的发展趋势和技术。在国外学习并且成为访问学者的导师很少，因此，他们的视野和思维将不可避免地受到很大的限制。与某些发达国家的大学师资队伍相比，我国师资队伍建设还存在较大差距。

所以必须进一步增加研究生教学人员的强度，努力提高教学人员的整体素质。中青年指导教师充满活力，年轻且富有创新精神，经过培养，可以转变成成果丰硕、科研经验丰富、知识渊博的导师。要采取有效措施，培养和吸引高水平的教学科研人才，迅速提高教师整体水平。

9.3.3 影响我国研究生教育质量的主要因素

每个问题都有其浅层或深层原因，研究生教育质量保证体系的构建也是如此。尽管它起步较晚，但它是在一个拥有特殊政治和经济体系，拥有悠久历史和文化的国家中形成和发展的。

1. 落后教育理念影响

研究生教育质量的根源在于教育思想。教育思想的改革和变革是推进改革、提高教育质量的先驱。当前，我国仍然存在许多过时的教育理念，例如数量提高而不是质量，过分强调纯粹的专业对口培训模式，对教育质量的理解受到传统知识质量和能力素质观的深刻影响。随着高等教育的发展，这些教育观念也应发生变化。现代教育在训练目标上强调知识、能力和质量的辩证协调和统一。因此，在当前我国研究生教育形势下，首先要建立与研究生教育现实相适应的人才素质理念和教学观念，以培养高素质的人才。

2. 高度集中的计划系统的惯性影响

社会的意识形态和社会制度深刻影响着国家的高等教育保障制度。我国的研究生教育质量保证体系与我国的高等教育管理体系高度一致。长期以来，中国一直处于高度集权的政治制度和计划经济制度之下。这个旧制度仍然具有很大的惯性，政府职能还没有真正转变，使得中国的研究生教育制度仍处于政府的集中管理之下。在政府领导下，它仍然是一个以政府为中心的集中管理模式。政府是“万能政府”和“无限政府”。无论是在投资系统、学校运行系统还是管理系统上，政府都是中心。它不仅是投资者，还是直接的管理者，也是研究生教育资源的唯一所有者和发行者。政府对我国的研究生教育实行全面、严格的管理和控制。国家统一制定招生计划，统一划定分数，统一制定标准，以完成学位授权点的审查，并统一评估研究生教育的质量。政府牢牢控制研究生教育的发展规划和质量管理控制权。这种高度集中的研究生教育管理系统也是简化我国研究生教育评估系统的主要原因。以政府评估体系为主导，以政府需求为重，大学必须为政府评估提供信息，并被迫接受政府的强制性和权威性评估。在这样的体制下，不能有效地发挥大学的自主发展、自律的积极性，不能实现“以评价促建设”的目的。但是，私人评估由于信誉和科学性低，很难赢得人们的信任。此外，缺乏相关法律法规来阐明私人评估的法律地位。政府尚未采取有效措施来对待私人机构独立、合法和科学地承担着对研究生教育质量进行评估和支持的任务，导致社会评估的发展缓慢。

3. 教学设施落后，科研投入与社会发展矛盾突出

自高等教育扩招以来，研究生人数急剧增加，同时大学各专业的学生人数迅速增加。在这种情况下，用于研究生教学的原始设备已不能满足当前的研究生教学需求，限制了研究生的实践能力和科研能力的发展。另外，一些高校的图书馆馆藏没有及时更新，国外期刊数量有限。可以看出，研究生教育所需的资源更新率远远落后于研究生人数的增长速度。引导科学研究，必然需要相关科研经费的投入，创造良好的科研环境是发展研究生教育的必然要求。

4. 人才培养水平不明确，课程教学内容的区别程度不明显

我们国家的本科生模型训练侧重于基础知识的教与学，并强调基础知识

和。但是，我国的研究生教育培训目标不再停留在基本知识和本科教育能力的总体目标水平上。它强调高水平，专业精神和创新。因此，研究生的培训模型必须不同于本科的模型。但是，我国许多高校尚未明确区分本科模式和研究生培训模式。他们仍然沉迷于使用本科生模式来训练研究生，并遵循本科生的培养理念和教学模式来培养研究生。

因此，硕士学位和本科生课程应适当衔接，以确保知识转移的科学性和连续性，宽度和深度应合理分开。对于学习跨专业研究的研究生，应要求他们根据自己的情况补充相关课程，以获得完整的知识结构。并且要增加上课时数，扩大课程范围，并灵活地确定每个学生所需的课程。

中国研究生教育质量保证体系的现行理论和实践仍需不断探索和完善。在这一过程中，需要吸收和借鉴国外的成功经验，并与国际质量标准保持一致，以使我国的研究生教育能够具有国际竞争力并符合国际标准。

9.4 发达国家研究生教育质量保证体系的比较与启示

由于各国具体国情的差异，研究生教育质量保证体系采用的具体方法也有所不同。研究生教育质量保证模式已经形成了自己独特的经营特色。具体表现为各国采用的研究生教育质量保证模式反映了该国高等教育的宏观管理传统。研究生教育质量保证已纳入传统的管理体系，已成为我国研究生教育宏观管理的手段。其中，以美国为代表的官民合作模式，以法国为代表的中央集权模式和以英国为代表介于两者之间的模式，属于政府指导模式。其他国家的研究生教育质量保证模型是这些模型的移植。

9.4.1 美国研究生教育的质量保证体系

自 20 世纪以来，美国的经济、政治和技术一直在稳定快速地发展。特别是在第二次世界大战之后，美国似乎一直受到国际社会的关注。尽管先进的技术和超强的经济实力是主要原因，但是良好的教育体系也是不可忽视的关键因素之一。美国是当今世界上最先进、最有影响力的国家。其研究生教育以高质量而享有很高的社会声誉。这与在美国研究生教育中强调质量保证密切相关。

在发达国家，跨国教育非常重要且成功。作为世界上最成功的高等教育国家，美国自然吸引了来自世界各地的许多国际学生。目前，美国的国际学生人数已达到约360000，其中40%以上正在攻读硕士以上学位。

美国高等教育的质量保证活动应运而生，并随着其社会政治经济的发展而逐渐成熟。正是美国高等教育质量保证的不断提高，保证了美国教育的质量并促进了美国社会和经济的发展。在美国，内部保证和外部保证这两个系统共同在提高研究生教育质量中发挥了作用。

近年来，美国许多大学的内部质量保证已采用全面质量管理模式。全面性是全面质量管理的重要特征。它要求与研究生培训相关的各个部门的所有成员参与质量管理过程。严格检查研究生培训的各个方面，强调每个过程的最终结果必须达到预定目标。与外部质量保证相比，学校内部力量的全面动员似乎更容易控制，并且改善内部质量保证体系的空间更大。

美国大学研究生教育质量的内部保证体系基本上可以分为教育的输入环节、培训环节和输出环节三部分。

美国毕业生选拔录取程序和制度的特殊性在于，美国重视市场调控以控制招生规模和专业方向，并充分利用了结合市场调控的策略以及政府（教育部，州政府）的规划和指导（甚至美国研究生考试的组织者都由私人组织负责）。州和附属大学以及众多私立大学均有权独立招收学生。另外，联邦政府通过增加研究经费和其他手段对大学的研究生招生计划进行了宏观调控。这不仅确保了研究生教育的发展满足了社会经济和学生个人发展的需要，而且还为国家迫切需要和鼓励的学科和专业提供了经济和体制保障。

现代社会对高级人才的需求是多种多样的，因此美国也以此为毕业生培养目标的立足点。它的多样化不仅体现在各个专业学位的发展上，而且还体现在每个学位将根据社会需要灵活地制定培训目标、培训计划和课程设置。从入学开始，学生必须为自己的学术职业和未来职业制定计划，并制定培训计划。此外，研究生教育的培养目标和专业设置必须与科学技术的发展和生产紧密结合，以实现培养社会所需要的高层次人才的目标。这也是美国研究生教育的一个非常重要的方面，可以促进科学技术的快速发展和生产的快速增长。

美国研究生的培养十分注重实用性，实用主义是美国大学发展与改革的重要特征。大学与商业、农业、工业和各种新兴产业紧密相连，并负责为国家经济和技术的整体发展提供人才。美国的研究生教育一直坚持教学与科学研究齐头并进，强调学生的独立性和创新性。因此，除了必要的讲座和激烈的讨论之外，美国的研究生教育更多的是实验、实践、探索和研究。这种将教学与科研紧密结合，相辅相成的美国研究生教育方法，对于培养学生的科学探索精神和创新实践能力是必不可少的。它不仅是研究生教育的重要组成部分，而且是提高研究生素质的关键。

美国大学之所以能够培训如此众多的世界级政治家、科学家和金融家，是因为他们拥有一支由高度综合的教师组成的团队。高水平的师资队伍不仅可以吸引高水平的学生加入并取得一流的研究成果，还可以获得更多的联邦科研经费，并赢得了社会、基金会和企业的更多捐款，从而形成了良性循环。

美国研究生教育的一个突出特点是国际化，这体现在教学方法上，即通过各种学术活动进行国际学术交流，例如学术报告、研讨会，并邀请外国专家和教授作专题报告。拓宽视野，使学生站在国际交流的最前沿。在教育评估活动中，许多认证组织也需要得到非政府组织的批准，例如高等教育认证委员会（CHEA）和官方机构——联邦教育部（USDE）。

因此，美国高等教育界的一些非政府组织在促进教育发展和质量评估方面发挥了重要作用。美国研究生院协会是典型代表。它与其他国家高等教育机构合作，为国会和联邦政府机构提供相关信息和建议。美国研究生院协会由美国的 50 所研究型大学组成。该协会是相关学校研究生院的代表机构。在此基础上，扩大了研究生院协会。参加该协会的学校的代表由研究生院院长组成，这些院长必须通过授予学位的资格考试。通过它，研究生院可以讨论研究生教育的培训方法和需求，以达到提高研究生教育质量的目的。

9.4.2 英国研究生教育的质量保证体系

英国是一个严格的国家，其教育质量得到了广泛认可。政府、社会和大学高度重视高等教育的质量。它也是世界上最早开展高等教育质量保证运动的国家之一。它的研究生教育可以追溯到 13 世纪，历史悠久。英国是第一个实现工业化的国家。工业革命于18世纪在英国掀起，工业质量管理领域的“质量保证”理念根深蒂固。因此，英国大学一直具有自治的传统，并且注重质量。他们借鉴了这一思想，在大学自治的基础上引入了“全面质量管理”，建立了研究生教育质量保证体系的总体框架，从而影响了研究生教育的质量。所有因素都经过了全面的质量监控。以“质量保证”为目标，建立了高校实效性评估机制，每个研究生培训单位都有义务向政府和公众报告研究生教育的质量。

英国研究生教育质量保证体系的最大特点是政府和大学为研究生教育提供双重保证，并且专业协会或科研机构、其他社会组织和其他社会力量也积极参与。具体来说，它包括内部和外部质量保证措施。

1. 强调课程内容的整合

在内部质量保证过程中，英国的大学和学院是公共事务机构的一部分，并属于自治机构。因此，学校应对其教学计划、学位授予的标准和质量承担相应的法律责任。在学术管理方面，通常由学校的学术委员会负责。英国在研究生培养过程中，非常重视研究生课程的学习，特别是课程内容的整合，更加注重培养研究生的自学能力、科学研究能力和论文写作能力。重视与论文相关课程的研究，特别是鼓励博士生跨部门选择学校课程，以提高研究能力，增强专业和社会兴趣。英国的大学也非常重视加强对学校教学的评估，制定与他们的学业状况相适应的学术标准，特别重视对师生的双向监督。同时，为了提高研究生教育的质量，英国还增加了高级课程，其中包括高度专业化的课程、扩展知识的课程、用于加深知识的新学科发展的课程以及结合新实践的课程。通过课程调整，研究生教育质量得到提高。

2. 大学自我评价是研究生教育质量评价的基础和核心

就外部质量保证措施而言，强调全面的质量监控，包括多个方面，例如学术质量审查（就学校而言），教学质量评估（就专业学科而言），专业资格证书以及对课程质量的评估。其主要目的如下：（1）帮助高等院校提高研究生教育教学质量。（2）向未来的学生和管理人员告知高等教育机构提供的研究生学位标准。（3）帮助政府制定资金决策。④向所有相关利益集团说明业绩。

目前，英国大多数大学都是由国家资助的，但是政府很少干预研究生教育质量的评估。课程的质量和标准以及学位授予均由每个机构负责并解决。政府主要从外部检查大学承诺的教育质量，并通过“学术审查单位”和“高等教育质量委员会”等质量审查单位间接影响。大学自我评估已成为英国研究生教育质量评估的基础和核心。在各高校中还建立了分级质量评估机构。在评估过程中，将根据自己的评估程序和标准对研究生教育质量进行评估。同时，将邀请外部专家参加，联合监督学校内的一些专业协会和学术团队，并对研究生的教育质量进行评估。这包括批准新课程，检查和指导当前课程，以及定期审查整个教学计划。这也是英国高等教育质量保证的三个主要方面。此外，英国还使用三种方法：学生反馈、批判性自我检查和外部同行评审来评估其教学质量。

自 1997 年以来，英国成立了高等教育质量保证机构（QAA），该机构独立于政府和大学，并由大学和学院资助。它代表政府实施高等教育质量评估，也代表大学校长委员会实施高等教育质量评估。QAA 是独立的实体，已与英国主要的高等教育资助机构签订了合同。其主要任务是为学生、父母和社会提供高等教育的质量保证。目的是监督具有元评估性质的各种高等教育机构的教育质量和水平。通过定期检查对高等学校的教育质量进行监督，并将检查结果向社会公布。为英国高等教育提供全面的质量保证服务。同时也避免了政府和大学对评估工作的影响，从而确保了评估的真实性、专业性和开放性，提高了评估质量，巩固和增强了公众对服务的信心。它已被社会各界广泛认可。QAA 的资金来源主要是高等教育资助机构根据合同签订分配的资金，也可以接受大学的捐赠和资助。当然，英国政府并没有完全参与研究生教育质量评估体系。政府主要通过建立研究生教育质量评估体系，并将评估结果与学校经费挂钩，来干预研究生教育质量评估。促进建立外部研究生教育质量评估体系。例如，高等教育基金委员会，主要从外部评估高校的教学质量，其评估结果与学校的经费挂钩，从而使高校维持并提高教学质量。还有一个高等教育质量委员会，其主要职能是招生管理和学分、质量改进和质量审查。

此外，英国政府还通过法律手段阐明了大学对学校质量和使用学校经费的责任，同时以法律形式阐明了政府经费与大学质量之间的关系。这样，政府就可以以法律形式有效地保证高等教育的质量，从而更好地满足经济社会发展的需要，在研究生教育质量评价中发挥重要作用。英国高等教育史上著名的大学拨款委员会以经济为杠杆和手段，直接或间接地指导英国大学的发展，在维持和提高教育水平和质量方面的作用不可低估。

9.4.3 日本研究生教育质量保证体系

在规模与质量的比较中，没有质量就没有数量，因此质量是规模的基础。1990 年，日本大学理事会提交了有关研究生教育质量的特别咨询报告《提高日本研究生教育质量的对策研究》。它明确提出了对研究生教育质量的要求："日本的研究生教育不仅应在规模和数量上发展，而且在水平和质量上应不断提高，必须培养新一代的高学历和强大的创新能力，可以参加国际竞争的年轻科研人员。"可以说，在日本研究生教育规模扩展计划的初期，质量问题已被纳入决策视野，将提高质量和扩大规模放在同等重要的位置。日本大学和政府在研究生教育入学过程中高度重视研究生教育的质量，始终保持着强烈而敏感的质量意识。

1. 采用灵活和免费的入学选择方法

为了促进日本研究生教育的多元化发展和满足社会需求，日本非常重视对学生研究经验的评估，评估的灵活性以及入学条件和能力的选择。例如，在日本的研究生入学资格审查中，要求学生提交未来的研究计划和其他方法，以评估申请人的过去研究经验和未来研究准备。这样，本科教育和研究生教育是紧密相连的，而研究生水平的学习和培训则延伸到了本科水平。

2. 建立独特的研究生培训模型

展示资源的分配、供应和调动最终将用于研究生培训的实际过程中。因此，资源是保证研究生教育质量的前提，直接决定教育结果的是资源消耗的过程，即研究生培养的过程。在研究生教育快速发展的过程中，为保证研究生教育规模和质量的协调发展，日本高度重视改进研究生的培养机制和过程。

新闻发布会是日本研究生教育过程的显著特征，它在确保研究生教育质量方面发挥了重要作用。可以说，这次会议是日本最成功的研究生培训机制。通过演讲，可以形成一个具有互补性研究和信息共享的研究小组，这有利于小组学习。学生还可以使用该平台通过"初始报告""中间报告""最终报告"

和其他链接定期报告他们的研究。导师还可以通过出版物定期检查和监督学生的研究和学习，为学生提供有效的指导，并严格审查论文的质量，以确保学生可以撰写高质量的研究论文。

3. 多元化规范的研究生教育评价体系

日本高度重视质量评估的重要作用，并将其视为确保研究生教育质量的重要手段。通过质量评估，大学的活动和结果将发布给社会，以获得社会对大学的理解和支持，并为学生选择学校和投资企业提供参考。与政府资源分配政策有效结合，为重点资金分配提供参考。在具体实践中，首先，日本建立了多元化的评估体系，明确提出了构建多元化的评估体系的必要性和远见："为了使社会对大学的活动有更清晰的认识，建立专门的评估制度是必要的，机构应实施公开透明的大学评估制度，并建立多元化的评估制度。"其次，评估工作已经规范和健康发展，为了确保评估工作的制度化和规范化，日本的研究生教育评估是基于一系列的法律法规，例如《大学设立标准》，最后通过建立评估体系，协调相关部门之间的关系，在健全的评估体系形成后，日本政府改变了职能，并授予了"国家学校设立法"。充分行使对研究生训练机构的自主权，从而实现权力下放；政府通过评估、财政、立法等对研究生教育进行宏观调控，不再直接管理大学内部的具体事务评估。日本教育行政部门已经在评估体系中实现了"权力下放"，充分发挥了民间评估机构的职能，引导了民间评估机构的健康发展。此外，由于学校的内部评估可以随时监控自己的教育活动并及时做出反应，因此日本非常重视培训单位的自我评估。这对于保证研究生的素质具有更实际的意义。

9.4.4 法国研究生教育质量保证体系

法国是世界上现代高等教育的发源地之一。它在世界上拥有独特的双轨制：代表高等教育民主化的大学系统和代表精英教育的大学系统。法国重视合作教育，重视合作关系。高等工科院校与工业部门和科研机构之间的合作关系良好。法国有许多独立的培训中心，这些培训中心附属于大学学校，并在教师、设备、实验室和学校的其他优越条件的帮助下进行持续的工程教育。

从历史的角度来看，法国一直遵循拿破仑时代高度集中的领导体制。中央政府直接参与教育机构的建立和领导，可以促进高等教育服务于政府的经济发展和政治利益。从文化的角度来看，法国具有浓厚的民族主义传统。从经济角度看，法国一直在追求以市场经济为基本经济形式的计划市场经济体制。在这三个背景的影响下，政府对经济的宏观调控已经形成了政府主导的法国研究生教育质量保证体系的模式。法国政府通过课程、文凭发放和评估、拨款控制以及任命教师和管理人员来保证研究生教育的质量。

1. 采用“导师制”培训模式

法国研究生的培养方法是其内部保证研究生教育质量的最重要特征。只有法国的综合大学可以设置研究生教育。它分为课程研究和科学研究，以及撰写论文的阶段。关于研究生导师制，法国采用了导师制进行研究生培训，由研究生培训小组负责具体实施。该培训小组中有一名负责人和几名成员。负责人选自教授或校长根据学校学术主席的推荐。培训小组还包括一个教学小组和一个或几个研究小组，它们是综合的学科组合。这种多学科的综合训练方法适应了科学技术相互交叉，社会科学与自然科学相互渗透的当前发展趋势。它将使未来的高级人才能够面对高科技的飞速发展，具有主动性和广泛的适应性。法国还采用了灵活多样的培训方法，使研究生可以同时在该学校或另一所学校的两个专业学习。形成了对教学单位和科研机构的联合培训制度。例如，博士生的培训主要采用依靠研究机构、综合大学和单科学院的培训方法。

2. 政府主导的研究生教育评估方法

法国研究生教育质量的外部保证主要是通过教育评估来实现的。与美国、英国和其他国家不同，法国的高等教育评估基于对各种大学的状况和整个大学管理体系的分析，而不仅仅是对个别大学本身的评估。由于法国是一个典型的中央集权国家，因此官方评估大学的“国家评估委员会”（CNE）直接对总统负责。法国的高等教育评估首先是对国家教育政策的评估。具体来说，法国高等教育质量保证体系主要由三个方面组成：（1）国家评估委员会（CNE）享有完全的行政自治权，不受教育部的控制。它直接向共和国总统提交报告。任务是对法国教育部及其他部委下属的所有文化、科学研究和专业高等教育机构进行全面评估，并在此基础上提出提高其活动效率的建议。（2）国家高等教育研究委员会负责审查和指导那些想要制定教学项目以获得国家学位证书的负责机构。（3）参与法国高等教育评估安排的其他机构，包括：国家科学研究委员会，国家工程师职称委员会，大学理事会和学位授予委员会。

在法国，教育由教育部统一控制，而政府在评估研究生教育方面起着主导作用。法国的评估主体是政府，因此大多数评估机构都是由政府建立的，具有强烈的官方色彩，反映了国家和政府的意愿。其评估系统主要由国家高等教育研究委员会、国家评估委员会和其他机构组成。政府主要控制国家文凭的发放，控制大学的人文、财力和课程等方面，以参与对研究生教育质量的评估。作为政府的主管机构，教育部整合了审批、决策和监督的职能。它可以通过法国国家高等教育研究委员会等相关评估机构直接管理和控制大学的高等教育。大学的自治非常重要。法国国家评估委员会的主要成员由总统任命，其运营资金也由国家分配。尽管它也具有某些中介机构的性质，但它仍然反映了该国的总体意愿。1984 年，法国成立了“国家评估委员会”。它的重要职责是对法国教育部和其他部委下的所有文化、科学研究和专业高等职业教育机构进行质量评估。在评估报告中，它将对大学的科学研究、教育、管理政策和管理实践以及其使命进行定量和定性分析。给受过教育的人，大学毕业生的管理人员，其他组织和大学合作伙伴提供信息。

在法国政府领导的评估体系中，从建立评估目标到制定评估指标、收集评估信息以及获得评估结果的每一个环节都离不开政府的直接参与。

9.4.5 发达国家研究生教育质量保证体系的启示

不同国家的研究生教育质量保证模型不同，这与各国的经济发展水平、文化和政治水平密切相关。尽管存在很大差异，但从质量保证的总体框架的角度来看，研究生教育质量保证有许多共同特征，即质量保证是以教学单元为核心，由外部检查和评估驱动的。并通过质量保证体系实施过程实现了质量的巩固和提高。对于建立符合我国国情并具有中国特色的研究生教育质量保证体系具有一定的参考意义。

发达国家研究生教育质量保证体系最重要的启示是强调内部和外部保证

的结合。在内部保障方面，发达国家非常重视保障和改善自己的研究生教育的质量。一方面，政府和社会对大学研究生教育质量的评估是建立在大学自身质量评估的基础上的。另一方面，大学建立了完善的研究生教育质量保证体系。首先，所有国家都非常重视研究生的入学或选拔。为了吸引优秀学生，高校经常进行激烈的竞争。在甄选过程中，通常是由导师和教授小组担任领导角色。此外，系统和严格的课程教学越来越被认为是提高研究生教育质量的必要环节。

在外部保障方面，发达国家非常重视外部力量的有效干预和社会监督机制的作用，以便对研究生教育的质量产生影响。政府基本上不参与研究生教育的直接评估，而仅通过拨款或资助以及在全国范围内发布有关研究生教育的相关信息来参与对研究生教育的评估。同时，政府还全面研究了研究生教育领域的主要问题，并提出了相关报告和建议，以服务于研究生教育的质量。为了协调政府与高等院校之间的关系，有必要在两者之间建立一个“缓冲”。这是对社会组织和中介机构的评价。例如，负责学校的整体评估和质量审查的高等教育质量委员会，由与大学密切相关的几个学术组织组成的私立机构以及半官方机构高等教育基金委员会，同时，还将建立一个高等教育质量保证机构也就是中介机构，将专业评估和学校评估结合起来。中介机构的职责是向政府报告有关高等学校研究生教育质量的问题，也可以就高等学校学位授予问题向政府提出建议。

通过中介机构，形成了社会中介机构、大学和政府的三方协调运行机制。三者有明确的职责分工，每个人都承担着研究生教育质量保证的责任。中介机构负责学科和学校的教学质量保证，大学本身负责学校内部的质量保证，政府组织的高等教育基金委员会负责学科科学研究水平的评估和质量保证。三者相互配合，共同参加高等教育质量保证活动。例如，美国研究生教育的质量控制主要负责非营利性，非政府专业协会（例如，美国大学协会和美国研究生院协会及其下属机构）所属的研究生院联合会以及其组织下的媒体和认证机构。最著名的每周杂志《美国新闻与世界报道》对最佳专业学院和研究生院进行了学术排名，并每年进行一次全国研究生教育评估。他们的评估结果或分类结果、大学排名甚至成为社会基金和联邦政府提供资助的重要依据。但是，在中国目前的质量保证模式中，政府在外部评估中处于强势地位，而大学基本上没有发言权。评估程序和方法的选择、质量标准的建立以及评估结论的形成和使用都是政府的责任。因此，在保证高等教育质量的过程中，高校的自主权和学术自由受到了一定程度的侵犯，高校的主导地位没有得到体现。

国外研究生教育质量保证措施对我国研究生教育质量保证体系的建设具有重要的启示。西方发达国家采取的提高研究生教育质量的措施，一方面是良好的内部保障条件：合理组建专家队伍、科学制定培训计划、采用先进的教学方法。另一方面，它取决于外部保障条件的建设：建立法律法规和完善中介评估体系，以确保研究生教育评估的质量。

当然，我们不能盲目模仿其他国家的研究生培训模式。我们必须考虑我国的历史传统和国情。在我国的质量保证模型中，我们必须强调内部和外部保证的协调，这必须由政府组织和倡导，同时赋予大学充分的自治权。我国研究生教育质量保证体系的理想模式应该是多元共管的类型保证体系，由大学的自我评价、政府评价和社会评价共同完成。因此，我们必须建立多元化的质量保证体系，并在办学模式、投资主体、质量标准和培训目标方面朝着多层次、多元化的方向发展。在这种保障体系中，社会、高校和政府作为保障的主体，在权力的相互作用和依存关系的基础上，建立了合作、协商的伙伴关系，共同为我国研究生教育的质量保证服务。由于其职能和作用的不同，大学、政府机构和社会团体的主体在研究生教育质量保证体系中也具有不可替代的地位。他们有不同的权利和责任。这三个是相互依存和相互制约的协调伙伴关系，共同作出应有的贡献，以保证和提高研究生教育质量。

9.5 我国研究生教育质量保证体系的建设

9.5.1 我国研究生教育质量保证体系建设的指导思想

质量是经济学中极为重要的概念。它与产品的生产、销售、更新、声誉扩展和品牌建立有关，是公司生存和发展的生命线。质量保证的产生与发展主要取决于三个原因：科学技术的发展、市场需求的变化以及经济的全球化。

由于现代产品的性质和特征与传统产品相比发生了本质变化，因此客户无法根据自己的知识和经验对产品质量是否满足要求进行全面、准确的判断。因此，产品的供应已逐渐形成。市场及其利益相关者提供产品质量符合客户要求的信任保证。因此，我们说现代意义上的质量保证反映在企业的市场信誉水平上，这是客户对组织的信任的升华，企业文化对消费者的启发和同化，以及经营理念的真正实质。

20世纪60年代，美国管理专家费根鲍姆（Feigenbaum）等人提出了全面质量管理的新概念，将现代科学、数理统计和组织管理紧密结合在一起，建立了一套完整的质量保证体系，使质量管理更加先进。

企业全面的质量管理思想对我国高等教育的质量保证，特别是研究生教育的质量保证具有重要的借鉴意义。作为一种特殊的产品，高等教育的质量越来越受到消费者和社会的关注，被认为是一种外部约束力。作为一种特殊的社会生产活动，教育生产特殊的教育产品，产品是学生，大学是教育工厂，教育的质量就是这种特殊产品的质量。培养适销对路的高素质人才是大学生存和发展的基础。产品的功能取决于产品设计中相关性能的数量和质量。除设计因素外，产品质量主要体现在制造过程中，即根据设计指标，从质量和数量上反映出来。双方都同时得到保证。从某种意义上说，研究生也是研究生教育部门培育的产物。因此，它也具有普通产品的特性。在这个过程中，研究生训练目标的定位等同于产品的功能设计，而质量是为保证研究生训练功能而确定的质量和数量标准。该质量和数量标准构成了质量保证机制的目标。

全面质量管理概念在教育领域的应用的最重要特征是管理的全面性。它特定于学校管理领域，这反映在整个学校的工作中，涉及学校中的每个人以及学校中的所有活动。另外，教育被视为一种服务。在学校中，无论是内部还是外部，都必须从服务的角度看待所有工作，以满足学生、其父母和社会作为“客户”或“消费者”的需求。全面质量管理具有全面性的特点。研究生教育的质量保证就是贯彻这一理念，实现全面质量管理和全过程管理。

任何产品或服务的质量都有生成、形成和实现的过程。这个过程由多个相互影响和相互联系的链接组成，每个链接都会对最终质量状态产生或多或少的影响。因此，有必要形成一套全面的质量管理体系，严格控制影响质量的所有环节和活动，注重预防，结合预防和检查，确保和提高产品质量。换句话说，在进行质量管理活动时，我们必须专注于过程，并将活动和相关资源作为过程进行管理，以便更有效地获得预期的结果。人员培训的过程与产品生产的过程相似。任何环节都是整个过程质量管理的要素。前一过程的质量将影响后一过程的质量。因此，忽略了质量管理的任何环节都将直接影响整个生产链的运作，从而影响研究生教育的整体质量。为了保证和提高研究生教育质量，我们不仅应着眼于最终的培训目标，而且要从研究生培训的全过程入手。加强流程管理尤为重要。因此，我国研究生教育质量保证体系的建设应体现全面质量管理和全过程管理的思想。

9.5.2 我国研究生教育保障体系的总体设计与模型

我国研究生教育质量保证体系应体现全过程、全面的原则。在研究生教育质量管理活动中，必须严格控制每个培训环节，以确保整个培训过程的有效运行，这也是提高研究生培训质量的关键。它包括入学、培训、论文撰写和答辩、学位授予、思想政治教育、就业指导和质量反馈的全过程。一旦研究生教育活动偏离预定目标，就必须立即对其进行纠正，以提高研究生教育的质量。因此，必须随时准备过程控制以进行纠正，并不断分析、预测、总结和比较有关各种研究生教育活动的信息。目的是尽可能减少研究生教育活动的偏差，或将偏差控制在最小范围内。此外，我国研究生教育的质量保证活动包括内部大学的参与以及政府和社会中介机构的外部参与。由于研究生教育质量保证体系的整个过程不能仅由大学来承担和完成，因此大学必须与外界不断地交换物质、信息和能量，这也取决于研究生教育质量保证体系的多维用户群。为了使研究生教育质量保证体系有力，大学需要与政府和社会中介机构不断地交流能量。正是由于外界力量的不断介入，研究生教育的质量保证活动才更加完整。因此，我国研究生教育质量保证体系的总体设计如下：

1. 建立完整的质量管理体系

首先是加强研究生教育投入管理，这是对研究生教育质量的前馈控制。在高等教育国际化深化的国际背景和中国研究生招生规模扩大的国内背景下，提高研究生选拔方法的科学性和适应性，实施多种研究生选拔方法将成为研究生选拔的共同方向。未来在所有国家中，根据高等教育的发展和市场需求，应根据专业特点和培训水平，积极探索适合国情的研究生选拔方法。例如，完善考试机制，采用多元化的录取标准。在制定我国研究生录取标准时，不仅要评估外语、政治和专业课程的表现，还要注意考生的学业成绩和其他本科生表现以及综合成绩。由于研究生招生选拔制度必须适应时代和科学技术的发展要求，因此必须注重综合素质型人才的招募和创新型人才的选拔。有必要加大复试的力度，以确保复试的有效性，选择一批具有一定研究能力和创新思维的高素质研究生，避免单纯根据成绩进行选拔。

其次，做好研究生教育的过程管理，这是对研究生教育质量的实时控制。仅拥有良好的教育学生资源并不意味着可以培养高素质的学生。这也取决于学校教学过程的保证。学校教学过程的质量控制是保证研究生教育质量的核心。其中许多因素都会影响教育质量。例如，在我国建立国际化和多元化的研究生教育培训目标。面对国际化趋势，中国大学在加强国际交流与合作的同时，应充分利用国外资源，培养具有国际经验和国际技能的国际人才，制定符合教育国际化要求的培训目标。同时，目标的多样化也是非常必要的。我国的研究生教育需要培养各行业的高级应用型人才、大批高级管理人才和技术专家，目前远远不能为社会培养高水平的理论家和科研人员。不仅要在各种专业学位的蓬勃发展中反映出多样化的思想，而且在每个学位中，应根据个人需要和社会需要制定不同的培训目标和课程，以培养学生的实际工作能力和创新科研能力。

优化研究生课程体系建设。为了帮助研究生拓宽和加深他们的专业理论知识和实践能力，在课程教学中，本课程的内容增加了该学科的最新成果以及当今世界科学技术的最新发展趋势。同时，有必要提高学生的职业技能和专业技能，学习更多的跨专业、跨学科的知识和新理论、新学科、新技术，并着重培养学生的个性。另外，按照研究方向开设课程的传统方式也需要改变。必须坚持为一级学科和二级学科开设学位课程的原则。同时，为了培养学生的创新精神、综合应用能力和实践能力，应增加实践课程。真正建立开放的研究生课程体系，加强学科、专业甚至校际课程之间的交流和联系，尊重研究生的主观经验和主观性，使研究生适应跨学科，并愿意扩大自己的知识面。

加强导师队伍建设。目前，我国研究生导师的选拔方法主要是审计制度，即学位授予权的学位点。申请人的职称、教学和科研能力、学历和个人素质得到全面审查。只有完全符合条件的人才能获得教师资格证书。这种选择和聘用的方法在选择优秀的研究生导师方面起着一定的作用，但仅靠一种方法是远远不够的。要采取多种形式的导师选聘方式，做好导师培训。

同时，还必须加强对研究生期中考核制度的实施，着力培养研究生的创新能力。这些都是决定研究生教育质量的重要因素。

严格控制产出，这是对研究生教育质量的最终控制。它包括论文的写作。论文是由研究生在导师的指导下独立完成的总结性作业。它是由研究生撰写并提交以获取学位的论文。它是检验研究生研究能力和创新能力的基本载体，是学位授予单位对研究生个人学业成绩评价和认可形式与研究生个人学业成就形式的统一。从研究生论文的内在质量来看，它必须高度实用，并能够满足社会发展和人类发展的需要。如今，研究生教育已经走出了原来的“纯科学”研究象牙塔，并与社会生活越来越紧密地融合在一起。因此，研究生论文的主题不再是“纯理论”或“纯科学”，而是与社会发展中迫切需要解决的重大理论和实践问题越来越紧密地结合在一起。因此，社会经济效益也应成为评价研究生论文质量的重要标准。此外，研究生学位课程质量管理过程中的每个环节论文紧密相连，每一个环节都完成了，管理的质量就更高了。同时，在这一过程中，我们必须及时总结经验和教训，以使自己的优势最大化。

严格论文答辩。首先，论文答辩系统的实施也是提高研究生论文质量的必要环节。这是对论文质量进行审查的非常有力的措施。其次，对学位论文答辩必须有更严格的要求，例如严格审查论文答辩的资格，制定更科学、严谨和系统的审查标准。

严肃学位授予。要严格管理学位授予的评审，并按照坚持标准、严格要求、保证质量、公平合理的原则进行评审，以确保研究生学位评审的严肃性、公正性和权威性，确保我国研究生教育的质量。

加强思想政治教育。研究生教育的最终目标是学习和成为人类。然而，在这个多元文化社会的影响下，在学术研究过程中，一些研究生似乎渴望快速成功、浮躁并违反了学术道德，而一些研究生仍然缺乏使命感和社会责任感。因此，有必要纠正其科学精神，加强研究生的思想道德教育。

加大职业指导工作力度。研究生的就业情况是对培训单位报名情况的最好宣传。入学和就业密切相关，两者相互促进。只有确保为研究生提供更好的就业机会，我们才能吸引更多的优秀学生，并不断提高研究生培训的质量。这需要就业部门、大学、政府和社会的共同努力，为研究生的就业提供良好的服务。只有严格控制和管理这些环节，才能大大提高我国研究生教育的产出质量。

2. 建立由政府、社会中介机构和大学参与的研究生教育质量监督体系

在这个系统中，政府应根据政府的宏观管理标准逐步授权权力，在行政管理、立法和财政手段中发挥宏观控制作用。围绕建立高校自我监督体系，高校应建立真正的自我评价组织，积极建立一套规范、定期的自我诊断和检查评价体系。社会评估体系的建设是激励和保证。社会中介机构参与研究生教育质量评价过程，是教育评价科学性、客观性和公正性的具体体现。三方应相互配合，共同促进我国研究生教育质量的提高。

3. 建立科学、完善的研究生教育质量反馈体系

建立质量反馈系统是建立研究生教育质量保证体系的重要组成部分。该系统主要收集、存储和处理教育质量保证活动中的信息，对质量保证的主体和内容、质量保证目标的结论提供必要的控制反馈，并及时调整人才培养的方法和规格方式。在培训质量的各个方面进行有效监控，以达到完成研究生培训目标的目的。为加强人才培养的目的和适应性提供决策依据。

9.5.3 我国研究生教育质量保证体系建设措施

在扩大全国研究生招生规模的基础上，保证研究生教育质量是研究生培养的基础。研究生教育应该是一种精英教育，而不是大众教育。要培养具有研究能力，尤其是创新能力的高级人才。建立完善的研究生教育质量保证体系，不仅是大学积极适应经济社会发展需要，不断提高人才培养质量和办学效率的有效机制，而且是让大学接受社会和政府的监督的基础。

研究生培训的质量与其他素质相同。它不是由单个因素决定的，而是受

多个链接影响的。因此，有必要通过确定研究生教育过程中各个环节的目标、标准和措施，从根本上改善培训过程，以便有针对性地、有计划地、逐步地进行质量管理活动。因此，加强过程管理对改善研究生教育实施环节的质量和内容具有现实和长期的意义。从质量管理体系、质量监督体系和质量反馈体系三个方面探索确保和提高我国研究生教育质量的有效途径。

1. 建立全面、系统的质量管理体系

研究生培训的质量受许多因素影响，可以归纳为三个方面：（1）投入质量是学生资源的质量。（2）过程质量，包括课程教学，导师团队建设等。（3）输出质量，包括论文答辩、学位授予、思想政治教育、就业指导等。为了做好研究生的质量管理，确保和提高研究生教育质量，我们从研究生培训的全过程入手，把握管理的每个培训环节。

入学是研究生教育的入口。研究生教育的发展不仅是数量上的发展和扩大，而且是质的提高。定量发展是基础，质量改进是目标。因此，要做好研究生招生工作，选拔高素质的学生，改革研究生招生制度，以适应扩大研究生招生需求，不断提高工作效率，建立吸纳优秀人才的机制，这些是保证研究生培训质量的前提。

随着我国经济的发展和研究生教育国际化的深入，社会对高层次人才的培养提出了更高的要求。在研究生大规模招生的情况下，由于传统的研究生招生模式已不能适应新形势的需要，必须对研究生招生制度进行改革。

因此，为了解决研究生招生规模不断扩大所引起的各种问题和矛盾，有必要建立一个更加高效、科学的研究生招生制度。建立有效的招生质量保证体系是保证研究生教育质量的基础。当然，我国研究生入学质量保证体系的建立离不开我国目前的高等教育状况。因此，研究生招生选拔制度的改革应适应我国当前的教育状况，并应采取一定的措施和对策，为解决该问题开出合适的药方。具体建议包括以下几个方面：

（1）政治和外语考试改为资格考试。目前，政治和英语是我国研究生招生考试的必修科目。在这方面，可以借鉴其他国家，尤其是美国的经验，将政治和外语考试改为资格考试。纵观世界发达国家的研究生招生方式，大致有两种：基于资格的和基于考试的。美国是典型的资格认证国家，这种资格认证考试确定了申请人必须达到的最低标准。在我国的研究生入学考试中，过分强调外语和政治成就，不利于考生综合素质的考试。我国每年可以举行一次或两次政治和外语资格考试，分为A、B、C三个等级。规定只有B级或更高的等级才有资格申请研究生，并且必须规定资格的有效期。这样可以避免因为未通过专业课程而重新审查政治和外语的麻烦，从而使候选人可以为专业课程的复习做准备。它也可以改变应试教育的状况，体现了利益至上的原则。

（2）完善专业课程考试机制。目前，由于不同学校的试题难度等级不同，不同院校的考生考试成绩差异很大，造成了不公平的调整。在这种情况下，国家应当对同一专业不同学校专业考试科目的命题作一般规定，并提供统一的大纲。制定大纲的成员不仅必须熟悉研究生的入学过程，而且必须具有一定的专业学术水平，才能制定出合理可行的大纲。在专业课程的考试内容中，试题应主要评估学生过去的学习能力。在短时间内无法通过突击检查来提高这些能力。死记硬背的内容应最小化。这样的考试是为了准确地测试应聘者的能力和潜力。

（3）采用多元化的入学标准，加大复试的力度。在选择学生时，美国许多大学除了外语水平、以前的学习成绩和其他良好条件外，还强调学生知识结构的完整性，学生知识背景的广度和深度，这意味着学校在研究领域中要更加注意学生的专业背景。这样做的好处是可以确保研究生具有一定的实践经验和相对扎实的理论基础，入学后学生将更快地适应研究生的学习和研究生活，同时避免仅依靠死记硬背获得高分，对全面提高研究生教育质量具有非常积极的作用。因此，有必要采用多样化的录取标准，加大我国复试的力度。笔试侧重于检查候选人的理论基础和专业知识的广度和深度，但不可避免地会选择一些应试者，这不利于发现创新型人才。笔试是对学生智商的调查，面试是对学生情商的调查。通过面试，可以了解候选人在非智力因素方面的潜力，并进一步观察候选人的思维和创新能力。一些学者提出，研究生入学考试改革的总体指导思想应该从对知识和技能的关注转向对能力和创新潜力的关注。要以研究所需的人格、合作精神和相关的非智力因素等综合素质为参照，建立一套以研究必要的基础知识和技能为重点的评估体系。因此，在复试中，评估内容可以包括基础知识、专业知识、学术思想、创新精神、逻辑思维能力和语言表达能力、道德水平等。每个专业都可以基于对其实际情况的综合分析来做出决定。例如，科学和工程学科侧重于动手能力和实验能力的评估，而人文和社会科学则侧重于综合能力和思维能力的评估。

（4）招募来自各个学科的人才，并吸收跨学科的人才。与仅限于单一学科领域研究的人才相比，在多学科领域具有实践经验的复合型人才具有更广阔的发展前景和创新素质。学科的交叉和融合孕育了创新，学科的增长点是高级论文主题和科学研究主题的不竭动力。因此，在严格控制的前提下，必须有全方位、跨学科的候选人。

建立和完善有效的研究生入学质量保证体系是保证研究生教育质量的最重要部分。以上措施不仅满足了客户的需求，而且体现了先得益的原则，可以说是一石两鸟。今后，应该继续总结经验，借鉴发达国家先进的研究生招生考试的有益经验，为提高效率和经济性而设计的研究生招生考试制定新的方法，以便于以公平、科学和合理的方式选拔优秀的人才。

在过去的 20 年中，从我国研究生的发展状况来看，研究生教育取得了骄人的成绩。当前，我国的研究生教育工作者面临着战略机遇，但也对我国研究生教育的发展提出了战略要求。因此，必须大胆借鉴发达国家先进的研究生教育经验，抓住当前研究生发展战略机遇期，努力促进研究生教育理念、模式、体系和内容的创新，特别是要建设研究生课程，要具有国际特色的培训模式。有必要提高我国研究生教育质量，培养具有国际水准的人才。因此，应从以下几个方面加强我国研究生教育过程的管理，以提高我国研究生教育的质量。

为我国的研究生教育建立国际化、多元化的培训目标。在 21 世纪，任何一所大学都必须根据政治和经济建设的趋势和社会发展以及国家的目标，适当调整其社会定位和办学方向，拓宽教书育人的方式，以及积极争取社会各方面支持和培养国家和社会迫切需要的大量高素质人才。对于培训单位，有必要弄清是培训应用型人才还是学术型人才，必须准确定位。但是，无论哪种类型的人才都必须有自己的质量标准，这一质量标准构成了质量保证的目的和目标。

我国研究生培养的一个重要目标是努力培养适应经济全球化和国际竞争力的研究人才。一般而言，国际人才需要具有国际视野，从全球角度理解和考虑问题，而不是局限于一个国家或一个地区。具有国际知识、国际交流能力、创新思维能力、独立思考能力、信息处理能力、终身学习能力和参与国际竞争的能力。因此，培训目标应明确：第一，培养具有国际观念和国际意识的学生，树立全球开放观念。第二，培养具有国际交流能力，能与外国人和睦相处，尊重外国风俗和宗教信仰的学生。同时维护中华民族的尊严和法律权威。

未来的研究生培养目标将从单一向多元化转变，即从单一型人才的培养向单一型人才和复合型人才的共存转变；从专业人员的培养向专业人员培养和通才教育共存的转变；从学术人才向学术培训和应用培训并存的转变。

在这里，可以借鉴英国牛津大学的管理经验，实施多元化培训目标，并加强跨学科的渗透和跨学科的交流。从专业和学科的数量来看，英国牛津大学的学科和专业的比例相对合理。英国牛津大学的传统优势专业是人文科学专业，但随着社会发展的需要，它在应用科学和自然科学中也形成了自己的特色，形成了与人文科学相交的学科和专业体系。因此，在研究生培养过程中应建立多元化的培养目标。应用型学术和复合型人才的培养应在研究生教育中找到合适的位置。例如，在硕士教育阶段，应该学习美国和日本的硕士教育目标，并朝着专业化的方向发展，主要是培养应用型人才，将学术研究的职能转移到博士生的教育目标上。具体来说，首先用于培养研究生。在继续扩大招生规模的基础上，研究生的培养应以应用型研究生的培养为基础，并加强其实践能力和操作技能的培养。拥有硕士学位的管理人员和技术人员应成为劳动力的主流，拥有大专和学士学位将逐渐成为工人的最基本要求。这种趋势在发达国家已经形成。其次用于培养博士生。博士生的培养应以顶尖人才的培养为基础。具有创新能力，具有开拓精神、扎实的理论基础和巨大的科学研究潜力是博士生的最低要求。博士生的培养目标应不断提高，而不是一味追求规模和数量。这是确保我国高水平人才培训质量并提高我国高等教育国际竞争力的最重要的事情。

2. 优化研究生课程体系建设

培养高素质的研究生，必须建立规范的课程体系，从学科的内在规律和人才培养的客观需要出发，科学规划教学内容体系，建立以研究生为中心的教学方法。注重促进研究生个性的健康发展，充分发挥研究生的积极性和自觉性，提高研究生教育的整体水平。

（1）创新教学内容。教学内容的创新是课程创新的重要方面。目前，我国研究生的教材和参考资料十分匮乏。因此，应结合各高校图书馆购买更多与该学科发展相适应的参考书和教材，尤其是该学科的高级精品教材和最前沿的教材。创新教学内容就意味着要改革多年使用同一本教科书的模式。在教学内容上必须丰富各学科领域的最新发展，以满足培养高素质人才的需要。有必要积极引进国内外先进和优秀的教科书，以及本课程的最新成果，例如介绍经典的原版教科书进行教学，鼓励有能力的教师翻译国外先进的教材等。不断更新教学内容内容，提高教学水平。

另外，要根据不同学科的特点，进行重点课程教学内容的创新。在高科技平台的帮助下，传统学科知识与高科技的融合应成为传统学科课程教学内容创新的重点，并着重于传统学科知识体系与高科技知识的嫁接，从而创新传统学科知识体系并进行再生。对于跨学科和新兴学科，教学内容的定义和组织应成为教学内容创新的重点。例如，哪些内容看似与学科领域相关，但实际上并未涵盖该学科，哪些内容仅供参考，哪些内容应作为课程教学的重点。通过这些分析，可以保证知识系统处于学科领域的最前沿，并且具有相对完整的系统。

课程体系的建设不仅应侧重于广度和深度，而且还应侧重于基础知识和前沿知识。教学内容的选择应有利于研究生科学创新思维的培养。研究生课程教学内容的安排应从讲授课程转变为创造性课程，以使研究生掌握相关学科的理论框架体系。

（2）优化课程。优化课程设置，制定科学的课程体系。强调课程体系的前瞻性、前沿性、广度和深度，并加强跨学科学习。课程设置应坚持必修课与选修课相结合，学习理论与学科研究相结合的原则，并规定合理比例的专业课程、基本知识、基本理论和基本技能。在这方面，美国的经验值得我国学习。美国研究生的课程非常灵活，可以根据科学技术进步、社会需求和培训目标的要求及时调整，以社会为主要价值取向，强调跨学科和人文科学与艺术。建立方法论课程和研究方法课程。美国大学普遍认为，现代科学技术的发展正在加速，只有掌握了广泛而扎实的多学科基础理论知识，才能容易地进行专业转换和知识更新。因此，为了提高我国研究生教育的质量，必须重新调整课程结构，瞄准各种课程的分配。

首先，完整的课程体系必须包括必修课和选修课，并且要占合理的比例。必修课程中的学位课程必须有一定的覆盖面，并应增加一些专题或研究专业课程，以促进学生分析、研究和研究能力的发展。就是说，在反映学科内在知识结构的基础上，可以拓宽一级学科范围内的相关二级学科，扩大专业知识的广度。

应加强必修课中的基础课，特别是基础理论课，并根据研究生在不同阶段的未来发展方向设置更重要的课。例如，在美国，许多硕士想攻读博士学位，并从普通人才发展为专家。这样，在硕士培训阶段拥有扎实而广泛的基础理论知识就显得尤为重要。因此，美国的大学一般都加强了基础知识的培训和基础理论的教学，并加强了基础理论中基本问题的渗透。为了培养具有广泛知识的通用型人才，在工程科学、自然科学和社会科学领域特别强调学生对基本理论知识的掌握。尤其是第二次世界大战之后，在20世纪50年代的美国，攻读硕士学位的学生的基础课的教学时间为25%，在20世纪60年代上升到40%。在20世纪90年代，专业科目约占总课时的20%～30%，而基础科目的教学时数却占总课时的50%。此外，还将对基础课程的学习进行严格的评估，如果不满足要求，则必须重修这些课程。此外，学习成绩的平均分数应高于80分（基于100分）。如果在规定时间内未达到要求，将面临退学的风险。

此外，选修课应占一定比例，但学分和上课时间不应太多。所有专业都应开设更多前沿课程并举办更多学术讲座，以扩大学生的视野，使学生能够走在国际学者的最前沿。同时，增加选修课程的数量和类型，增强选修系统的灵活性，允许和鼓励跨专业和跨学科的选修课程，并赋予学生真正的选课自由。这是因为，由于教职或学术结构的局限性不足，一个部门无法满足所有研究生在内容和学术水平方面的要求。跨系选修课程可以在一定程度上更好地满足研究生的需求。同时，学校也可以以科目为单位建立教学辅助网站，为师生提供数据库，帮助他们完成教学任务。

为了适应科学技术在生产、管理和教学中日益广泛的应用，以及各种职业对现代知识的综合要求，我们必须建立具有广泛适应性的研究生课程体系。根据研究生的培训目标和学科特点，努力使学生的知识体系朝着广阔、完整、内部结构和智能的方向发展，以满足未来各专业的要求，并能够自由地进行专业转换和知识更新。

（3）灵活多样的教学方法。研究生课程教学是培训的基本环节。不同类型的课程应使用不同的教学方法。对于一些基础乐器课程，教学方法通常更加标准化，主要通过讲座进行，也可以在教师的指导下进行讨论。这很方便，使学生能够掌握系统的专业知识，同时可以灵活多样的方式进行其他课程的教学，例如广泛和灵活地使用基于案例的教学、基于讨论的教学、基于讲座的教学、辩论式教学、基础教学、学术沙龙以及各种教学方法、学术报告。鼓励研究生学习更多信息，让学生学会思考，突出课程学习的研究性和自主性，充分发挥研究生学习的积极性和主动性，形成一种更加重视学生独立思考的训练能力、独立工作能力和创新能力。

此外，教师必须善于运用现代教学方法，采用灵活多样的教学方法。要充分发挥信息技术的作用，充分利用网络的开放性和快速性，以信息技术为载体，采用先进的多媒体方法进行教学，以促进大学教学的改革和创新，提高课程教学效率。在这方面，美国的大学做得很好。美国越来越多的大学使用各种方法为学生提供全方位的教学支持。例如，学校通过校园网络及时与学生沟通，以帮助学生解决在学习过程中遇到的困难。本着服务于教师教学和学生学习的精神，学校的网络资源为学生和教师提供了便利，并为教学活动提供了强有力的技术支持。一方面，它还使学生能够根据自己的实际情况查找导师和补习材料，以便他们可以更方便地学习。另一方面，它也提高了教师的教学技能，减轻了教师的教学负担。全方位的教学帮助和强大的网络功能，不仅可以保证“学习”的质量，而且可以保证“教学”的质量。

当然，无论采用哪种教学方式，目标都是培养研究生的创新学习意识，充分发挥研究生作为学习主体的主动性，激发学生的好奇心和主动性。在大多数情况下，这些方法通常结合使用。通过应用这些方法，学生可以主动养成研究型学习的习惯，学会与他人讨论，及时了解他人的研究思想和学习方法，从而以微妙的方式形成创新的素质。

只有通过不断改革研究生课程体系、教学内容和教学方法，才能培养出更多优质的课程，使研究生课程适应当今时代的要求。同时，这也是质量卓越的内在要求。

3. 实施研究生中期考核制度

中期评估主要是检查研究生课程学习的状态。它是对研究生课程完成后，即基本上在完成必修学分后和论文开始之前的研究生的道德、智力和体质的综合评估，包括思想和道德、课程学习、实践表现、科学研究和专业技术能力的综合评价。其目的是通过在研究生培训过程中实施甄别、转移、奖励、淘汰等机制，激发研究生的竞争意识，最大限度地发挥研究生的内在动力和成就动力，以实现培训目标。具体而言，中期评估具有两个功能。一方面，它是对研究生教育和教学的前一个阶段的全面检查。自入学以来，该课程将检查学生对专业领域的基础知识和研究能力的掌握情况，包括完成培训计划、学业成绩、学分检查、资格考试、开学报告的准备等。另一方面，有必要体现优胜劣汰的功能，使杰出的人才脱颖而出。理想的评估结果应呈正态分布，也就是说，中间较大，两端较小。考核合格者进入论文撰写阶段，对不合格者给予警告，并结合辅导员的评估，提出纠正措施。三个月后将再次进行评估，真正不适合进一步培训的研究生将停止学习，以达到区分水平和筛选的功能。

在研究生的中期评估和筛选方面，美国的研究生教育尤为突出。美国大学的研究生入学率很高，但淘汰率也很高。每年，都有一群学生无法获得学位。特别是，获得博士学位的过程需要进行多次评估和筛选。在许多享有声望的大学的研究生院中，学生必须在入学后的第一年参加课程考试，然后在第二年参加资格考试。经过筛选后，不合格的学生将被淘汰。这样，那些没有刻苦工作精神的研究生很容易被淘汰。被淘汰的研究生只能获得硕士学位，也可以降级到二、三流大学继续攻读博士学位。这种淘汰制度可以鼓励学生努力学习，提高他们参与比赛的意识。当然，作为过程控制的质量检查阀，中期评估还可以及时纠正毕业生培训过程中的非标准化环节。

4. 加强导师队伍建设

研究生导师的素质是影响研究生培训质量的关键因素之一。因此，我们必须在师资队伍建设的各个方面抓好工作，努力建设精通商业，拥有高尚的师德风范，具有政治学历和世界先进水平，能够满足社会发展需要的研究生导师。

首先，我们必须建立一个完整的教师选拔制度。

目前，我国选拔研究生导师的方法比较简单。我们可以介绍西方选拔和聘用导师最常用的方法，即主题识别系统，也就是说，如果教师想领导研究生，则必须申请项目。例如，在美国，教授、副教授甚至助理教授都可以为博士生带来课题和经费。导师使用项目费作为奖学金，硕士生参加导师的研究工作。这可以鼓励导师积极参与科学研究，并将研究生带入学术研究的前沿。

当然，开放导师招聘也是导师选拔制度的重要方面，我们可以从发达国家的成功经验中学习和借鉴。在发达国家，如果大学决定招聘导师，他们将在整个社会进行广泛的筛选，例如在国家专业报纸上发布招聘广告，并向其他大学和相关专业协会发送信件。有利于激发学术思维，有利于大学之间交流不同的学术思想、学术流派和不同的学习方式，也可以促进大学之间教师的合理流动。

其次，有必要加强对家教的培训，提高自身素质。导师的指导能力不是天生的，而是在指导研究生的过程中成长的。因此，必须注意对导师进行定期培训，加大对导师参加各种学术交流的支持，不断提高导师队伍的创新素质和能力，提高导师队伍的学术水平。也就是说，接受研究生训练的教师必须经常出国，不断邀请具有学术活力的外国著名学者，并通过教学和科研进行广泛的学术交流，以确保研究生训练队伍具有国际水平。在这方面，美国为我们树立了榜样。自2000年以来，美国大学接受的国际学者数量逐年增加。从2007年到2008年，这一数字达到106 123，其中中国学者为23 779，占总数的22.4%。

最后，加强师德建设，促进教学中的相互学习。

我国有着尊重教师、重视教育的传统，一直高度重视教师的道德操守。教书育人是社会给导师的责任和义务。导师在教授学生专业知识和提高科研能力的同时，还必须教育有道德的人。一些学生不仅可以学习导师的知识，还可以学习导师的风格。这就要求教师要有道德。因此，在对教师的评价、晋升、奖惩上应有明确的教师道德要求。讲师必须具有强烈的科学道德意识和成就感，自觉抵制不健康的趋势，并遵守良好的学习习惯。每个研究生导师都必须清楚地意识到，研究生导师是培养研究生的重要职位。导师不仅是学生的学术指导，还是学生的“个人教师”，是研究生研究工作的指导者和研究生的培养质量的主要监控者，他的言行将对学生产生重要影响。因此，讲师应注意个人思想训练，树立现代教育观念，还要注意树立榜样。要严格控制研究生训练的各个方面，并对研究生训练的全过程负责。

必须加快培训和多方吸引人才的工作，以丰富和完善导师队伍的建设。除接受独立培训外，还必须采取单独的招募方式，拓宽人才引进渠道，引进国外著名学校的优秀人才回国。努力促进年轻化和多元化的导师团队。此外，还必须注意提高教师的教学水平，更新教师的知识结构、教育思想和教育观念，使他们适应新的教学要求。需要建立一支具有高学历、高素质、高能力，年龄结构、知识结构和学历结构合理的导师队伍，从而为提高我国研究生教育质量作出贡献。

教育产出是教育质量形成的最终环节。作为研究生教育质量的重要组成部分，其质量直接影响和全面反映研究生教育的质量。它包括几个环节，例如论文答辩、学位授予、思想政治教育和就业指导。只有当这些联系不受阻碍时，才能保证研究生教育产出的质量。

5. 重视学位论文质量，规范管理

学校内部的质量产出保证主要取决于学位和论文的控制。论文是研究生教育的最后环节。这是对过去几年的研究生研究成果的检验。这直接关系到研究生教育的质量。因此，它是培养研究生科研能力和自主研究能力的重要环节，也是检验研究生教育质量的最重要依据之一。研究生在科学研究期间的基本知识和科学研究能力可以通过研究生的选题、写作能力和论文成就来反映。因此，论文的质量管理是提高研究生教育质量的重要因素。

首先，必须注意论文的设计，尤其是选题。英国著名科学家伯纳德曾经说过：“研究中最复杂的阶段是主题的形成和选择。总的来说，提出一个主题要比解决它更困难。”《中华人民共和国学位条例》规定：硕士学位论文的选题需要结合当前的学术前沿，关注当前发展趋势的能力和同类学科的现状。

博士论文的选题要求论文的前沿性和原创性。选题必须得到保证，并且必须反映出现实意义和社会价值。因此，应注意内容选择主题的前沿性、创新性和实用性。创新是研究生学位论文选题的基本要求。研究生学位论文通常要求在基础理论和应用基础理论上进行创新，应尽可能选择该学科的前沿主题。此外，研究生最好将研究主题和导师的学科发展结合起来进行主题选择。这是因为总的来说，对导师的主题进行了严格的研究，基本上具有重要的理论意义或实际应用和发展价值。发展前景良好，有利于研究生学位论文的创新，也有利于指导教师的指导，使该学生可以在规定的时间内和给定的研究条件下完成。

其次，在论文的研究和写作过程中，会不断出现新的问题，甚至在研究结束时，论文主题修改的现象也时有发生。因此，要完成该主题，数据研究必不可少。研究生应不断收集与该主题相关的信息，做好社会调查工作，并掌握第一手信息，以确保论文的前沿性和创新性。此外，导师应组织更多的研究生参加学术交流，听取国内外知名专家的学术报告，鼓励研究生提出问题，倡导批判性学习和研究，激发研究生的科研兴趣，以及对开放、互动和轻松的学术环境的兴趣，为论文的创新创造灵感、过滤和积累知识。

最后，论文答辩。通过对论文的答辩，可以衡量学生的创新能力和科研能力，可以检验学生的课程学习效果，以及学生在使用材料、文献检索、论证方面的水平和技能，并且可以检查论文写作。因此，研究生学位论文的答辩是研究生培养过程中最重要的环节。

研究生的论文答辩可以分为两部分，一是预答辩，二是形式论文答辩。预答辩是指在提交正式学位论文之前的非正式辩护和按照正式辩护程序答辩的毕业论文。主要从毕业论文的结构、内容、研究过程、研究结果和结论等方面进行考核。通常情况下，毕业论文的初稿完成后，可以由主管审查和批准。主管聘请 3 ～ 5 个学科和相关学科的专家组成预答辩委员会。预答辩委员会的成员应当科学、公正、认真和严格。从不同层次和角度指出本章的不足和问题，并提出改进建议。同时，答辩人还可以向专家询问他在撰写论文过程中无法解决的问题，从而形成一种互动交流，以确保提交正式辩护的毕业论文质量很高。此外，对正式论文答辩也有严格的要求。首先，必须严格审查研究生的资格条件，以参加毕业论文答辩。其次，可以采用双盲评审，即评审者和被评审者都是匿名的评审，以及评审之外的抽查等，以确保学位论文评审的公正性和严格性，从而对论文进行监督。鼓励研究生在论文写作过程中严格要求和不断提高自己的目标。同时，有必要确保学位论文答辩委员会的成员从事实中寻求真理，遵守学术道德和规范，并公正地执行法律。每所学校都会组织一个专门的任命团队，根据被访学生的专业和学科，通过国家和地区建立的专家数据库，聘请专家参加答辩工作，以确保答辩工作的权威性和公正性。最后，必须制定更加科学的评估标准。许多大学都采用了“优秀，良好，通过和不通过”等级评估标准，但该标准相对简单，并且没有明确定义评估指标、评估等级等的含义。

实际上，日本在这方面实施的过程管理给了我们很多启示。在日本，每个培训单位都实行宽进严出的“淘汰制度”。日本大学非常重视课程研究和论文撰写，以提高研究生教育的质量。这两个方面占研究生整个学习过程中工作总量的75%以上。在研究生入学之初，导师将通知学生始终关注该专业的学术发展，并为将来确定论文主题作准备。入学报告一般在入学后半年左右完成。中期报告通常要求在第二年完成。中期报告主要是报告科学研究进展和初步成果；只有完成此步骤后才能写论文；最后根据多方意见对论文进行了修改，完成了论文答辩。在这个系统而完整的培训过程中，必须认真完成每个步骤，保证不会出现任何错误，否则将无法获得学位。因此，在如此严格的管理制度下，获得学位的日本研究生人数只有三分之二。我国也可以借鉴这种方法，在研究生的整个培训过程中对研究生进行质量管理。

6. *严格管理学位授予的审查*

学位审查和授予是研究生教育的重要组成部分。它包括以下指标：论文水平（校内外专家评审，论文评论和答辩），学位授予评审（学位评估小组委员会和学位评估委员会根据国务院学位条例实施）。在这一环节中，不仅必须检查早期入学和培训的质量，而且还必须由社会来检验人才培训的质量。必须遵守质量保证指标，以进行学位审查和学位授予。为了保证研究生教育质量，国务院学位委员会委员必须加强对考核和答辩等各个环节的管理和监督，以保证研究生教育质量，逐步建立有效的质量监督和激励机制，有效保证学位授予质量。同时，必须建立研究生教育的检查和评估系统。例如，论文答辩后的随机检查和匿名评估是典型的后反馈评估机制。它们可以由外部第三方专业组织或授予学位的机构本身进行，这有利于研究生培训的质量监控和改进，并会在一定程度上促进学位授权点的建设，加强对研究生教育质量的检查。

7. 加强思想道德教育

要加强对研究生的思想道德修养教育。首先，导师对研究生的言行指导是培养研究生思想政治素质的极为重要的环节。导师的教学与他的言行之间的统一或分裂将对研究生产生深远的影响。因此，导师不仅要指导研究生的学术工作，而且要关心研究生的思想，发挥导师在教书育人中的作用，强调导师言语的微妙影响，以及培养研究生的思想政治素质的任务。

其次，必须在各种课程的教学中贯彻马克思主义、毛泽东思想和邓小平理论。尤其是人文社会科学专业的研究生，将来很大一部分学生可能会在各级党政机关从事行政管理和理论政策研究。他们的思想政治素质水平在很大程度上将影响未来社会的思想倾向、政治观、思想文化观和道德水平。因此，在培养研究生，特别是人文社会科学专业的研究生时，思想政治研究素质培养应在教学和科研的全过程中贯彻落实。

8. 加强就业指导

目前，就业教育在本科教育中相对成熟，但在研究生教育中相对缺乏。实际上，研究生组也存在就业困难。尽管研究生相比而言更加理性和成熟，但由于他们的高学历，他们的自我定位也很高。这种巨大的错位使得其难以适应社会日益严峻的就业压力。这就需要就业部门、学校、政府和社会共同努力，为毕业生就业提供良好的服务，促进毕业生就业。这样可以避免由于就业问题而对研究生产生的负面影响，也可以消除研究生对未来发展的担忧，使他们能够将精力集中在学习上。

具体措施如下：一方面，政府应加强宏观调控，解决毕业生就业市场供求不平衡的问题。例如，加快劳动人事制度、户籍制度和社会保障制度的改革，为员工提供平等的竞争机会。另一方面，学校和有关就业管理部门也要做好就业指导服务工作。通过就业教育，应使研究生进一步了解就业现状，引导研究生合理定位就业现状和自身能力，并在职业生涯规划初期找到社会需要和可以做的工作。例如，帮助研究生改变观念，降低对就业的心理期望，并帮助研究生掌握方向。由于扩招后大多数学生都将成为研究生，毕业后无法进入研究机构和大学，因此，他们必须根据自己的实际情况选择各个领域的工作，充分发挥自己的优势，找到更合适的工作。从社会对研究生的需求来看，社会的发展增加了对高层次人才的需求，但并未降低对高层次人才的期望。这是一个矛盾。此外，在加强研究生的职业生涯规划过程中，不仅要加强个人能力，而且还必须走出校园与社会进行接触和了解，积累社会经验和专业知识，为将来的就业铺平道路。

9. 建立政府、社会和大学的三位一体质量监督体系

随着社会政治、经济、文化等的发展，质量监督体系的建立引起了大学、社会和教育管理者越来越多的关注。在这方面，仍然可以从公司管理中全面质量管理的概念中学习。也就是全体员工的质量管理和全过程的质量管理。将全面质量管理理论应用到研究生教育质量监督体系的全过程中，“全员参与管理”是指包括学校和政府在内的各种利益相关者和评估者，并积极调动非政府组织和机构的积极性。还必须鼓励公众的广泛参与。“全过程管理”是指对教育质量的评估应贯穿于教育的全过程。除了评估教育“投入”的质量外，还必须评估教育“产出”的质量以及学生在教育过程中的素质，更加注意学习情况和学校表现。

我国传统研究生教育质量评估的主要模式是将办学的效果和条件作为重要的评估指标，并将研究生教育质量评估分为水平评估和资格评估。这是研究生教育质量阶段的静态反映。其优势在于有效地促进了我国研究生教育质量的稳定和提高。但是，这种评估模型不可避免地具有功能限制。例如，评估的周期性还容易导致评估结果的滞后，并且等到发现问题为时已晚。但是，由于忽略了对质量生成过程的评估，被评估人获得最终评估结果时，只知道结果，不知道原因。他不知道问题的症结所在，最终结果是无法解决问题，经验也不能共享。从某种意义上说，传统评估严重违反了“以评估促建设”的最原始的评估功能。它的作用不仅是评估的目的，还包括评估的主题，这必然会在一定程度上影响评估的目的。

因此，在研究生教育质量评估中应用“全过程管理”是在建立和完善基础上，完善监督评估体系，加强监督评估，增强评估功能，提高管理效率。必须突破传统研究生教育评估模式的局限性，从定期评估过渡到正常和全过程监控，以使研究生教育的评估功能更好地服务于研究生教育的发展。教育评估强调评估过程和质量改进过程的结合。其目的是在提高研究生教育质量和办学效率方面发挥评估信息的作用。监测评估是指以一定的技术手段，以研究生教育质量为对象，实时监测研究生教育质量及其影响因素。与传统的定期水平评估和资格评估相比，监督评估实现了研究生教育评估的规范化。它具有及时性和连续性的特点，有利于及时发现和纠正问题，有利于研究生的实时监控。教育质量有效地弥补了水平评估和资格评估的功能缺陷，更有利于社会和政府对研究生教育的监督。

在研究生教育的质量管理中，有必要充分体现全面质量管理的理念。随着市场经济体制的完善和社会的发展，大学和社会对研究生教育的兴趣和价值需求不同。因此，基于政府的单一质量评估系统不再能满足多方利益。由于大学、社会和政府三个主体在研究生教育质量评估中起着不同的作用，因此它们具有不同的责任和权力。每个学科都是评估研究生教育质量不可或缺的重要力量。正是由于政府评价主体、社会评价主体和大学评价主体之间价值取向的不同和利益需求的不同，在研究生教育质量的评价过程中必然会产生矛盾和冲突。这是实施多个学科参与研究生教育质量评估的必然结果，是客观存在的。但是，由于目标是相同的，因此它们都是评估活动，以确保研究生教育的质量。它们可以形成相互分工合作、相互克制和相互协调的伙伴关系，共同确保和提高研究生教育的质量，为国家的进步作出应有的贡献。

建立由政府、社会和高校三个主体组成的研究生教育质量评价体系，是研究生教育质量评价的理想模式，也是今后研究生教育发展的必然要求。在进一步扩大学校自治的同时，必须建立自律机制。研究生教育的质量必须基于学校质量控制和自我评估，并辅以外部质量审核和水平评估。大学及其成员提高质量的动机是内部的，而不是外部施加的。外部评估应着重于为大学的自我完善提供持续稳定的支持，使大学及其成员在良好的制度环境下更加注重自身素质的提高。内部与外部评价主体之间的关系应该是“内部与外部的整合，内部的外部提升，内部作为主体”。因此，我国必须逐步实现评估主体的多元化。从单一的政府主体向政府、大学和社会的多个主体的方向，逐步建立三合一的研究生教育质量评估政府、大学和社会制度，同时，必须正确处理政府、大学和社会在研究生教育质量评估体系中的地位和作用，通过高层低层之间的合作、谈判和互动，建立新的关系，共同保证研究生教育质量。

10. 政府应在制度建设、权力支持和服务中发挥作用

政府评估的主体主要是针对全国研究生教育质量的整体水平，这是一项大规模的宏观评估。目前，政府评估在我国研究生教育质量评估中起着主导作用。如果政府的角色没有得到充分利用，那么整个社会体系的正常运转将无法实现。政府评估具有强制性和权威性，可以引导社会资源流动，有效地提高被评估单位的意识，提高自身素质，从而达到调动被评估单位自身积极性，确保被评估单位素质的目的。同时，也有利于统一组织全国研究生教育质量的检查和评价，把握研究生教育整体质量的问题，以便统筹安排和统一措施，提高研究生教育质量的整体水平。

首先，政府评估在建立指标体系时应具有很强的统一性和可比性，并应突出研究生教育的共性。此外，政府评价指标体系的建立应在遵守有关政策法规的基础上，考虑到社会和研究生的发展需要。政府评价的结果应作为政府财政拨款和发放补助金，来进行奖惩性研究生教育的主要依据。

其次，政府必须逐步下放权力以进行多重评估。政府管理不应是包罗万象的行政控制。政府应改变单一的政府控制模式，并培养和支持大学和社会等评估学科，以参与对研究生教育质量的评估。这样做的好处是调动了高校积极参与评估的积极性，充分发挥了大学自我评估在保证和提高研究生教育质量中的基础作用。在这方面，可以借鉴英国的做法。在英国研究生教育的外部质量保证机制中，政府的主要职能是制定研究生教育质量保证标准，并通过评估大学质量保证的有效性来促进各大学的内部质量保证建设。从本质上讲，政府评估是政府授权后对研究生教育质量的宏观控制。在这一过程中，政府是权力的中心，通过基于政策的杠杆评估从宏观层面间接地调控研究生教育的发展，并控制研究生教育。管理职能也是维持强大政府的一种手段。因此，从未来中国研究生教育的外部质量保证来看，政府不应直接评估研究

生教育。相反，它应该通过评估大学内部质量保证的有效性来促进大学研究生教育的质量保证。财政措施和其他方面起着宏观调控的作用。所有高校都应在研究生教育的整个过程中独立进行内部质量保证控制，并通过对研究生招生、学习和科学研究的质量进行监督，确保标准和质量职责的执行。根据办学的实际情况，合理定位质量水平，制定实用的培训计划，完善质量管理体系和质量保证措施。

此外，政府可以采取多种方式和方法培训社会评价机构的人员，促进社会评价人员的专业发展，从而大大提高其评估结果的科学性。这样，社会评价必将获得社会和大学的信任和支持。此时，政府可以通过委托等方式将研究生教育质量评估的任务下放给社会评估机构。政府逐渐改变对研究生教育质量评估的直接干预和控制，以便从宏观角度更好地执行政府工作。

同时，政府必须做好重新评估工作。重新评估是指运用可行的评估方法，按照研究生教育质量保证的标准，对研究生教育质量保证活动的全过程进行分析，做出价值判断，以便及时控制和反馈教育质量保证活动，使研究生教育处于最佳操作状态。通过重新评估活动，政府可以管理和监督社会教育评估机构。例如，有必要评估评估机构的资格并制定政策，以在一定时期内规范立法行为。即使为了确保评估工作的权威性和科学性，也有必要监督评估的具体细节。除了检查质量保证目标是否与我国的教育目标相一致外，还需要检查质量保证指标是否科学，质量保证主题是否全面，质量保证方法和过程是否适当，以及得出的结论是否有效。政府还可以通过资格认证和社会评估机构的委托服务，为社会评估机构提供一定数量的资金，以促进其可持续发展。通过这种方法，一方面可以解决社会评价机构资金紧张的问题，另一方面可以帮助政府提高资金使用效率，还可以规范社会评价机构的发展。

政府应在研究生教育质量评估过程中下放权力，并支持多种评估。在政府不能更好发挥作用的地区，可以通过委托代理机构和合同签订将政府直接进行的评估委托给社会。这样有利于创造相应的社会评估空间，培育和支持社会评估机构的发展，逐步实现由政府、大学和社会三个评估机构负责，相互促进的良好评估模式。

11. 社会和中介机构的评估应发挥监督评估作用

研究生教育质量体系是通过内部质量保证活动，为国家和整个社会（外部）提供研究生教育的质量信任和保证的。因此，它不是大学内部的封闭体系。为了促进大学内部质量保证活动的改善和深化，应加强外部干预和评价。从国内外研究生教育质量保证的实践中可以看出，外部压力有利于调动学校的积极性，迫使自身加强自我评价、自我监督和自我建设。特别是在市场利益的影响下，单一利益主体已转变为多重利益主体，社会中介机构的评估地位也将得到重视。

随着研究生教育制度改革的不断深化和社会主义市场经济的不断发展，对研究生教育质量的相对独立、公正、专业的评价已经建立，既不服从政府的教育行政管理机构，也不隶属于政府。中介机构是促进社会评价实施的基础，是社会发展的必然。

发达国家研究生教育质量评估体系的一个共同特征，就是社会中介评估机构广泛参与了质量评估过程。随着教育市场需求的多样化，教育评估的主体也必须多样化。社会中介机构参与研究生教育质量评估的过程反映了教育评估的科学性、客观性和公正性。尝试通过教育部门以外的中介机构评估学校教育的质量。这种社会中介机构应具有三个特征：公正、独立和学术权威。公正和独立使其能够公正进行，并在进行评估活动时根据客观事实作出价值判断。它可以在评估标准中保持价值中立，并且可以更好地反映多种价值取向，这对政府评估机构是有用的补充。学术权威使评估活动更加专业，更加科学，更加可靠并得到认可。

当然，中介机构本身也应加强研究生教育评价的理论研究，积极探索符合我国国情的评价概念和方法。研究生教育的评估是基于全面、系统和可靠的信息。收集数据、整理信息以及从事研究生教育评估研究是其工作的重要前提。因此，随着社会经济的发展给研究生教育的评估带来了新的问题和课题，评估的技术手段、方法和方法也发生了变化。评价机构必须重视加强理论研究，以指导实际工作。因此，扎实的理论研究是建立教育评估中介机构权威和确保研究生教育评估科学性的基础。

社会中介机构的评估结果不仅可以在选校方面为公众提供信息服务，还可以为用人单位、大学和政府管理部门提供参考和咨询。管理人员参与社会中介机构的评估可以更好地反映质量问题，并有助于提高评估水平。因此，如果大学、社会中介力量和用人单位能够形成良好的互动交流关系，将极大地促进研究生教育的发展，大大提高研究生教育的质量。但是，相应的系统保证是所有工作的前提。因此，政府部门应加强中介机构的建设，制定可以促进研究生教育发展的激励政策，建立健全相关法规和制度。

目前，我国的私人评估主要体现为大学排名和研究生专业排名的形式，但这些排名本身仍然存在一定的缺陷，对其评估标准和评估结果仍存在诸多争议。因此，我国应鼓励社会中介机构参与研究生教育质量评估的过程。为了尽快完善这些民间评估机构的评估体系，可以呼吁并广泛吸收各界专家的参与，以充分反映公众的教育需求和社会用人单位的需求，更好地对高校质量进行社会监督，以促进研究生教育，促进经济与社会的共同和谐、共同发展。

12. 大学应在过程控制中发挥作用

大学自我评估不仅是为了进行外部评估而进行的自我检查和信息收集的过程，而且是培训单位为了解单位的质量、发现缺点和不足而制定的一套举措。一个标准化的定期评估系统，用于自我诊断和检查。在这三个评价主体中，高校的自我评价不仅是研究生教育质量评价中的“独立内部评价过程”，还是社会中介评价、政府评价等外部评价的基础和有益的补充。这是研究生教育评估的生命。大学的自我评价是研究生教育质量保证体系的重要组成部分，并发挥着政府和社会评估学科无法替代的重要作用。

关于如何实现大学的自我评价，我国可以从以下几个方面采取措施：

首先，我国的大学应该重视对研究生教育质量的自我评价。随着我国研究生教育规模的扩大，高等学校必须不断提高自身的质量意识，使广大师生牢固树立“质量第一”的理念，形成行业自律的氛围。高校内部必须形成“素质文化”，这是真正建立高校自我评价的基础。只有这样，高校才能自觉进行自我评价和自我保护，从而不断提高自身素质，维护学术权威，规范学术行为。这种气氛可以通过大学研究生管理部门严格执行各种有关研究生教育质量的法规来形成，也可以在学校教授和学术委员会的帮助下建立。

其次，政府也要做好大学的自我评价。加速政府职能的转变和权力下放为大学提供了更大的自治空间。在传统模式下，大学自我评估的目的是为政府评估提供信息。必须改变这种模式，从下至上建立一个自律、自我发展的研究生教育质量内部评价体系。政府可以采取宏观和间接措施来加强对研究生教育质量的控制，而不是直接参与评估。政府可以将财政支持、政策鼓励和评估结果联系起来，建立激励和约束机制，以建立研究生教育的自我评估体系。政府可以根据评估结果确定相关资源的分配，例如学校财政分配和入学计划。为了完善高校自我评价机制与大学合作，促进建立高校研究生教育质量自我评价体系，以更好地保证评价质量的提高。

此外，大学必须建立真正的自我评估机构。设立这些评估机构的目的不是为了接受教育部或其所在地的地方政府的教育评估。这样的机构应该是常设的教学和研究质量管理机构。大学可以制定相关的质量体系和监管文件，阐明自我评估的内容和方法，发布内部质量评估程序和操作程序，并通过该系统确保教学和科研质量，努力提高研究生教育质量，促进自我发展。同时，应从以下几个方面定期或不定期开展自我评估活动：学生和教师的状况，预期的学习效果和研究生教育的实际效果，当前的分析和创新，教学、学习和科学研究，学生表现、科学研究情况，为学生提供指导和咨询等。当然，大学还必须努力争取同行和基层学术组织的支持，听取他们对评估指标、程序和方法的指导和建议。由于研究生教育具有较强的专业性和自主性，因此评估标准和评估方法也必须多样化。

最后，大学自我评估机构可以链接到学校的相关职能部门，也可以独立设立。通过这些部门，对学院和系的教学质量和科研质量进行监测和评估，以不断提高大学自身的质量意识，并在学校内部实施对教学质量和科研质量的保证。

完善我国研究生教育质量保证体系，不仅要强调政府的指导和社会支持，而且要赋予高校充分的自主权，以确保其在质量保证过程中的核心地位。我国研究生教育质量评价已经形成了以政府、社会和大学为主体的多学科评价模型。

在这种模式下，政府、社会和大学是研究生教育的三个主要价值主体和利益主体，它们具有各自不同的价值取向和利益需求。政府机构、社会团体和大学机构由于其作用和职能的不同，在研究生教育质量评估体系中具有不同的权力和职责，而且都具有不可替代的地位。各个主体应相互配合、协调，共同为提高研究生教育质量作出应有的贡献。协调和配合研究生教育质量的外部保障活动和内部担保活动，以确保我国研究生教育质量的不断提高，这也是未来我国研究生教育质量评价体系的趋势。

13. 建立联系和互动的质量反馈体系

质量反馈系统主要包括对毕业生的跟踪调查，以及管理人员对毕业生的声誉反馈。质量反馈机制是质量保证体系的必要组成部分，也是持续提高教学质量的必然要求。

要加强培训单位与政府和社会中介机构、培训单位和市场与用人单位，政府和社会中介机构与市场和用人单位之间的研究生教育质量保证体系的相互配合。因此，建立和完善起联系与互动作用的信息交流与反馈系统是必要且可行的。它主要在教育质量保证活动中收集、存储和处理信息，并就从质量保证目标的主题和内容得出的结论提供必要的反馈。在此过程中，应检查质量保证指标是否科学，质量保证过程是否与教育目的相符，质量保证的主题是否全面，质量保证的方法和过程是否适当、全面、合理。这样，整个教学质量保证活动的自我纠正能力得到增强，整个保证过程处于持续改进和持续优化的过程中。信息交流与反馈系统是现代教育管理的重要方面。

学校定期对已毕业的应届毕业生进行跟踪调查，向用人单位了解用人情况和毕业生质量，了解用人单位对用人质量的要求，大学培养的研究生是否符合经济和社会要求。此外，用人单位可以评估不同大学的研究生质量，以确定每个培训单位对研究生教育质量的社会认可程度。了解有关教学和课程、论文和科学研究的意见和建议，并将其用作研究生教育质量评估的重要参考指标。同时，不仅要加强学校之间以及学校与用人单位之间研究生教育的管理与交流，还要与国外研究生教育管理部门保持良好的信息交流，吸收国外大学在研究生教育中的成功经验。可以建立研究生教育教学管理信息系统，通过网络及时传递和理解相关信息，实现及时准确的信息传递与沟通。在这方面，美国、英国、法国和其他国家拥有非常完善的研究生教育质量反馈系统，值得借鉴。他们的研究生教育质量反馈系统全部由专门机构负责。

这些机构应定期对管理人员、社会和个人进行调查，以了解研究生的就业情况以及公众对研究生教育质量的认可程度，管理人员对来自不同培训机构的研究生的评价以及对研究生质量的评价。同时，这些机构还必须从高校的师生中收集反馈，并利用这些信息及时纠正研究生培养过程中的偏差，以达到提高研究生教育质量的目的。此外，有必要紧跟国家和世界科学技术的发展趋势，并在学术和管理方面向大学提出合理的建议，以促进大学内部专业结构的优化。

需要整理、计算、总结和建立一个数据库，获取从各个方面获得的研究生教育的相关信息，以供分析和以后使用。

必须建立相应的激励约束机制，将处理后的信息反馈给各级管理人员和有关部门，以确保反馈信息及时有效，确保反馈信息及时发挥作用。基于这些反馈，一方面可以合理地将招生资源分配给研究生导师，另一方面，可以根据反馈及时调整研究生教育过程管理中各个环节的内容和措施，以纠正毕业生培训工作中的偏差，并补充调整。不断完善培训模式，针对自身管理体系失效造成的质量问题，调整学科方向。在提高培训质量的同时，还满足了社会需求，减少了毕业生就业中的结构性矛盾，避免了人才培训与社会需求之间的脱节。同时，有必要把握国家和世界科学技术发展的脉搏，并向大学提出学术和管理建议，以促进大学内部专业结构的优化调整。推动研究方向和质量管理机构的完善，以促进研究生教育质量的不断提高。

质量反馈机制是质量保证体系的重要组成部分，也是不断提高教学质量的必然要求。通过建立这样一种有效的反馈机制来提高研究生的教育质量，不断提高研究生教育质量的管理水平，使研究生教育能够持续、快速、健康地发展。

9.6 本章结论与展望

研究生教育质量是我国研究生教育发展中不可避免的问题。特别是近年来，随着研究生人数的增加，也随之带来一系列质量问题，因此必须高度重视和正确对待。如何提高和保证研究生教育质量是教育工作者和相关学者的重要课题。本章从分析研究生教育质量的相关概念入手，以质量管理为核心，比较发达国家研究生教育质量保证的经验，阐述我国研究生教育质量保证的现状，提出了基于我国研究生教育质量现状得出的相关对策和建议。

在先前的研究成果的基础上介绍企业的质量管理理论，以解释当前我国研究生教育的质量保证问题。以美国、英国、日本和法国四个国家为例，阐述了发达国家先进和独特的研究生教育质量保证管理经验及其对我国的启示。另外，从质量管理体系、质量监督体系和质量反馈体系三个方面对我国研究生教育质量保障进行了分析研究。得出以下结论：

（1）发达国家研究生教育质量保证体系最重要的启示是强调内部和外部保证的结合。在研究生教育质量保证模型中，每个模型中内源性和外源性元素的有机结合是保证高水平研究生教育质量的首要核心要素。在质量保证体系中，强调学校的内部质量保证机制，并强调学校内部的自我评估。同时，必须特别注意外部社会力量，例如专业组织和社会组织在研究生教育质量保证过程中所起的重要作用，以共同努力、共同保证和维持研究生教育的质量。

（2）建立高效、科学的研究生招生制度。为了解决研究生招生规模不断扩大所带来的种种矛盾，建立一个高效、科学的研究生招生制度是时代发展的必然。合理的考试机制和多元化的录取标准将有助于更公平、更科学地为国家选拔优秀人才。

（3）建立适合我国国情的具有国际特色的研究生培养模式。首先，必须建立国际化的多元化培训目标。其次，必须在教学内容、课程设置和教学方法方面建立标准化的课程学习系统。此外，必须实行中期考核制度，以加强研究生创新能力的培养。最后，必须在师资队伍建设的各个方面抓好工作，努力建设一支具有世界先进水平，能够满足社会发展、科技进步和国际竞争需要的研究生导师队伍。只有这样，才能有效地提高研究生教学的整体水平。

（4）严格控制输出质量。作为对过去几年研究生研究成果的检验，研究生论文的管理应引起足够的重视。从选题到完成论文的每个环节都受到严格的管理制度的约束。同时，必须遵循“坚持标准，严格要求，质量保证，公平合理”的原则，确保我国研究生学位授予的质量。此外，要加强对研究生的思想道德修养教育，在教学和科研的全过程中，要进行研究生思想政治素质的培养。最后，要做好研究生的就业工作，以吸引更多的优秀学生，不断提高研究生的培训质量。

（5）建立研究生教育质量评价体系。其由政府、社会和大学三个主要机构组成，并共同发挥作用。从单一的政府实体到政府、大学和社会的多个实体，逐步建立政府、大学和社会的三合一研究生教育质量评估体系。各个主体应建立起相互合作、协调的新关系，共同为提高研究生教育质量作出应有的贡献。

（6）建立有效的研究生教育质量反馈机制。从信息的收集和存储到信息的处理和反馈，建立和完善联系和互动的信息交换和反馈系统，并加强研究生教育质量保证体系中的学校以及政府和社会中介机构三者的沟通、互动和反馈。这样，才能使整个保证过程处于持续改进和持续优化的过程中。

第 10 章　双一流建设视角下高等教育质量评价探究

10.1 我国高等教育质量评估的现状与要素

10.1.1 我国高等教育质量评估工作的现状

我国高等教育比较完整的评价体系是教学评价。教育部评估工作的指导思想是“三个一致”，即学校的实际情况与人才培养目标的一致程度，学校的实际工作状况与先前确定的目标之间的一致程度，学校培养的人才素质与目标的一致程度。当然，学校是被评估的对象。

从国家层面的实践角度来看，1994 年，教育部高等教育司成立了高等教育评估办公室，以加强对高等教育评估的领导；1995 年 4 月，成立了高等教育评估合作小组；1996 年，成立教学工作评估专家委员会，建立专家委员会秘书处，建立“教育部普通高等学校基本状态数据库”，建立中国高等教育评估网络和“高等教育评估专家数据库”；面向 21 世纪，“985 工程”“211 工程”建设工程开展世界一流大学和高水平大学建设；2015 年 10 月，国务院发布了《协调世界一流大学和一流学科发展的总体规划》。一流学科大学的选择、支持和管理与大学和学科的评估紧密相关。《方案》指出，要“建立激励约束机制，鼓励公平竞争，加强目标管理，突出建设成果，建设世界一流大学和具有中国特色的一流学科评价体系。充分发挥内在动力和发展活力，引导高等学校不断提高办学水平，实现全面发展。”

10.1.2 我国高等教育质量评估的要素

1. 评估目的

随着我国高等教育的不断进步，高等教育的质量成为公众关注的焦点，但目的却有所不同。高等教育质量的外部评估可以将高等教育提升到更高的水平。一般而言，高等教育质量评估的目的是在评估活动进行之前进行计划、规定和设想的质量评估活动，以及达到预期的效果或目标。就像苏联的弗罗洛夫所说，作为行动的直接动机的目的指导和调整各种行为，并贯穿人类的实践，成为控制人类意志的内部法律。因此，高等教育质量评估的目的决定了高等教育质量评估的主要内容、实施方法、效果等，并指导、控制和实施高等教育质量评估的全过程。

美国学者斯塔福德比姆说："评估的目的不是证明什么，而是改善。"中国高等教育质量评估的根本目的是提高教育质量。通过建立科学合理的高等教育质量评估机制，学校可以及时获得准确的反馈，并且可以在此基础上及时分析和处理信息，总结成功经验，学习失败的教训。因此它是有针对性和适应性地调整和改善教育和教学活动；政府和教育管理部门可以根据大学的质量评估结果，及时调整和完善相关政策、法规和决策指导；通过自身的教学效果和学生的学习条件，教师可以更充分地把握、及时发现问题和不足，及时采取措施，提高教学质量，实现教育教学目标。提高教学质量是高等教育质量评估的内在根本、最终目的和意图。

2. 评估原则

高等教育质量评价是一个多维综合的概念，其原则应是客观性、全面性、民主性、多元性、适应性、发展性和时代性的辩证统一。客观性原则意味着一切都必须以现实为基础，一切都必须以事实说话，不能被主观破坏，不能凭空捏造，也不能基于个人意愿。评估必须基于客观事实并符合科学标准或指标。全面性原则是指对教育质量的各个项目、方面和具体指标进行全面、适当的评估。不要过多地关注某些指标，忽略甚至错过某些项目。民主原则是指以下过程：评价高等教育质量，评价学科和客体以及学科和客体之间的内外部因素，有机会自由、完整地表达意见并充分理解、了解评估过程，根据主题积极参与。通过交流，建立了相互尊重，平等对话和民主决策的良性关系。多元化原则意味着，在评估高等教育质量时，不同级别和类型的院校应采用不同的评估标准、评估指标和评估方法，以实现多元化的教育质量评估体系。适应性原则是指建立质量评价机构和制定质量评价标准，以适应社会的进步和发展，坚持社会定位和市场定位的理念。发展原则意味着高等教育质量评价标准应随着质量的提高而发展，并应根据发展愿景和发展质量标准对学生的素质进行评价，使之适应未来社会发展的需求。开放性原则意味着高等教育质量评估不是封闭的。在实践中，应该运用科学思维，吸收多个评估主题，形成了有效的内部和外部评估体系。同时，必须开阔视野，关注国际社会，保持开放的胸怀和多维的激活状态。

3. 评估主体

高等教育质量评估的主体是直接或间接参加高等教育质量评估活动的团体、组织或个人。在中国，高等教育质量评估分为三种类型：政府、大学和社会。它们具有不同的价值和质量评估要求。

4. 评估对象

高等教育质量评价的不同学科，其质量评价目的的差异，导致质量评价方法的差异。但是，必须意识到，无论是内部自我学习和评估，外部公众，同行或专家评估，还是使用定量绩效指标进行评估的政府或半官方机构，内容都应保持一致，但重点不同。如果政府主导，它将考虑教育政策、法律法规、教职员工、教育经费、教学场所、建筑物、设施和设备、信息技术、网络信息等；高校将重点放在过程上，重点放在学科、专业、课程设置、教育教学机构组织和师生交流、互动效果、效率、学生服务水平、考试形式等方面；社会产出将取决于毕业生的就业状况、学生的道德素质、知识技能、实践能力等方面；社会、用人单位、政府、家长、学生等对大学的教育质量和满意度进行评估；要考虑到国家和世界范围内大学的竞争力、影响力和响应能力。

5. 评估指标

准确选择反映高等教育质量主要方面的指标体系，是确保科学、公正地进行质量评估的重要前提。例如，2018 年 10 月 11 日，QS 正式发布了 2019 年中国大陆大学排名。该排名采用的评估指标包括学术声誉（占 30%），用人单位评估（占20%），教师学生比例（占20%），教师每篇论文被引用次数的10%（占5%），人均论文数（占10%），国际教师（占2.5%），国际学生（占2.5%以上）等。

6. 评估程序

在西方发达国家的高等教育质量评估实践中，通常采用四个阶段的质量评估方法，即建立专家小组、自我评估、现场访谈和评估报告。最基本的方法是内部自我评估和外部专业同行评估。凯尔斯（Kells）将内部自我评估活动分为三个阶段：准备和设计、组织评估和实施。通过审查自我评估报告，然后举行研讨会，重新检查设施和设备，参与教学、研究和理解教师的能力，最后对有关研究信息进行分类、处理和分析。编写评估报告，提出具体建议和其他工作程序，并开展评估活动。

7. 评估结果分析和处理

高等教育质量评价的意义在于：（1）对评价活动本身进行质量检查；（2）使用直接趋势推断、趋势水平推断和因子分析等常用分析方法来检验评估结果的可靠性和真实性。结果通常以评估报告的形式反馈给利益相关者（政府、社会、学生、父母等）。通过他们的反应和行动来促进和改善学习或工作。通常使用以下三种形式的结果反馈：（1）对相关领导部门的反馈，为他们的科学决策提供依据；（2）对评价对象的反馈意见，鼓励他们有针对性地改进工作；（3）向公众反馈结果，鼓励同仁相互学习，可以促进用人单位的更有效招聘，为被评估机构提供全面、科学、辩证和准确的评估，并为他们不断改进和发展提供外部动力。

8. 评估方法

在高等教育质量评估中，可以使用许多方法，例如定性评估和定量评估，静态评估和动态评估，内部评估和外部评估，个人评估和综合评估，一致性评估和差异评估，形成性评价和总结性评价，常规评价和改革性评价，绝对评价和相对评价等。不同的情况适用于不同的方法，全面采用适当的方法进行评价可以带来科学合理的评价结果。

10.2 我国高等教育质量评估在应对“双一流”发展中存在的问题

我国高等教育质量评估在处理“双一流”发展中存在的问题主要有四个方面：第一，发掘传统评价标准的局限性，从资源标准和产出标准两个方面进行解释。第二，发现传统评价模型具有刚性指标，如统一指标、单一主题、狭义对象等。第三，传统的评估信息不公开透明。第四，传统评估无法及时提供评估结果和后续改进评估的反馈。由于传统的高等教育质量评估存在一系列问题，需要进行研究和改进以适应不断变化的高等教育需求。

10.2.1 传统评估标准的局限性

从传统评估方法采用的评估标准中发现其局限性。传统的评估方法大多使用资源标准和产出标准来考虑大学，而资源标准则更多地考虑一系列可量化的硬件指标，例如教师职称、学校设施和设备以及资源规模，而忽略了教学、科学研究等。能真正反映大学竞争力的动力指标、产出标准主要由毕业生就业率或升学率以及教科书或科学研究成果的引用率来衡量，而忽略了在教学过程中可能影响结果的一系列因素。正是这两个评价标准的选择使教育评价“错误”，不仅违背了教育评价的初衷，而且影响了创造，影响了高等教育学术市场的活力。

1. 资源标准

传统的高等教育质量评估标准更加关注大学的硬件设施，例如教师、学生、学校建筑、财力甚至规模。这是一系列相当可量化的硬件指标。在过去的评估活动中，这些指标被视为主要和基本的观察对象，并且占相当大的比例。这样的一套衡量标准很容易导致评估忽视了教学和科研的软实力，而后者却可以更好地反映高校的实力。这也将使高校在回应评估时表现出肤浅的结果，并美化自己，以使评估表现更好。正如 Espeland 和 Gaode 所说：“研究表明，大学排名会影响大学的表现：大学排名促使大学迎合排名指标的评估方向，即为了积极响应排名，大学改变了自己的行为，例如重新分配资源，重新定义工作，积极参与高等教育领域的竞争。”这种“为了评估而评估”的高等教育质量评估掩盖了评估的真实目的，并违反了教育评估的初衷。

2. 输出标准

所谓的产出标准可以分为两类：欧美的一种传统做法是计算成为名人的毕业生比例，攻读博士学位的研究生比例或该行业的终身收入。另一种是基于出版物和引用率，并使用研究生论文或科学研究结果来衡量大学的产出。在不同的大学排名评估体系中，科研产出所占比例为 40%。丰富的科研成果无疑可以反映出高校在科研方面的实力，但却忽视了高校的教学实力，导致形势的日益严峻。强调科研而忽略教学。对科学研究结果的重视本质上是提高了总结性评估的性能，但是却忽略了过程评估并导致评估失真。而且，过分强调论文的发表可能会导致学者们走“捷径”，也就是说：“学者们所做的大部分研究都可以预测结果并采用相对保守的方法。与过去相比，学者们可能会更倾向于发表与学术市场相一致的意见，并且不愿意挑战公认的知识和智慧。”马金森认为。如果这样下去，知识的创新性和主动性将下降，这将影响学术市场的活力。

10.2.2 传统评估模型的刚性适应性

从评价指标的统一性出发，采用相同的指标体系对各类高校进行评价。评价主体的统一由政府主导，高校缺乏主动性，即仅从大学生和教学成果两个方面进行考察，以说明其绩效。正是由于这些表现，当前的高等教育质量评估很难达到其真正目的。

1. 评价指标的统一

在传统的教育评估体系中，存在一个非常明显但最容易被忽视的问题，即：使用一套指标体系来评估各类高校。无论是教学型大学还是研究型大学，无论是综合性大学、理工大学还是普通大学，无论是实力雄厚的大学还是普通大学，无论学校的历史传承和现实如何，都没什么不同，很难客观地反映高校的多元化性质，指出正确的发展方向。具有独特“品牌”价值的高校很可能会被埋葬，从而使复杂多样的高校在不同程度上与高水平大学保持一致，而盲目追求“高水平完整性”实际情况；也会给整个高等教育系统带来错误的反馈，影响高等教育质量观与健康发展的价值取向的形成。评价指标体系的“大统一”很容易导致大学趋同并抑制多样性。应尽可能避免这种情况。

2. 评价主体的统一

在中国，高等教育质量评估活动的顺利进行必不可少的关键因素是政府的支持。社会和大学的主要作用很难发挥。高等教育质量的初步评估是从上到下逐层进行的。这是一个纵向评估网络，是一个完全行政性的政府行动。此后，依靠第三方评估机构进行了所谓的“社会评估”。实际上，中国尚未建立一个可靠和真实的第三方评估机构。从本质上讲，它仍然由政府领导，尚未实现“监督”和“评估”的作用。高校一直处于被动地位。他们只能接受评估的内容和方法，再加上政府提出的各种限制，这将导致所收集信息的准确性和完整性不足。“信息不匹配”严重影响质量评价的效率，难以实现教育评价的真正目的。

3. 评价对象的统一

从传统意义上讲，高等教育质量评价的评价对象主要是学生素质和教学质量，对二者的考察仅着眼于最终结果的优缺点。但是，高等教育制度的多样化表明，可以检查的对象应不仅是上述两个。教育管理人员、一系列教育评估活动过程中的参与者及其绩效都应纳入评估范围，否则后果将是高等教育质量评估的结果和效率受到影响，导致评估结果失真，评估缺乏公平性。

10.2.3 传统评估信息的封闭性

在过去的很长一段时间里，政府主导的高等教育质量评估活动最终将评估报告提交给政府部门。它很少向大学和公众发布。即使已发布，也仅是正式的评估结果或分数。进行排名时，有必要了解质量评估活动的透明度和实际评估结果，否则根本无法满足公众的实际需求。这种政府主导但未公开的筛选方法的直接结果是，大学必须高度重视与教育部的关系。教育部的权利和高等教育机构的实际控制权进一步增加，这不利于质量评价信息的及时反馈，也不利于改善和加强高校教育教学过程中真正的薄弱环节。在高等教育改革与发展的过程中，不利于社会就实际问题进行集思广益，提出建设性的意见和建议。最后，它消耗大量的公共资源，而没有实际意义。这与开展质量评估活动的初衷完全不同。

10.2.4 传统评估对评估结果的“不作为”

传统的高等教育质量评估活动经常存在忽视评估结果反馈、忽视后续评估的缺陷。及时、准确、全面的评估结果反馈和后续评估是监测和确保评估机构质量提高的关键步骤。传统的评估程序不注重信息反馈和后续评估，这使得评估工作无法令人满意。在回应评估时充满活力，然后又回到了老式的方法。缺乏对高校工作实际改进的跟踪、检查和监督，如何通过质量评估达到预期目标？毫无疑问，这是高等教育质量评估需要改进的地方。

10.3 评价指标的参考和重构

大学排名目前在世界上各个国家广泛提供，主要用于各种类型大学的排名。大学排名的考试范围可以是特定地区、国家甚至世界。如何确保大学排名的客观性是全世界大学排名面临的重要问题之一。但是，大学排名对于扩大各国大学的知名度和提高教育质量具有重要意义。无论是广受期待的ARWU（世界大学学术排名）、THE（时代高等教育）、QS、USNWR（《美国新闻与文字报道》）这四大世界大学排名，还是中国大学排名和其他大学排名，都表明了社会各阶层对高等教育评估的重要性。

10.3.1 我国三大大学排名的指标体系及其启示

经过20多年的演变之后，目前在我国有三个最具影响力大学的排名：（1）武书连大学排名。从1993年开始，中国管理学院出版《中国大学评价》。（2）由上海软件发布的中国最佳大学排名。（3）中国校友会网络大学研究团队自2003年以来一直对中国大学进行评估，受到了社会各界的广泛关注和好评。

1. 武书连大学排名评估指标体系

“中国大学评价”研究组组长武书连从1991年开始研究这个问题，至今已有29年。在中国，这是对大学评价的研究，具有最长的持久性和最多的相关论文。

武书连的排名包括子项排名，由专业实力、教师平均学术水平、教师表现、本科生素质和新生素质等构成综合实力。综合实力排名反映了整体实力。

2. 中国最好大学网评价指标体系

大学有人才培养、科学研究和服务社会三大基本职能。然而，具体到每一所大学，他们的办学历史和办学条件千差万别，各有特点，因此职能定位也会有所不同，比如有专门是以培养精英人才、承担基础研究、推动技术变革、创新理念为目标的综合性研究型大学，也有专注于培养适应社会需求的实践能力强、高素质劳动者的教学型大学。《大学排名的柏林原则》指出，“排名应该认识到高等学校的多样性并考虑到它们不同的使命和目标”。

为了全方位而又客观公正地对中国大学进行对比，“中国最好大学排名”设计了1个综合排名和3个单项排名。其中综合排名重点是培养本科生、科研规模和科技服务规模均要在一定水平以上的大学，即那些同时承担教学、科研和服务三大职能的综合性研究型大学。而“人才培养”“科学研究”和“服务社会”三个单项排名则从三个维度对所有符合条件的大学进行了分别排名，让人们有机会认识到那些不参加综合排名但是在某一维度（比如人才培养）上表现突出的中国最好大学。

“中国最好大学排名”是从两个角度出发构建指标的，一是指标评价内容的重要性，二是指标本身的适切性，并对每项指标所反映的具体办学绩效都进行了一一说明解释。由于指标的指向和意义都非常确定，人们不仅能够通过“中国最好大学排名”了解大学的综合表现和实力，还能够清晰直观地反映出每所大学的优势和缺点。

有些排名对于数据的公开透明考虑的不周到，描述的指标统计也较含糊不清，这种信息不透明的状态使得排名结果的可信度大大降低。而“中国最好大学排名”详细地说明了每个排名指标的统计方法和这些指标的数据来源，实现了排名的完全公开透明。任何人都可以随时并且很方便地实时核对每所学校在每个指标上的数据，验证排名结果。

3. 中国校友网大学评价指标体系

自2003年起，中国校友会网与《21世纪人才报》等媒体连续开展中国大学评价研究工作，至今已经发布20多项有关中国大学评价的研究成果。“中国校友会网”在评价体系设计和指标遴选上，坚持系统性、公正性、可操作性和导向性等四大原则。中国校友会网大学评价课题组在评价指标遴选上采用“金字塔”原理和“新闻洞”理论，结合我国高校教育的实际情况严格筛选出高层次的、具有标志性并能反映出高校的质量指标和持续性的指标集，确保最终遴选出的评价指标具有简洁性、对比性、可操作性、可重复验证性和可持续性等特征。校友会中国大学排名没有采用毕业生人数、毕业生就业率和 SCI 论文数等以前惯用的低端数量指标，而是采用现在基本上覆盖了国内外其他中国大学排名的高端质量指标。2019 中国大学排名评价对象基本涵盖了全国范围内的高校，评价数据都是对外公开的权威数据和客观数据。

4. 新指标设计的启示

第一，大学的绩效数据。首先，有必要确保信号源真实可靠、信道可靠。其次，不仅是可以在开放平台上查询的数据，还包括大学内部的真实数据。第二，指标的选择。指标的设计应具有简单、可比性、可操作性、可重复性验证和可持续性的特点，尤其是一些定性评估要素，应仔细选择科学合理的指标进行绩效。更重要的是，指标的设计应该全面，大学的竞争力应尽可能全方位地展现出来。这样的评估是公正且有意义的。第三，排名的透明度。在当今信息社会时代，公民参与政府事务的热情不断提高，对教育信息的需求无疑也越来越迫切。高等教育系统各个环节的每个人都有权了解自己环境的真实有效信息，以便做出正确的判断。只有这样，才能及时获得信息反馈，积极提高评估水平，真正提高高等教育质量。第四，人才培养的调查应根据人才素质的结构进行划分。合格的人才应满足知识结构、能力结构和质量结构的要求，才能被视为完全发展的人才。因此，如果指标的设计可以以此为出发点，那就更清楚了。

10.3.2 世界四所大学排名的指标体系及其启示

关于建立世界一流大学的评估指标，美国处于世界前列。

以国立大学的排名为例，评估指标体系包括 15 个指标：学术声誉、学生选择、教职员工资源、资金资源、毕业率排名、校友满意度、校友捐赠比例、新生、学习 / 研究能力测试、美国大学中位数百分位数、新生得分最高的 10% 的学生所占的比例，高中班级、接受入学申请学生人数比例、具有博士学位的教师比例、专职教师与学生的比例、学生的平均教育支出和学生的毕业率。在实践中，一方面，美国社会和全世界都在不同程度上接受了基于以上 15 个指标的一流大学的排名。另一方面，当人们讨论一流大学时，最重要的是前四个。指标，即学术声誉、学生选择、教职工资源和资金资源，而“学术声誉”始终是第一位。

迄今为止，最成熟且广受关注的世界大学排名包括以下四个排名：（1）上海交通大学世界一流大学研究中心提供的“世界大学学术排名”（ARWU）；（2）泰晤士高等教育（THE）世界大学排名；（3）QS 世界大学排名（World University 排名）；（4）《美国新闻与世界报道》（USNWR）对《美国新闻世界大学》的排名。

1. 世界大学学术排名

“世界大学学术排名”（简称 ARWU）是根据中国对世界一流大学的发展战略制定的。为了找出中国大学与世界一流大学之间的差距并分析其存在的原因，自 2000 年以来，上海交通大学高等教育研究所的研究人员系统地分析了世界一流大学的特点，选定的几项具有国际可比性的学术指标可对世界大学进行定量比较。经过进一步改进定量比较分析后，ARWU 于 2003 年夏季以英文发布在上海交通大学高等教育学院的网站上，并于每年 8 月中旬更新。

2. 世界大学排名指标体系

为了响应世界大学的学术排名，自 2004 年以来发布了《泰晤士报高等教育》（THE）世界大学排名。2004 年，泰晤士报高等教育（THE）与 QS 合作。2009 年 11 月，“为了做到最好”，为了提供最透明和最严格的排名表，该公司宣布终止与 QS 的协议，并以汤森路透（Thomson Reuters）取代。2014 年 11 月泰晤士报高等教育宣布终止与汤森路透的合作，并恢复与爱思唯尔的 Scopus 研究引文数据库的联系，该数据库负责收集、分析相关数据和排名，同时调整评估指标体系。

3.QS 世界大学排名指数系统

QS 世界大学排名由国际高等教育研究机构 QS 发布。从 2004 年到 2009 年，QS 主要与 Times Times Education（THE）合作，专注于评估欧美大学。2009 年后，QS 变更为与《美国新闻与世界报道》（USNews）、《朝鲜日报》和《英国太阳报》（The Sun）合作发布年度世界大学排名，其评估范围也已开始进一步扩大到亚洲、非洲和拉丁美洲的大学。

4. 美国新闻世界大学排名指数系统

《美国新闻与世界报道》是美国著名的综合报道评论。它由“U.S.News”和“WorldReport”两个杂志合并而成，于1948年成立。美国大学的《美国新闻》排名始于1983年，并于1985年后每年更新。美国有许多机构对大学进行排名，其中最具权威性和影响力的是《美国新闻》排名，《美国新闻》排名于每年9月发布。美国新闻的排名分为本科生和硕士。本科被称为最佳大学，硕士被称为最佳研究生院。随着高等教育的全球化，《美国新闻》于2014年10月正式发布了2015年世界大学排名。对于学生申请大学具有非常重要的参考价值。

5. 四个主要系统对设计新指标的启示

一是人才培养的结果。一部分可以站在国际视野中，并使用国际标准来衡量顶尖人才，而另一部分可以通过通用标准来衡量并进行分级评估。

二是科研。不能考虑发表论文的数量，并且很容易重新填充论文的数量。相反，应该考虑论文的质量，例如发表的期刊的等级，被引用的比例和频率等。检查质量并尝试避免“粗糙的制造”。另外，科学研究应该基于社会的需要，而不能是“为了科学研究而进行的研究”。如果想验证科学研究对社会的价值，那么可以从最直观的角度看到科学研究所产生的收益。

三是国际化。除了考虑外国学生在学校的比例和出国留学的比例之外，还应该考虑学校开展的国际合作项目、水平、国际学生的表现以及他们的荣誉或评价。

10.3.3 “双一流”建设计划的要求和启示

2015年10月24日，国务院发布了《统筹推进世界一流大学和一流学科建设的总体规划》，要求按照“四大综合”战略布局和决策部署，党中央、国务院坚持中国特色和世界一流学科。以立德人为基础，支持创新驱动发展战略，以服务经济社会发展为导向，坚持“以一流为目标，以纪律为基础，以绩效为杠杆，以改革为根本”的基本原则作为推动力，以加速建立世界一流大学和一流学科。

1.“双一流”的建设计划

建设世界一流的大学和一流的学科是一项长期的战略任务，任重道远。因此，该计划比以前更明确地提出了具体任务。围绕“中国特色，世界一流”的核心要求，共完成五项建设任务：

一是建设一流的师资队伍。加强高层次人才的支持和领导作用，加快一批一流人才的培养和引进科学家、学科带头人和创新团队，并培养出一支优秀的教师团队。

二是培养顶尖创新人才。突出人才培养的核心地位，着力培养具有国家使命感和社会责任感、创新精神和实践能力的各种创新型、应用型和复合型人才。

三是提高科研水平。在国家重大需要的指导下，提高高水平科研能力，着力提高解决重大问题和原始创新的能力，促进科研组织模式的创新。创建具有中国特色和全球影响力的新型大学智库。

四是继承和创新优良文化。加强大学文化建设，将社会主义核心价值观融入教育教学的全过程，发挥中华民族优秀传统文化教育的作用。

五是着力促进成果转化。深化产学结合，着力提高大学对产业转型升级的贡献率，促进重大科技创新和关键技术突破向先进生产力的转化，增强大学创新资源对经济社会发展的推动力。

2.“双一流”对新指标设计的启示

第一，一流创新人才的培养与普通人才培养不同。无论是在校园、设施、环境等硬实力方面，还是在教师和文化等软实力方面，都需要一流的配置和高标准。达到了高要求和高结果，即符合国际标准。

第二，科学研究应在以往对科研规模和科研基地的评估基础上，对科研项目的资质进行审查，即根据学科发展、国家需求和解决问题的方式，确定是否建立科研项目。促进模式创新，创造中国特色。

第三，传统文化的传承，即大学文化的建设也应纳入大学评估标准中。大学是具有独特功能的文化机构，它是高等教育机构，用于与社会经济和政治机构进行继承、研究、融合和创新。它不仅是人类文化发展到一定阶段的产物，而且在长期的办学实践基础上，通过历史的积累、自身的努力和外部环境的影响，逐渐形成了独特的大学文化。因此，应该继承和发扬传统文化的精髓，使这类大学培养的人才具有灵魂、思想和深度，而不是同一“机器”。

10.3.4 “双一流”视角下的高等教育新质量评价指标体系设计

新指标体系的设计基于现有的国内指标体系，加上需要符合国际标准的内容，更重要的是，它结合了“双一流”建设的任务进行创新。希望设计符合“双一流”的指标体系，与“一流”时代的高等教育发展保持同步。

一级指标的设计基于大学的基本职能，即人员培训、科学研究和对社会的服务，以及国际水平；根据知识结构、能力结构和素质结构对人员培训质量进行调查。以科研基地为基础，对科研人才、科研成果和科研收入进行检查；从科学技术服务、产学研合作、成果转化等方面对服务社会进行考察。从两个方面检查国际表现：国际合作项目和学生表现。

10.4 完善我国高等教育质量评价适应双优先发展

针对当前我国高等教育质量评估中存在的问题，提出了改进措施，以更好地适应当前的“双一流”发展。其中一个重点是对学生的评价。对学习过程和学习效果以及对学生“学习参与度”的评估，以提高传统的高等教育质量评估标准；二是采用更具针对性、多元化的评价指标，坚持分类指导与层次评价相结合的评价方法。从这两个方面，创新了传统的高等教育评估模型。三是建立评估数据共享平台，实现数据的公开透明，及时调整高等教育发展对策。四是运用教育的全面质量管理理论，通过评价和反馈，实现教育的全面质量控制。希望上述措施可以用来改善当前高等教育质量评估的不合理状况，通过评估促进质量提高，并建立一个强大的高等教育国家。

10.4.1 提高高等教育质量评估标准

为了改变传统评估体系中不合理的评估标准，提出了新的标准，可以更好地反映高校在人才培养过程中的竞争力。它们着重于学生的学习过程和学习效果的评估，并着重于学生的“学习投入”两个方面的评估，以提高高等教育的质量评估标准，使高等教育的质量评估更科学。

1. 关注学生的学习过程和学习效果评估

过去，教育评估的重点是总结性评估，而最终结果则是重点。在教育活动过程中的诊断评估常常被忽略，在实现目标的过程中也被忽略。这导致人们追求对评估的良好表现，而那些真正影响教育质量的核心要素被大学所忽略：学生，特别是学生的学习过程和学习结果。学生学习活动的实际效果，学生是否经历过有意义的教育活动，是否获得了宝贵的教育经验，是否提高了自己未来发展的可能性等，都在不同程度上被忽视。这要求加强对学生学习活动的评估和监控，不仅是在学期末进行评估和教学评估，而且还需要通过使用期中学生反馈，灵活而及时地与学生沟通。尽管期中学生反馈是一个高度个性化的教学咨询服务项目，旨在提高学期教学水平，目的是提高教师的教学水平，但学生是教师教学变革的直接受益者。在讨论和交流的过程中，学生可以洞悉他们对课堂教学的接受度和期望，提高自我激励能力，激发学习热情，并取得良好的学习效果。与总结性评估的最终评估方法相比，期中学生反馈意见以形成性评估为目标，具有更显著的改善效果，可以从根本上提高教学质量。基于学生的学习效果，教学质量尤为重要。因此，在每个学期末，让学生评估教学，并允许学生对课程和教师进行评分，这需要改进。从某种意义上说，刚完成课程的学生没有能力评估课程的价值，而毕业生校友则有所不同。他们对课程的理解和认识更加深刻、客观和全面，他们的意见和建议也可以成为推进大学课程建设和教学改革的有效依据。

2. 从关注“学校投资评估”转向关注“学习投资评估”

传统教育质量评估认为，大学的声誉越高，拥有的资源越丰富，学校的教育质量就越高，就越值得信赖。这种认识可以指导大学大规模发展，促进大学积极改善办学条件。但是，随着高等教育的不断发展，教育理念的不断更新，“双一流”大学建设战略的提出，“以学生为中心”的教育理念的推进，人们思想意识的提高，社会要求不仅是要拥有足够的资源实力，而且要更加注意可以为学生带来多少发展资源和投资。换句话说，新时代的教育质量评估对学生本身更为重要，因此建立了一个“关系”。大学教育质量与学生投入程度之间的关系并不衡量实际情况。学生的学习水平，衡量学生的投入水平和所支持的校园环境。所有方面都应得到支持。学习参与是学生在学习活动中身心投入的结合，结合国内外研究成果有两个重要特征：第一，学生的学习效率。在学习过程中的投入；第二，对学生的学习条件和学校提供的学习支持的满意或不满意的程度。

显然，对学习参与度的评估不仅要从学习经验上关注学生的发展质量，而且还要关注大学教师的教育和教学能力，以及学校可以提供的支持学生学习投入的校园环境。这种评估方法可以帮助学校和教师确认学生在课堂内外的学习投入，不断调整课程进度和内容，积极改善教育计划，真正实现以学生为中心的教育的核心目标。此外，它还可以为政府决策、公众选择学校、进行学术咨询和教育研究提供参考，并为社会声望和资源之外的教育质量提供参考。因此，在当前的高等教育质量评价中，迫切需要在大学等级评价指标体系中引入“学习参与度”的评价指标和观察点，以表达学生的学习状况，探索学生的学习效果。显然，高等教育需要建立以学生的投入和发展为中心的教学质量自我评估体系，并将学习投入作为高等教育质量的重要监测依据。

10.4.2 创新高等教育的质量评价

为了改变传统评估系统的刚性适应性，提出了更灵活的评估方法：一种是采用针对性的、多元化的评估指标，以避免“一刀切”的情况。二是坚持分类指导和分级评价相结合。结合水平评估，尤其是教师评估的评估方法，从这两个方面创新了高等教育的质量评估。

1. 使用针对性和多元化的评估指标

高等教育系统已经从单一结构变为具有多种类型，层次丰富、结构复杂的系统。从学科角度看，学科差异很大，必须充分尊重学科发展的规律和特点，避免因统治者对学校进行分级而产生的僵化情况。从学校的历史传承和定位来看，每所学校都有自己独特的历史和现实，并具有自己独特的“品牌”价值。这种差异意味着评估必须是针对性的，不能一概而论。不同的大学和不同的学科之所以不同，是因为它们具有与其他大学不同的特征。这种差异意味着它们必须在评估中有自己的重点，不能一概而论。因此，必须有相应的不同指标来衡量。不同的指标体系并不意味着整个评估体系是完全不同的。不使用一组指标并不意味着不能使用相同的指标。这意味着某个指标可能适用于 A 但不适用于 B，并且必须在 B 处选择或替换。或者某个指标在 A 处的权重为 20%，但 B 处的指标更重要、有影响力，因此需要将其权重调整为 25%。当然，无论如何改变，都必须遵循客观事实，遵循科学合理的原则，绝不能没有根据，更不要说过于主观了。不同评估系统的设计并非万无一失。只要掌握大学与学科之间的重大差异，就可以设计一个真正合适的评估系统。在遵循客观事实的基础上，按照科学合理的原则，设计并采用能够真实客观地反映不同学科和不同类型大学条件的指标体系。

在整个评估系统中，核心因素是评估指标及其权重。指标的不合理性将直接影响评价结果的偏差；权重分配的合理性在评估结果的科学性中起着至关重要的作用。因此，在设置指示器和分配权重时必须小心。评估指标的设计应能够客观地反映大学各方面的优势，并遵循系统性、相关性、层次性、客观性、公平性和动态性的原则。经过各界广泛协商后确定，指标应分为主要点和次要点。指标权重的合理分配是定量评估的关键。该操作必须遵循科学合理的原则，并根据各指标在综合评价中的重要性和影响力进行估算，然后为各指标因素赋予权重。在计算指标权重时，根据原始数据的来源和计算过程找到确定权重的方法。

同时，在评估每个指标时，并不是盲目“一对一”，而是应根据指标所测量元素的性能来选择合适的评估方法，以提高评估的准确性。评估指标的针对性设计和评估方法的多样化使用，反映了高等教育质量评估改革的决心，可以改善传统评估的“一刀切”情况，进行客观评价；通过评估可以发现真正的问题，并且可以更清晰地定义改进方向，使评估更加有效。

2. 坚持分类指导和分级评价、相结合

在复杂的中国大学体系中，一些教师擅长科学研究，但教学水平一般；一些教师是优秀的教育者，但是，在科研方面却并不出色。因此，评价应根据不同类型、不同层次和不同职位建立重点和评价方法；深化高校教师评价体系的改革，广泛实施效果评价、诊断评价等评价体系。效果评估也可以基于教育理念的三级评价指标，用于教育教学过程的形成性评价；继续深化教师岗位分类管理，建立“适任人员”的分类管理与考核激励机制，使每个教师都能充分利用自己的积极性，调动自己的才干，成为“领导者”。在各自领域，充分激发人才的生命力和潜力。在教育管理、工程实验、体育、美术教育等课程中，制定和提高教师专业技术职务的资格；完善管理人员分类考核机制，研究并启动专职实验队招募和激励机制改革；积极提升高层次人才、非企业专职科研人员、技术支持人员就业，建立和完善边境交叉学科，构建先进结构机制体系；建立国际高端人才评价专家数据库，并结合国际评价标准，制定评价指标。坚持社会主义办学方向，坚持思想政治素养和专业能力的双重检查，综合评估和突出重点相结合，注重对教师道德、教育、教学、科学的综合评价研究贡献、社会服务和专业发展。

10.4.3 建立评估数据共享平台

“十三五”国家政府信息化项目建设计划提出协调大型集成平台的建设，共享开放大数据，协调和链接大型系统，以及“大型平台，大数据和大型系统”，制定政府信息化建设蓝图的长期指导。政府信息的公开，有利于公众对政府管理的理解和监督。同样，也开放了对高等教育质量信息的详细评估，这也有利于评估工作的监督和反馈。对于高等学校，通过比较每所学校的绩效和检查标准，他们可以及时发现自己的问题，并在此基础上提出科学有效的对策，以缩小差距，自我完善；对于政府而言，可以监控整个高等教育系统的绩效。通过宏观分析，已经了解了高等教育产业的最新发展趋势以及教育经费投入和产出的表现，并为后续调整或改变资源配置提供了依据；对于企业而言，他们可以找到更多有针对性的合作伙伴。建立更专业的校企联盟平台，为企业发展注入新鲜血液，改善有效渠道；对于公众而言，有可能客观、系统地了解高校的建设和实力，并为学习愿望提供重要参考。评估的最重要目的不是证明，而是改进。教育评估的根本目的是促进教育改善和提高教育质量。为了实现增值教育的过程，基本目标是提高高等教育水平，即进行质量评估。找出实现各级大学教育目标过程中存在的问题和不足，为今后的改进策略提供科学依据。评价只是手段，而不是目的。不要把车放在马的前面。因此，不应该担心数据共享，而应该建立共享评估数据的专业平台，公开展示相关信息，包括评估原则、主题、对象、指标、方法、程序、结果等，参与评估的大学名单、项目评估中使用的指标体系、大学的特定指标绩效等，评估的影响和评估绩效的提高等，例如：评估过程逐步推进，整个评估过程中的一系列信息将被放置在共享平台上，以便有关部门和社会各界能够及时调整其对策，以适应高等教育的发展。

10.4.4 实施评估和反馈的全面质量控制

将全面质量管理的概念应用于高等教育领域，是对传统教育管理质量的科学有效的综合控制。管理方法主要包括以下四个步骤：第一步是制定质量标准；第二步是评估标准的执行情况；第三步是在偏离标准时采取纠正措施；第四步是安排改善标准的计划。可以看出，在进行质量评估后，必须采取反馈和有效措施来真正完成质量控制周期。同样，高等教育领域的质量评估是相同的。这不仅仅是在评估之后就简单地抛弃它的问题，还应进行跟踪监测和反馈。例如，在评估高校人才培训的质量时，拥有一份雇佣协议或继续学习的学生比例远远不够。这样的数据只能反映事实的静态、当前状态，但是很难被高校提出来进行改进。为了改善这种情况，高校可以建立毕业生质量反馈机制，实时跟踪学生毕业后的状况，了解其就业岗位与专业之间的关系，以及对学位的需求程度，为设置调整专业人才培养过程等方面的判断和决策提供依据。或者大学和用人单位可以与用人单位合作获取有关研究生的信息，并对学生进行绩效反馈评估，毕业后有针对性地调整人才培养的具体目标和方法。建立这种反馈机制，才能真正达到教育评价的目的，实现教育质量的综合控制，有效提高高等教育质量。

10.5 本章结论

分析我国高等教育质量评估的现状，发现其在应对“双一流”发展中存在的问题，然后结合目前国际、国内流行的大学排名评估指标体系，提出相应的对策和建议，如：高等教育质量评价标准，由于时间和能力的关系，从评价指标和评价方法到高等教育质量评价的创新，评价数据共享平台的建设以及评价和反馈综合质量控制的实施。

参 考 文 献

[1] 黄刚 . 高等学校教学质量管理系统 [M]. 桂林：广西师范大学出版社，1996.

[2] 王汉澜 . 教育评价学 [M]. 开封：河南大学出版社，1999.

[3] 约翰 S 布鲁贝克 . 高等教育哲学 [M]. 王承绪，郑继伟，张维平，等译 . 杭州：浙江教育出版社，2001.

[4] 叶澜 . 教师角色与教师发展新探 [M]. 北京：教育科学出版社，2001.

[5] 王鸿江 . 现代教育学 [M]. 上海：上海教育出版社，2001.

[6] 段淑君 . 双一流视阈下中国高等教育质量评价研究 [D]. 长春：长春工业大学，2019.

[7] 陈玉琨 . 教育评价学 [M]. 北京：人民教育出版社，1999.

[8] 倪瑾 . 高等教育中外合作办学教学质量保障研究 [D]. 上海：上海海洋大学，2019.

[9] 司秀林 . 高校教师教学质量综合评价模型及应用 [D]. 鞍山：辽宁科技大学，2008.

[10] 郝林青 . 高校课堂教学质量评价体系研究 [D]. 北京：中国地质大学，2017.

[11] 霍丹 . 国际比较视角下我国研究生教育质量保障体系研究 [D]. 南京：南京航空航天大学，2019.

[12] 张帆 . 我国高校中外合作办学现状分析及质量保障对策研究 [D]. 扬州：扬州大学，2013.

[13] 王剑波 . 跨国教育与中外合作办学 [M]. 济南：山东教育出版社，2005.

[14] 屈海宏 . 中外合作办学法律问题研究 [D]. 重庆：重庆大学，2010.

[15] 刘盛纲 . 美国、加拿大高等教育评估 [M]. 上海：同济大学出版社，1987.
[16] 侯若冰 . 高等教育质量评价体系的设计与应用研究 [D]. 太原：山西财经大学，2011.
[17] 霍丹 , 程永波 . 高等教育国际化背景下我国研究生培养模式的思考 [J]. 考试周刊，2012（83）：152-153.
[18] 李宝巍 . 河北省高等教育中外合作办学教学质量保障体系研究 [D]. 保定：河北大学，2019.
[19] 李明 . 高校课堂教学质量评价体系的构建与应用研究 [D]. 河北：华北电力大学，2009.
[20] 何昌昊 . 高等学校教学质量监控体系及其运行机制研究 [D]. 重庆：西南大学，2008.
[21] 杨静怡 . 地方高校教师教学质量评价体系研究 [D]. 成都：四川师范大学，2018.
[22] 王刚 . 教育评价与测量 [M]. 北京：教育科学出版社，2002.
[23] 施琦 . 高校中外合作办学质量研究 [D]. 南京：南京理工大学，2017.

附　　录

附 录 一

1. 本科期间共参加过多少次教师教学质量评价？

A. 一次　B. 两次　C. 三次　D. 四次　E. 其他

2. 你是否了解学生评教的目的和意义？

A. 了解　B. 不了解

3. 你认为应该由谁来负责高校教师教学质量评价工作？（多选）

A. 学校领导和院系领导　B. 教务处等管理部门　C. 教师

D. 学校的上级主管部门　E. 第三方评价机构　F. 学校所有成员　G. 学生

4. 你认为学生评价对于教学质量的提高效果如何？

A. 非常有效　B. 效果一般　C. 效果较小　D. 没有效果

5. 排除各种因素的影响，你认为谁最有可能正确评价一所地方院校的教师教学质量？

A. 其他高校同行专家　B. 有多年工作经验的本校毕业生代表

C. 用人部门的代表　D. 上级主管部门

E. 第三方专业评价机构　F. 其他

6. 你参与评教的目的是什么？

A. 尽快查看成绩进行选课　B. 对教师教学有自己的想法　C. 其他

7. 你是否在评教前得到了详细的评教指导？

A. 是的　B. 不是

8. 你认为教学质量指的是什么？

A. 教学活动的结果是否实现了预定的目标

B. 教学活动及其结果是否满足学生的需求

C. 教学活动及其结果是否适应社会需求

D. 其他

9. 你认为对教学质量进行评价，应该以什么为目的？（多选）

A. 为管理教师（评判优劣、奖惩）提供依据

B. 为改进教师工作提供依据

C. 促进教师专业发展、切实提高学校教学水平

D. 为宏观调控教育教学进度提供依据

E. 其他

10. 你是否了解学生评教指标的设计过程？

A. 了解　B. 不了解

11. 你是否理解评教量表中的每一项指标？

A. 是的　B. 不是

12. 你认为高校的教学质量能够评价吗？

A. 能够评价　B. 特定条件下能够评价　C. 不能评价

13. 作为一名学生，你认为地方高校教师最重要的素质是什么？

A. 教学态度　B. 职业道德　C. 专业知识　D. 科研能力

E. 教学经验　F. 其他

14. 你认为最能反映地方院校教师教学质量的指标是什么？（多选）

A. 毕业生的就业情况

B. 学校教师队伍的教学水平

C. 学校的教学设施、教学装备等物质条件

D. 学生的学习成绩

E. 学校达到其培养目标的程度

15. 你认为评教量表是否能够反映教师课堂教学的实际情况？

A. 是的　B. 不是

16. 你是否了解学生评教的实施流程？

A. 了解　B. 不了解

17. 你是否了解学生评教数据的处理方法？

A. 了解　B. 不了解

18. 你是否了解学生评教结果的具体用途？

A. 了解　B. 不了解

19. 你是否了解学生评教结果对教师产生的影响？

A. 了解　B. 不了解

20. 你认为有必要对学校教学评价工作本身的合理性、科学性、公正性、公平性进行评价吗？

A. 完全没必要　B. 不太有必要　C. 比较有必要　D. 完全有必要

21. 你认为应该由谁来负责高校教师教学质量评价工作？（多选）

A. 学校领导和院系领导

B. 教务处等管理部门

C. 教师

D. 学校的上级主管部门

E. 第三方评价机构

F. 学校所有成员

G. 学生

附　录　二

访谈提纲（针对高校教师）

1. 您是否参加过本校教师教学评价？参加过几次？

2. 您对本校教师教学质量评价关注吗？

3. 您认为高校教师的教学质量能够被准确评价吗？

4. 您是否了解目前学校进行教师教学质量评价的主要目的？您有什么看法？

5. 您是否了解本校教师教学质量评价指标的制定方式和过程？对于评教指标您有什么看法？您认为最重要的评价指标是什么？

6. 从评价主体方面来说，您认为当前我校教师教学质量评价主体的选择是否全 面？如果不全面，您认为还应有哪些主体参评？

7. 不同主体间是否会针对评价信息进行沟通交流？

8. 您对评价过程是否了解？

9. 您认为当前我校的教师教学评价体系更注重对教学过程还是教学结果的评价？

10. 您对同行评价、学生评教、督导评价这三种评价方式有什么看法？

11. 您觉得什么样的评价方式才是最好的，三种评价方式之间应该如何侧重？

12. 您是否了解评价结果的处理方式和过程？对此您有什么看法？

13. 你是否了解评价结果的用途？是否对您的教学工作产生了影响？是否会限制了您发挥自己独特的教学风格？

14. 您认为当前我校的教师教学质量评价体系怎样？有没有需要改进的地方？

15. 您对国家对高校 5 年进行一次的本科教学质量评估有什么看法？您觉得它能够切实提高本校的教学质量吗？

附 录 三

访谈提纲（针对校级督导）

1. 您做校级督导多长时间了？

2. 目前校级督导有几名？一般都是由谁担任？

3. 督导日常工作包括哪些内容？

4. 督导有些什么职责？

5. 我关注到校级督导的职责不仅是听课，还包括定期检查教师的教案、巡查实验室等，这些工作一般是以什么频率进行呢？评价标准和形式是怎样的？这会算到教师评价的结果中吗？是以什么形式呈现？会有什么影响呢？

6. 听课对象是学校教务处随机安排的还是督导有一定的选择权？

7. 一学期需要听多少次课？一学期内一般是集中听课还是分散听课？

8. 一学期一位教师的课一般会听几次？

9. 您在听课的时候会侧重于教师教学的某一方面吗？例如教师的教学态度、教学方式、教学内容等。

10. 听课过程中会关注学生的反应吗？会专门了解学生对课堂的看法吗？

11. 督导评价的指标体系和评价表有所变化吗？有哪些变化？

12. 您认为指标体系是否合理，能全面反映教师的教学质量吗？是否适用于所有教师？

13. 督导在督导评价制度的制定中是否有一定的权力？例如指标设计的建议权、评价流程制定的建议权。

14. 您了解评价结果的处理方法吗？

15. 您了解评价结果的具体影响吗？

16. 您收到过评价结果的反馈吗？您所评的课的反馈、反馈频繁吗？您认为很少收到的原因是什么？

17. 您认为三种评价主体的权重应该如何划分？

18. 在本科评估期间，督导评价的指标、方法等有没有发生变化？

19. 您认为目前学校督导评价的结果能够准确、全面地反映教师的教学质量吗？反映水平如何？

20. 您认为目前督导评价制度有没有需要改进的地方？

21. 您对评价主体选择的看法，您认为谁最应该评价教师的教学？

附 录 四

访谈提纲（针对学校教务处管理人员）

1. 学校教师教学质量评价体系的历史（从哪一年开始的）？

2. 一开始就是三种评价方式吗？

3. 教学评价管理和执行部门都有哪些？

4. 学生评教指标这些年有没有发生变化？都有哪些变化？

5. 学生评教中五个维度的权重？

6. 督导评价指标的变化？

7. 目前评价指标中一级指标下属的具体内容是否有权重？

8. 督导评价和同行评价开始采用一样的评价表吗？为什么？

9. 针对新开设的课程是否有与其他成熟课程不同的评价体系？

10. 三种评价方式在评价结果呈现中所占的比重？为什么这么划分？

11. 评价结果处理方式是什么？如何处理的？

12. 反馈方式是什么？是反馈到学院，由学院反馈到个人，还是从学校直接反馈到个人？

13. 反馈结果是只反馈给被评价者吗？是否会反馈给评价者？

14. 反馈是否有期限，是否能够有保密机制？例如每个教师都只能看到自己的分数和排名

15. 教师对于评价结果是否具备质疑和申诉的权力？

16. 评价结果对于教师有什么具体的影响？例如聘用、职称、绩效、评奖评优等。

17. 针对排名靠后或者督导反映教学存在问题的教师，学校有没有教学技能培训等方面的改进措施？

18. 评价指标、评价流程、评价结果处理与反馈方式等主要制定者是哪些？是否有学生代表、教师代表或学院的参与？

19. 针对评价体系，是否存在保障机制？

附　录　五

访谈提纲（针对学院教务办管理人员）

1. 学校从什么时候开始进行高校教师教学质量评价的？

2. 最开始的教师教学质量评价体系是怎样的？如评价目的、评价主体、指标、评价方式、结果的处理和运用等。

3. 我校的评价体系在发展过程中是否发生了变化？都有哪些变化？

4. 三种评价指标体系的建立？例如最开始的指标是怎样？现在的是怎样？指标是由谁制定的？依据是什么？

5. 评价主体 / 评价方式的选择？例如最开始和现在？谁确立的主体？是否全面？

6. 评价过程是怎样的？

7. 三种评价方式之间是否有所侧重？最终评价结果的反馈中，各自的比例？

8. 最后结果的呈现方式是什么？是每一种方式单独呈现，还是最后会有一个总体的分数？

9. 结果是否对教师有所影响？有哪些影响？如果没有结果反馈，那么评价用途是什么？

10. 您认为当前我校的教师教学质量评价体系怎样？有没有需要改进的地方？

附 录 六

某高校课堂教学质量评价体系应用情况调查表

针对教师：

1. 您所在的学院：

2. 您现在的职称：

正高（ ）副高（ ）中级（ ）初级（ ）

3. 您的课程有没有参与学校课堂教学质量的评价？

有（ ）没有（ ）

4. 您认为现在的课堂教学质量评价指标内容合理吗？

合理（ ）比较合理（ ）不合理（ ）很不合理（ ）

5. 您认为现在的课堂教学质量评价指标权重分布合理吗？

合理（ ）比较合理（ ）不合理（ ）很不合理（ ）

6. 您认为课堂教学质量评价的主体在综合评价中所占权重合理吗？

合理（ ）比较合理（ ）不合理（ ）很不合理（ ）

7. 您认为学生课堂教学质量评价的结果客观吗？

客观（ ）比较客观（ ）不客观（ ）很不客观（ ）

8. 您认为学校督导专家组的构成合理吗？

合理（ ）比较合理（ ）不合理（ ）很不合理（ ）

9. 您认为督导专家课堂教学质量评价的结果客观吗？

客观（ ）比较客观（ ）不客观（ ）很不客观（ ）

10. 您认为教学管理人员课堂教学质量评价的结果客观吗？

客观（ ）比较客观（ ）不客观（ ）很不客观（ ）

11. 您对课堂教学质量评价的结果满意吗？

满意（ ）比较满意（ ）不满意（ ）不知道（ ）

12. 您认为开展课堂教学质量评价有加强教师与学生的沟通的作用吗？

有（ ）有一点（ ）没有（ ）不知道（ ）

13. 您认为开展课堂教学质量评价对您的教学水平的提高有促进作用吗？

有（ ）有一点（ ）没有（ ）不知道（ ）

14. 您认为现在的课堂教学指标评价会影响课堂教学中个人特点的发挥吗？

不会影响（ ）有些影响（ ）有较大影响（ ）

15. 开展新的课堂教学质量评价后，您对上课的重视程度有提高吗？

有（ ）有一点（ ）没有（ ）

16. 您对改进学校现行的课堂教学质量评价体系有什么建议？

针对同学：

1. 您所在的学院（ ），专业（ ），年级（ ）。

2. 您认为学生应该积极参与教师课堂教学质量评价吗？

应该积极参加（ ）是被迫参加（ ）不愿参加（ ）无所谓（ ）

3. 您理解学校课堂教学评价指标体系中各指标的含义吗？

理解（ ）理解一部分（ ）不太理解（ ）不理解（ ）

4. 您对每一位教师的课堂教学水平评价都很客观吗？

都很客观（ ）有些很客观，有些不客观（ ）不太客观（ ）

不客观（ ）

5. 您认为学校实行新的课堂教学评价体系后，任课教师课堂教学的水平提高了吗？

提高了（ ）有所提高（ ）没有提高（ ）不清楚（ ）

6. 您认为认真备课的教师多吗？

都会认真备课（ ）大部分会认真备课（ ）不多，只有一小部分（ ）没有（ ）

7. 您认为教室里如果有其他人听课，教师的讲课水平会有变化吗？

没有变化（ ）有些变化（ ）变化很大（ ）没注意（ ）

8. 您认为学校教师的课堂教学整体水平如何？

好（ ）较好（ ）一般（ ）较差（ ）差（ ）

9. 您对课堂教学质量评价的结果满意吗？

满意（ ）比较满意（ ）不满意（ ）不知道（ ）

10. 您认为开展课堂教学质量评价有加强教师与学生的沟通的作用吗？

有（ ）有一点（ ）没有（ ）不知道（ ）

11. 您对改进课堂教学评价工作有什么建议？

附 录 七

中外合作办学质量保障调查问卷

性别：①男 ②女

年级：①大一 ②大二 ③大三 ④大四

学校

专业

1. 您认为中外合作办学教学质量保障体系的因素有（ ）。（多选）

A. 教学内容质量保障机制 B. 教学质量评价机制 C. 师资队伍管理制度建设 D. 教学环节质量标准建设 E. 教学质量持续改进机制 F. 教学环境建设 G. 教学档案管理与建设

2. 您对您在读的中外合作办学项目的教学目标有所了解吗（ ）。

A. 非常了解 B. 了解 C. 一般 D. 不了解 E. 一点不了解

3. 您报考该项目的期望是什么（ ）。（多选）

A. 出国留学 B. 找到满意工作 C. 深入了解该专业

D. 发展兴趣爱好 E. 国际化视野

4. 你对该项目的综合教学质量标准的满意程度（ ）。

A. 很不满意 B. 不满意 C. 一般 D. 较满意 E. 很满意

5. 您认为该项目的教学质量标准能否达到您预期的标准（ ）。

A. 完全不能 B. 几乎不能 C. 基本可以 D. 可能 E. 完全可以

6. 您认为该项目的实际教学与教学质量标准所规定相符吗（ ）。

A. 非常不符合 B. 不符合 C. 一般 D. 符合 E. 非常符合

7. 您认为该项目对国外优质资源引进能否满足学习要求（ ）。

A. 完全不能 B. 几乎不能 C. 基本可以 D. 可能 E. 完全可以

8. 您认为该项目语言类课程质量能否符合该项目教学需要（ ）。

A. 完全不能 B. 几乎不能 C. 基本可以 D. 可能 E. 完全可以

9. 您认为中外合作办学项目学术交流的频率每学期几次比较合适（ ）。

A.1 ～ 4 次 B.5 ～ 8 次 C.9 ～ 12 次 D.13 ～ 16 E.17 次以上

10. 您对您所选择的中外合作办学项目学术交流质量的满意程度（ ）。

A. 很不满意 B. 不满意 C. 一般 D. 较满意 E. 很满意

11. 您认为目前的专业课体系中，基础性课程的比重（ ）。

A. 过于少 B. 相对少 C. 较为合理 D. 相对较多 E. 过于多

12. 你认为目前的专业课体系中，通识教育课程的比重（ ）。

A. 过于少 B. 相对少 C. 较为合理 D. 相对较多 E. 过于多

13. 你认为目前的专业课体系中，外方课程比重（ ）。

A. 过于少 B. 相对少 C. 较为合理 D. 相对较多 E. 过于多

14. 你认为目前的专业课体系中，专业拓展课程的比重（ ）。

A. 过于少 B. 相对少 C. 较为合理 D. 相对较多 E. 过于多

15. 您对您所就读的项目国际化学术交流平台构建的满意程度（ ）。

A. 很不满意 B. 不满意 C. 一般 D. 较满意 E. 很满意

16. 您所就读的项目国外引进外籍教师的数量是否符合教学需要（ ）。

A. 非常不符合 B. 不符合 C. 一般 D. 符合 E. 非常符合

17. 您所就读的项目国外引进外籍教师的教学水平能否达到您的预期（ ）。

A. 完全不能 B. 几乎不能 C. 基本可以 D. 可能 E. 完全可以

18. 您所就读的项目教师能否熟练地使用双语教学（ ）。

A. 完全不能 B. 几乎不能 C. 基本可以 D. 可能 E. 完全可以

19. 您对所就读的项目教师的合作能力（教学合作、教学方法合作、科研合作）是否满意（ ）。

A. 很不满意 B. 不满意 C. 一般 D. 较满意 E. 很满意

20. 您所在的中外合作办学项目有完善的教学质量保障措施（ ）。

A. 非常不符合 B. 不符合 C. 基本符合 D. 符合 E. 非常符合

21. 您所就读的中外合作办学项目有明确教学计划教学工作目标，保证学校教学工作有计划、有步骤、有条不紊地运转（ ）。

A. 非常不符合 B. 不符合 C. 基本符合 D. 符合 E. 非常符合

22. 您所就读的中外合作办学项目中外双方教师的比例合理吗（ ）。

A. 完全不合理 B. 不太合理 C. 一般 D. 基本合理 E. 非常合理

23. 您所就读的中外合作办学项目的考试制度的满意程度（ ）。

A. 很不满意 B. 不满意 C. 一般 D. 较满意 E. 很满意

24. 您对目前所就读项目的教学设施建设的满意程度（ ）。

A. 很不满意 B. 不满意 C. 一般 D. 较满意 E. 很满意

25. 您认为教学评价对中外合作办学项目的重要程度（ ）。

A. 毫无意义 B. 不重要 C. 一般 D. 比较重要 E. 非常重要

26. 你认为教学评价中比较有效的方式（ ）。（多选）

A. 网络评教 B. 现场纸质评教 C. 专业会议评教

27. 您对目前所就读项目的教师自我评教的满意程度（ ）。

A. 很不满意 B. 不满意 C. 一般 D. 较满意 E. 很满意

28. 您对目前所就读项目的评教结果反馈满意程度（ ）。

A. 很不满意 B. 不满意 C. 一般 D. 较满意 E. 很满意

29. 您对目前所就读项目的评教反馈效率的满意程度（ ）。

A. 很不满意 B. 不满意 C. 一般 D. 较满意 E. 很满意

30. 评教结束之后教师在教学内容方面、教学水平方面、教学态度方面、教学效果方面会有所提升（ ）。

A. 非常不符合 B. 不符合 C. 基本符合 D. 符合 E. 非常符合

31. 您所就读的中外合作办学项目注重教学质量信息分析，及时解决问题，持续改进（ ）。

A. 非常不符合 B. 不符合 C. 一般 D. 符合 E. 非常符合

32. 您对目前所就读项目的学术氛围和学习风气的满意程度（ ）。

A. 很不满意 B. 不满意 C. 一般 D. 较满意 E. 很满意

33. 您目前所就读的中外合作办学教学质量保障方面还有哪些不足？需要从哪些方面进行改进？

附 录 八

一、教学目标以及教学管理

1. 目前您所在的中外合作办学教学目标具体是什么？在教学目标制定的过程考虑了哪些因素？

2. 在教学管理方面有没有建立相对稳定的管理团队？主要针对教学过程中的哪些方面进行教学管理？

3. 管理团队的规模怎么样？中外管理人员的比例是多少？管理人员如何分工？您认为您所在的项目当中管理效率如何？

二、课程设置

1. 您认为您所在的中外合作办学项目中各类课程的比例如何？课程结构设置当中存在哪些问题？

2. 您如何评价国外引进的课程？谈谈您对国外课程引进的看法。

3. 您认为应当如何对国外课程进行本土化融合？中外联合开发课程有哪些？

三、师资队伍

1. 你所在项目教学师资队伍中外教师的比例是多少？教师进入该项目前的考核情况？

2. 请介绍一下在日常教学过程中，中外教师的教学模式？教学过程中存在哪些问题？

3. 您所在的教学项目有没有制订翔实的培养计划？如何对中外教师进行培养？

四、教学评价

1. 您所在的项目教学评价具体包含哪些方面？如何进行教学评价？

2. 您所在的项目中对教学评价的反馈结果如何处理？反馈效率如何？

五、持续改进

1. 对于教学过程当中所出现的问题您是如何进行反馈与改进的？效果如何？

2. 您所在的项目采取了哪些措施对教学质量进行保障和提高？

六、其他

1. 你所在中外合作办项目中的基础设施建设如何？还应当加强哪些方面？

2. 您所在项目当中的教学效果如何？学生的升学情况以及就业情况如何？

3. 您认为中外合作办学教学质量保障应当考虑哪些方面？